山东省委党校（山东行政学院）基本知识培训系列教材

齐鲁文化基本知识

主　编　戚汝庆

副主编　王晓文

山东大学出版社

·济南·

图书在版编目(CIP)数据

齐鲁文化基本知识/戚汝庆主编. —济南:山东大学出版社,2020.9

山东省委党校(山东行政学院)基本知识培训系列教材/徐闻主编

ISBN 978-7-5607-6698-0

Ⅰ. ①齐… Ⅱ. ①戚… Ⅲ. ①文化史—山东—干部教育—学习参考资料 Ⅳ. ①K295.2

中国版本图书馆 CIP 数据核字(2020)第 172337 号

策划编辑 刘 彤
责任编辑 刘 彤 肖淑辉
封面设计 牛 钧

出版发行 山东大学出版社
社 址 山东省济南市山大南路 20 号
邮政编码 250100
发行热线 (0531)88363008
经 销 新华书店
印 刷 济南新科印务有限公司
规 格 720 毫米×1000 毫米 1/16
16.25 印张 200 千字
版 次 2020 年 9 月第 1 版
印 次 2020 年 9 月第 1 次印刷
定 价 50.00 元

前　言

文人名士风流，山河齐鲁多娇。齐鲁大地可谓是人杰地灵，千百年来，人才辈出，盛景迭现。这片文化高地不仅孕育出了孔子、孟子等诸多文化大家，更是产生了作为中国传统文化的重要组成部分的齐鲁文化。在先秦时期，这里不仅涌现出诸如儒家、墨家、法家、道家等各家流派，而且留下了《论语》《孟子》《荀子》《管子》等众多文化典籍。稷下学宫、齐国古都、鲁国故都、周公庙等文化遗存无不昭示着这块热土上的先人们曾经创造过的丰功伟绩，无声地诉说着当年经历过的风风雨雨。在新时代，要深入了解齐鲁文化就需要对其“前生今世”进行整体性扫描，重点把握，突出特色。《齐鲁文化基本知识》一书就这样和着新时代的节拍应运而生。它以习近平新时代中国特色社会主义思想为指导，遵循继承弘扬中华优秀传统文化的宗旨，以先秦时期为主要历史背景，兼顾其他时代，从齐鲁文化的形成、发展及最终交融，考察齐鲁文化孕育出的历史人物、历史事件、文化典籍及重要的历史文化遗存等，概要介绍齐鲁文化，通过择取重要历史人物、重大历史文化事件、文化典籍等展示出齐鲁文化的精髓，综合而动态地将齐鲁文化的内涵与外延揭示出来，使读者在充分认识齐鲁文化的同时，从中感受到中华传统文化的无穷魅力。

首先，齐鲁文化是一种地域文化。齐、鲁两国在先秦时期分别创造了光辉灿烂的齐文化与鲁文化。齐、鲁两种文化尽管在文化模式、价值体系等方面存在很大差异，但由于其都源出于周文化，二者之间有着千丝万缕的关系。其次，齐鲁文化是一个动态概念，它的形成与发展大致经历了一个“合—分—合”的过程。东夷人所创造的东夷文化是齐鲁文化的前身。作为齐鲁文化的源头，东夷文化可以称之为“合”的状态。西周初年，齐、鲁两个封国建立，周文化强势入主东夷人的土地，两国在东夷文化和周文化的基础上各自分化出所谓的齐文化与鲁文化。此后，两种文化尽管多有交流，但总体上处于相对独立的状态。秦始皇统一六国后，在政治军事力量的强势推动下，齐、鲁文化迅速走向融合、统一，形成今天的齐鲁文化，并成为中华传统文化的主要构成因素。再次，齐鲁文化的魅力在于其学术思想与理论传承。以儒墨显学为代表的鲁文化与以稷下学派为代表的齐文化，共同构成齐鲁文化的精髓。先秦诸子百家的学术思想莫不与齐鲁文化关系密切，尤其是战国时期的稷下学宫，其所倡导的百家争鸣的自由论辩之风，更是成为中国学术思想史的一大盛事，这也是齐鲁文化能成为中华文化的主要源泉的原因所在。最后，齐鲁文化是一个有机统一的文化生命体。齐文化与鲁文化都是在周文化基础上生长出来的两种文化形态，二者之间具有着本然的互补关系。尽管两种文化经过历史的淘洗而后融合为一体，但是两种文化质素却在漫长的历史发展中各自以独有的方式顽强地存在，并持续产生影响，从而使齐鲁文化成为一个独有的文化生命体。

综合来看，齐鲁文化是在齐鲁故地上成长起来的一种文化形态，它以东夷文化和周文化为源泉，以儒墨显学和稷下学派的学术思想为内容，是一种经历了"合—分—合"的发展历程才最终形成的有机统一的文化生命体，是中华传统文化的源泉和重要组成部分。这就要求我们用历史的眼光研究关注齐鲁文化，以科学有序的理念对其进行创造性转化和创新性发展。

为充分发挥齐鲁优秀文化服务于当代社会、指导现实人生的作用，《齐鲁文化基本知识》一书在充分保证学术性的基础上，强化了普及性、知识性和通俗性，旨在让广大党政领导干部及其他读者熟悉、了解齐鲁传统文化，以此增强对齐鲁文化的认同感与自豪感，为讲好山东故事、塑造新时代山东形象、推动山东经济文化社会的大发展大繁荣提供重要的智力支撑。

作　者

2020 年 6 月

目　录

第一章　齐鲁文化的形成与发展

第一节　什么是齐鲁文化

一、“齐鲁”释义

“齐鲁”一词缘起于西周初期所分封的两个诸侯国：齐国与鲁国。随着历史的发展，“齐”“鲁”这两个独立的国家概念逐步合并成一个统一的地域和文化概念，被用来指代齐、鲁古国所在的区域以及在这片土地上所产生的灿烂文化。由于其与今山东省的区域大致相似，所以今之山东被人们形象地称为齐鲁大地。

在现存的先秦典籍中，“齐鲁”一词并不多见。《论语·雍也》有云：“子曰：齐一变，至于鲁；鲁一变，至于道。”[①]这是孔子对齐、鲁两国政教状况的一种描述，此时齐、鲁二字并没有连用而构成一个词。《左传》载，定公十年，孔丘谓梁丘据曰：“齐、鲁之故，吾子何不闻焉？事既成矣，而又享之，是勤执事也。”[②]这是孔子对齐、鲁两国

① 杨伯峻：《论语译注》，中华书局 1980 年版，第 62 页。

② 李梦生：《左传译注》下册，上海古籍出版社 2004 年版，第 1260 页。

外交礼节的一种论述，这里的齐、鲁二字也是独立成文的。《左传》载，定公十年，驷赤谓侯犯曰："居齐、鲁之际而无事，必不可矣。"[①]这是驷赤在告诫侯犯身处齐、鲁两国之间的求生之道，而此处的齐、鲁同样具有独立意义。

齐、鲁二字连用较早见于《荀子·性恶》中的记载："天非私齐鲁之民而外秦人也，然而于父子之义，夫妇之别，不如齐鲁之孝具敬文者，何也？以秦人纵情性，安恣睢，慢于礼义故也，岂其性异矣哉！"荀子认为，齐鲁的百姓与秦国百姓不同，齐鲁百姓主张父子有亲、夫妇有别，而秦国百姓则寡恩薄义、如同豺狼，这种差异不是因为齐鲁之民天生与秦人不同，而是因为齐鲁百姓勤习礼义，而秦国百姓慢于礼义。[②] 这里"齐鲁"二字不仅连用，共指齐、鲁两国所在的区域，而且更为关键的是，荀子把齐鲁与礼义相联系，认为礼义为齐鲁百姓所特有，初步凸显了齐鲁文化的特色。

除《荀子》一书外，《列子》一书中也有"齐鲁"二字连用的情况。[③]《列子·说符》中写道："昔有昆弟三人，游齐、鲁之间，同师而学，进仁义之道而归。其父曰：'仁义之道若何？'伯曰：'仁义使我爱身而后名。'仲曰：'仁义使我杀身以成名。'叔曰：'仁义使我身名并全。'彼三术相反，而同出于儒。孰是孰非邪？"[④]文中的兄弟三人同游齐鲁，共同学习儒家的仁义之道。尽管三人对仁义之道的理解不同，但这些文字起码可以说明当时人不但已经视齐鲁为一个地域共同体，而且把儒家的仁义之道视为齐鲁这一地域共同体的

---

① 李梦生：《左传译注》下册，上海古籍出版社 2004 年版，第 1262 页。

② 参见（清）王先谦：《荀子集解》下册，中华书局 2013 年版，第 522～523 页。

③ 关于《列子》一书的真伪学界多有争论，主流观点认为，尽管今本《列子》中掺杂了一些魏晋人增补的内容，但大体不至于失真。

④ 杨伯峻：《列子集释》，中华书局 1985 年版，第 266 页。

特有学术文化。

通过对以上文献材料的梳理，我们大致可以知道，“齐”“鲁”二字最初指的是西周初期两个国家的名称，直到春秋战国之际，二字才合体连用，被用来指称齐、鲁两国所在的区域以及他们所共有的文化。也就是说，早在春秋战国时期，“齐鲁”就已经构成一个统一的地域和文化共同体。秦汉时期，“齐鲁”一词的上述含义已广为人们认可，开始大量出现在各种典籍中。张富祥先生将“齐鲁”一词在各种典籍中的用法归结为以下四点：(1)作为一般地理名词，指齐鲁地区。(2)作为大国代称。(3)指地区学术而言。如《史记·儒林列传》：“韩生推《诗》之意，而为内外传数万言，其语颇与齐鲁间殊。”《汉书·艺文志》中记载：“汉兴，有齐鲁之说。”(4)作为文化胜地代称。如《晋书·范宣传》中记载：“讽诵之声有若齐鲁。”苏辙有诗云：“我本生西南，为学慕齐鲁。”清代诗人吴伟业的《赠苍雪》有：“洱水与苍山，佛教之齐鲁。”又李清照的《上枢密韩肖胄诗》：“嫠家父祖生齐鲁，位下名高人比数。”①由此可见，秦汉之后，“齐鲁”一词同时具有地域与文化两层含义。作为一个统一的地域和文化共同体，齐鲁大地也成为中华文化的核心发源地之一。

二、齐鲁文化释义

简单来讲，齐鲁文化就是在齐鲁大地上产生的文化，而学术界往往从不同角度出发对这一概念进行解读。

有的学者，如黄松把齐鲁文化这一概念区分为广义与狭义两个层面：“所谓‘齐鲁文化’，实际上有两层含义：广义上，从地域文化圈来讲，它与中原文化、秦晋文化、燕赵文化、吴越文化、荆楚文

---

① 张富祥：《齐鲁文化综论》，《文史哲》1988年第4期。

化、巴蜀文化等相并提，是一个别于这些文化的独立的文化体系；其地域范围，当以古齐、鲁领地，即今山东地区为主；时限上则贯通古今。狭义地讲，'齐鲁文化'是指先秦时期齐、鲁两国的文化，是各自独立又互相渗透融汇，各有特点的两种文化。秦汉时期，它们完全融于传统文化之中，而不复单独存在了。'齐鲁文化'的两层含义，也是互相区别又互相联系的，广义的'齐鲁文化'是狭义的'齐鲁文化'互相渗透融合的产物。进一步从字面上来表述，广义的'齐鲁文化'写作'齐鲁文化'，而狭义的'齐鲁文化'则似应写作'齐、鲁文化'。只是为了方便和因为习惯，一般都通用'齐鲁文化'来表述。"①

有的学者，如王志民则把齐鲁文化的广、狭二义合并为一："齐鲁文化的概念有狭义和广义之分：所谓狭义即指先秦齐国和鲁国创造的文化；所谓广义即指齐、鲁旧邦所在区域(大致相当于今山东省)的历史文化，既包括齐、鲁立国之前，也包括齐、鲁灭国之后。学术界多以前者为时空界定，而社会上则将山东地域的历史文化俗称为齐鲁文化。我们认为：作为学术界定的齐鲁文化应是指以先秦齐、鲁两国文化为内核和主干，以两国文化的渊源发生和延续展现为主要描述对象的文化，主要应包括以下几个组成部分：1.先秦齐国与鲁国文化，2.东夷文化，3.秦汉齐鲁之学。"②

有的学者则倾向于从齐、鲁两地文化相融合的角度来定义齐鲁文化，把齐鲁文化视为一个文化共同体。杨金秀认为："齐鲁文化，确切地说，不是一种单一的文化，而是齐文化和鲁文化的融合。春秋时期的鲁国，产生了以孔子为代表的儒家思想学说，而东临滨

① 黄松：《齐鲁文化》，辽宁教育出版社1991年版，第94页。

② 王志民：《齐鲁文化概说》，山东文艺出版社2004年版，第4～7页。

海的齐国却吸收了当地土著文化(东夷文化)并加以发展。两种古老文化存在差异,相对来说,齐文化尚功利,鲁文化重伦理;齐文化讲求革新,鲁文化尊重传统。两种文化在发展中逐渐有机地融合在一起,形成了具有丰富历史内涵的齐鲁文化。”①王修智也认为:“所谓齐鲁文化,就是在齐、鲁两个诸侯国存在的800年左右的时间内,在齐鲁大地上产生的一切文明成果。齐鲁文化是一个完整的文化体系。顾名思义,齐鲁文化是齐文化和鲁文化的统称。齐文化、鲁文化既是两枝风格迥异的文化奇葩,在更深层次上却又是从同一条母根上孕育成长起来相似相通的同一个完整的文化体系。”②

综合以上学者的观点,我们认为,在理解“齐鲁文化”这一概念时需要注意以下几点:

第一,齐鲁文化是一种地域文化。中国地域广大,不同地域之间的自然环境、风土民情等存在较大差异,并进而各自形成了具有自己鲜明特色的地域文化。李学勤先生将中国的地域文化归纳为七个文化圈,分别是:“中原文化圈,以周为中心,北到晋国南部,南到郑国、卫国,也就是战国时周和三晋所处的黄河中游一带。北方文化圈,包括赵国北部、中山国、燕国及更北的方国部族,系原为营游牧生活的少数民族所居,因受中原文化浸润而逐渐华夏化。齐鲁文化圈,今山东省范围内,由齐、鲁和若干小诸侯国构成,包括子姓的宋国和东夷各小国。楚文化圈,长江中游的楚国是楚文化圈的中心,楚之北的周朝封国,楚之南的各方国部族后也被囊括于此文化圈内。吴越文化圈,长江下游和淮水流域的一系列小国以及

---

① 杨金秀:《齐鲁文化》,吉林文史出版社2011年版,第78页。

② 王修智:《齐鲁文化与山东人》,山东人民出版社2008年版,第104页。

较大的吴国和越国，再加上东南的方国部族，构成吴越文化圈。巴蜀滇文化圈，今四川省内的巴、蜀两国，加之云南的滇国及西南其他部族，构成巴蜀滇文化圈。秦文化圈，以关中为中心，秦国称雄的西北地区是秦文化圈。”①由此可见，齐鲁文化是中国七大文化圈之一，与其他地域文化共同构成中华文化的有机统一体系。

第二，齐鲁文化是一个动态概念，它的形成与发展大致经历了一个“合—分—合”的过程。齐鲁文化的渊源，可以一直上溯到人类社会开始形成的时代，也就是考古学所谓“东夷人”的时代。最早的东夷人约与北京人同时，距今四五十万年。东夷人所创造的东夷文化是齐鲁文化的前身，作为齐鲁文化的源头，东夷文化正处于我们所谓“合”的状态。西周初年，齐、鲁两个封国建立，周文化强势入主东夷人的土地，两国在东夷文化和周文化的基础上逐渐分化出所谓的齐文化与鲁文化。此后一直到战国末年，齐、鲁文化尽管有很多交流，但总体上二者都处于分离的状态。秦始皇统一六国后，在政治军事力量的强势推动下，齐、鲁文化走向融合，形成我们今天的齐鲁文化，并成为中华文化的主要源泉。

第三，齐鲁文化的核心与精华是它的学术思想，以儒墨显学为代表的鲁文化与以稷下学派为代表的齐文化，共同构成齐鲁文化的精髓。正如李春亭所言：“在先秦以齐、鲁两国为中心形成的齐鲁文化，上承夏、商、周三代，直攀史前东夷文化，下启秦汉，直至于今，将中国数千年文化连为一系，发展不断。它的内容丰富多彩，包含先秦诸子，涵盖社会、人文和自然科学。举凡儒、道、墨、法、兵、刑名、阴阳、纵横、方术、农、医等重要学派及其学说，其创建者、传承者、著名代表人物，其中称圣、称贤、称大师者，大多

① 李学勤：《东周与秦代文明》，文物出版社1984年版，第11～12页。

出自齐鲁。齐鲁文化是中国古代文化遗产的大宝库，中国传统文化的大渊薮。”①先秦诸子百家的学术思想莫不与齐鲁文化关系密切，这也是齐鲁文化能成为中华文化的主要源泉的根本原因。

第四，齐鲁文化是一个有机统一的文化生命体。尽管西周初期周文化与东夷文化的碰撞在齐、鲁两国形成了具有独立形态的齐文化与鲁文化，但齐文化与鲁文化是在同一个根上生长出来的两种文化形态，二者之间具有着本然的互补关系，正是在这个前提下，二者才能够在秦汉时期融合为一种辩证统一的文化生命体。

综上所述，我们认为，齐鲁文化是在齐鲁故地上成长起来的一种文化形态，它以东夷文化和周文化为源泉，以儒墨显学和稷下学派的学术思想为精髓，是一种经历了“合—分—合”的发展历程方最终形成的有机统一的文化生命体，是中华文化的源泉和主要组成部分。

第二节 齐文化、鲁文化的形成与发展

东夷文化是齐文化、鲁文化共同的源头。周朝灭商之后，随着齐、鲁两个封国的建立，太公与伯禽相继把周文化移植到齐、鲁两地。在周文化与东夷文化的碰撞、融合过程中，齐文化、鲁文化走上了“分途”发展的道路。

一、齐文化的形成与发展

齐文化得名于齐国，而齐国则得名于齐地的旧称。据郭沫若考证，“齐当即齐国之前身，盖殷时旧国，周人灭之，别立新国而仍

① 郭墨兰主编：《齐鲁文化》，华艺出版社 1997 年版，第 2 页。

其旧称也”[①]。那么,为何此地以“齐”字名国呢?王树明先生指出,“齐”字的本义是三枚箭头组合在一起,是对远射兵器的象形。齐地为东夷人的聚居地,从字源学上讲,“夷”字义为拉弓射箭的民族,善于射箭是该部族的特长,所以许慎的《说文解字》解释“夷”字说:“东方之人也,从大,从弓。”这样该地也就以富有尚箭含义的“齐”字来命名了。[②] 由此可见,齐文化与东夷文化的渊源之深。

(一)太公封齐与齐文化的形成

齐文化的形成与齐国的建立者姜太公有着密不可分的联系,齐文化诡谲恣肆的特点与姜太公擅长计谋的人物个性同样密切相关。据《史记》记载,姜太公与周文王的相遇颇具神奇色彩。《史记·齐太公世家》记载:

> 吕尚盖尝穷困,年老矣,以渔钓奸周西伯。西伯将出猎,卜之,曰:“所获非龙非螭,非虎非罴,所获霸王之辅。”于是周西伯猎,果遇太公于渭之阳,与语大说,曰:“自吾先君太公曰:‘当有圣人适周,周以兴。’真是邪?吾太公望久矣。”故号之曰“太公望”,载与俱归,立为师。[③]

姜太公年老穷困,于是借助钓鱼的机会“偶遇”在外打猎的周文王,希望能够得到周文王的赏识。凑巧的是,文王在打猎之前曾占卜过,说是此次出猎能够遇到辅佐自己称王称霸的贤能之臣。两人相遇后,交谈非常投机,文王高兴地说:“我先君太公早就说过:将来必定有圣人到周国来,辅助我们周国兴盛强大起来。今天

① 郭沫若:《卜辞通纂》,科学出版社1983年版,第248页。

② 参见王树明:《齐地得名推阐》,刘敦愿、逄振镐主编:《东夷古国史研究》第一辑,三秦出版社1988年版,第139页。

③ (汉)司马迁:《史记·齐太公世家》,中华书局1963年版,第1477～1478页。

果真遇到了先生，我先君太公盼望先生盼得太久了!”由此姜太公获得了“太公望”的美名，被文王尊为师傅，辅助文王、武王兴周灭商。从姜太公与周文王偶遇的故事中，可以看出姜太公为人长于计谋，《吕氏春秋·首时》里就这样说道:“太公望，东夷之士也，欲定一世而无其主，闻文王贤，故钓于渭以观之。”此言一出，从此“姜太公钓鱼，愿者上钩”就成了脍炙人口的俗语。关于姜太公钓鱼的故事，刘向的《说苑》里有着更详细神奇的记载。

> “吕望年七十，钓于渭渚，三日三夜，鱼无食者，望即忿，脱其衣冠。上有农人者，古之异人，谓望曰:“子姑复钓，必细其纶，芳其饵，徐徐而投，无令鱼骇。”望如其言，初下得鲋，次得鲤，刺鱼腹得书，书文曰:“吕望封于齐。”望知其异。[①]

从《说苑》的记载可见，姜太公本身并不擅长垂钓，反而是一个农民教给他如何钓鱼的。这个故事的重点在于姜太公从鱼肚子里得到写有“吕望封于齐”的素书，这当然是后世谶纬迷信的附会之说，但无疑与齐文化“尚阴阳”“求神仙”的神秘氛围相一致。

姜太公为人擅长计谋，据《史记·齐太公世家》记载:“周西伯昌之脱羑里归，与吕尚阴谋修德以倾商政，其事多兵权与奇计，故后世之言兵及周之阴权皆宗太公为本谋。周西伯政平，及断虞芮之讼，而诗人称西伯受命曰文王。伐崇、密须、犬夷，大作丰邑。天下三分，其二归周者，太公之谋计居多。”[②]周文王之所以能从羑里脱困，就是姜太公与散宜生、闳夭素合谋，求购美女、奇物献给商纣王，才把他赎了出来，这是姜太公初试牛刀。文王出狱之后，姜太公与之合谋倾覆商纣王，所用都是一些兵权、奇计，所以后世的兵

① (汉)司马迁:《史记·齐太公世家》，中华书局1963年版，第1478页。

② (汉)司马迁:《史记·齐太公世家》，中华书局1963年版，第1478～1479页。

学、阴谋之学等都以姜太公为宗师。

姜太公在灭商兴周的过程中发挥了巨大作用,“天下三分,其二归周者,太公之谋计居多”,“与天下更始,师尚父谋居多”。周武王认为:“封功臣谋士,而师尚父为首封。封尚父于营丘,曰齐。”至此,《说苑》中关于“吕望封于齐”的预言算是得到了应验。

据《史记》记载,姜太公受封齐国之后,“东就国,道宿行迟。逆旅之人曰:‘吾闻时难得而易失。客寝甚安,殆非就国者也。’太公闻之,夜衣而行,黎明至国。莱侯来伐,与之争营丘。营丘边莱。莱人,夷也,会纣之乱而周初定,未能集远方,是以与太公争国。”[①]这段材料有两点值得注意:一是姜太公在就国的路上走得非常慢,似有松懈怠慢之意,经过逆旅之人的提醒之后才幡然醒悟,迅速赶往齐国。这一点说明了齐与周、太公与武王之间的微妙关系,姜太公作为最大的功臣获得周武王的首封,君臣之间实质上是一种利害关系。二是莱侯与姜太公争营丘。营丘本是莱夷聚居之地,虽然名义上是武王封尚父于营丘,但实际上营丘是姜太公通过与莱夷的战争自己夺取来的。只不过他的这种夺取获得了周天子的认可,因而是合法的。姜太公夺取了莱夷的营丘之地,于是将周文化强势带入了东夷文化,这就为他此后制定建国的大政方针埋下了伏笔。关于其建国大政方针的制定,可见于《史记·齐太公世家》:

> 太公至国,修政,因其俗,简其礼,通商工之业,便鱼盐之利,而人民多归齐,齐为大国。及周成王少时,管蔡作乱,淮夷畔周,乃使召康公命太公曰:“东至海,西至河,南至穆陵,北至无棣,五侯九伯,实得征之。”齐由此得征伐,为大国,都营丘。[②]

---

① (汉)司马迁:《史记·周本纪》,中华书局1963年版,第1480页。

② (汉)司马迁:《史记·齐太公世家》,中华书局1963年版,第1480~1481页。

据此可知，姜太公制定的建国方略有两点：

一是“因其俗，简其礼”。姜太公从莱夷人手中夺取营丘后，为了平息东夷人对姜氏齐国的怨愤，稳定齐国政权，姜太公对原住夷人采取了宽松的政治文化政策，即因袭东夷土著居民的礼俗制度不变，同时简化周朝的君臣之礼以顺应齐地的民俗。这种因循简化的文化政策，不仅可以消解社会矛盾，而且提高了行政效率，使齐国的政权很快得到了巩固。

二是“通商工之业，便鱼盐之利”。齐国土地贫瘠，到处都是盐碱地，不适宜粮食作物的生长，但是比较适合桑麻生长，所以太公就鼓励种植桑麻，鼓励妇女纺织，并且极尽纺织的精巧，故齐国的纺织业很发达。另外，齐国靠近大海，有鱼盐之利。在姜太公的鼓励和促进之下，齐国的工商业就发展起来了。

文化宽容，经济发达，姜太公这样的治国方略不仅征服了本地的东夷人，而且吸引外国人远来齐国。因此，齐国人口增加，经济发展，一跃成为当时的大国。齐文化兼容并包、崇尚功利的特点也由此奠定。姜太公的建国方略除了以上两点之外，还有一点就是“尊贤上功”。据《吕氏春秋》记载：

> 吕太公望封于齐，周公旦封于鲁，二君者甚相善也。相谓曰：“何以治国？”太公望曰：“尊贤上功。”周公旦曰：“亲亲上恩。”太公望曰：“鲁自此削矣。”周公旦曰：“鲁虽削，有齐者亦必非吕氏也。”其后，齐日以大，至于霸，二十四世而田成子有齐国。鲁日以削，至于觐存，三十四世而亡。[1]

姜太公出身贫贱，七十多岁才遇到周文王，被文王聘为师傅。

---

[1] 许维遹：《吕氏春秋集释》上册，中华书局2009年版，第255页。

他的这种出身和遭际影响了其用人政策，那就是主张“举贤上功”，不论出身贵贱，只要贤能就能获得任用，只要有功就受赏。正是因为这种不拘一格降人才的政策，所以齐国在日后才出现了管仲、鲍叔、隰朋、宁戚、晏婴、司马穰苴等一大批贤相能臣，他们对于齐国的发展做出了巨大贡献。但是，这种“尊贤上功”的策略同样存在弊端，齐国“尊贤敬德，故能霸也。上功则臣权重，故能夺君国也。田成子恒杀简公，适二十四世也”[①]。也就是说，齐国之所以能够称霸，完全得力于一批贤能之臣，但因为齐国崇尚功臣，所以臣权过大，导致君权削弱，因而姜氏齐国最终被田氏所取代，这是姜太公所始料未及的。

综上所述，齐文化的形成与齐国的建立息息相关，姜太公的建国方略为此后齐文化的发展奠定了基础。“因其俗，简其礼”的文化政策，培育了齐文化开放包容的特性；“通商工之业，便鱼盐之利”的经济政策，铸造了齐文化重商尚利、浮华奢侈的风气；“尊贤上功”的人才政策，形成了齐文化学术多元、人才济济的特色。

（二）桓公称霸与齐文化的发展

姜太公披荆斩棘，筚路蓝缕，奠定了齐国的立国根本，开辟了齐文化的发展方向。经过数代君主的积累，至齐桓公时期，齐国君臣勠力同心，称霸诸侯，推动齐文化的不断发展。

据《史记》记载，公子小白与公子纠争立齐君，其君臣在这个过程中结下了生死联盟，为桓公成就霸业埋下了伏笔。

> 初，襄公之醉杀鲁桓公，通其夫人，杀诛数不当，淫于妇人，数欺大臣，群弟恐祸及。故次弟纠奔鲁，其母鲁女也，管仲、召忽傅之。次弟小白奔莒，鲍叔傅之。小白母，卫女也，有

① 许维遹：《吕氏春秋集释》上册，中华书局 2009 年版，第 255 页。

宠于釐公。小白自少好善大夫高傒。及雍林人杀无知，议立君，高、国先阴召小白于莒。鲁闻无知死，亦发兵送公子纠，而使管仲别将兵遮莒道，射中小白带钩。小白佯死，管仲使人驰报鲁。鲁送纠者行益迟，六日至齐，则小白已入，高傒立之，是为桓公。①

齐襄公无德，与自己的妹妹也就是鲁桓公的夫人私通，并且因为喝醉了酒而误杀了鲁桓公，得罪了鲁国。同时，齐襄公在国内诛杀不当，荒淫无道，欺辱大臣。襄公的弟弟们害怕祸患及身，于是纷纷出逃外国。其中，公子纠因为自己的母亲是鲁女而逃到了鲁国，由管仲和召忽辅佐。公子小白逃到了莒国，由鲍叔牙辅佐，并且小白自小与大夫高傒交好。后来，齐襄公被公孙无知杀死，公孙无知自立为齐君。而后，齐君无知又被雍林人杀死，齐国出现了权力真空。这时齐国的卿大夫们商议拥立新的君主，高傒因与公子小白交好，因而与国氏合谋，先暗自派人邀请居于莒国的公子小白回国为君。稍后，鲁国人听说齐君无知被杀，于是就派兵护送公子纠回齐国继承大统。同时，鲁国人让管仲带兵半路劫杀公子小白，管仲射中了公子小白的衣带钩，小白趁机装死，误导管仲。管仲误以为公子小白已死，于是派人通知鲁国人，鲁国人因而放松了警惕，延缓了护送公子纠回国的行程，六日之后才到齐国。而此时，公子小白早已先到齐国，被高傒、国氏等卿大夫拥立为齐君，是为齐桓公。

齐桓公继位之后，对鲁国怀恨在心，于是“发兵距鲁”，“与鲁战于乾时”。鲁国战败。桓公派人送信给鲁国人说：“公子纠是我的兄弟，我不忍心亲自杀他，请你们鲁国人把他杀了。召忽、管仲是

① (汉)司马迁：《史记·齐太公世家》，中华书局1963年版，第1485～1486页。

我的仇人，请你们把他二人押送给我，我要亲自把他们剁成肉酱才能解心头之恨。如若你们不从，我将攻打鲁国。”鲁国人收到信之后非常害怕，于是就杀了公子纠，召忽得知此事之后也自杀了，只有管仲请鲁国人囚禁自己。本来齐桓公是想杀掉管仲的，但是这个时候鲍叔牙劝谏他道：“臣幸得从君，君竟以立。君之尊，臣无以增君。君将治齐，即高傒与叔牙足也。君且欲霸王，非管夷吾不可。夷吾所居国国重，不可失也。”[①]意思就是说，如果齐桓公想要把齐国治理好，那么有高傒与鲍叔牙就够了，但是如果齐桓公想要成就霸业，那就非得有管仲的辅佐不可。齐桓公听从了鲍叔牙的建议，表面上是召回管仲杀掉，而实际上是想任用他。鲁国人不知实情，把管仲送给了齐国。齐桓公礼遇管仲甚厚，任命其为大夫，把齐国国政交给他打理。由此可见，齐桓公的宽容与知人善任，与姜太公所制定的“尊贤上功”的人才政策是分不开的。

据《史记》记载：“桓公既得管仲，与鲍叔、隰朋、高傒修齐国政，连五家之兵，伸轻重鱼盐之利，以赡贫穷，禄贤能，齐人皆说。”[②]这几句话实际上概述了齐桓公的为政之道，主要包括以下四个方面：

首先，在人才上，齐桓公任用管仲、鲍叔、隰朋、高傒等贤能之臣，并且“禄贤能”，即沿用太公“尊贤上功”的人才政策，给予贤能的人以高官厚禄，让他们都能为己所用。

其次，在军事上，齐桓公采用管仲“连五家之兵”的政策。所谓“连五家之兵”，《史记集解》引《国语》曰：“管子制国五家为轨，十轨为里，四里为连，十连为乡，以为军令。”[③]齐桓公按数量将百姓进行分组，采用军事的管理办法。国家无事，则让百姓从事农耕；国家

① （汉）司马迁：《史记・齐太公世家》，中华书局 1963 年版，第 1486 页。
② （汉）司马迁：《史记・齐太公世家》，中华书局 1963 年版，第 1487 页。
③ （汉）司马迁：《史记・齐太公世家》，中华书局 1963 年版，第 1487 页。

有事，则将百姓动员为军队。这样既能在国家太平时方便对百姓进行管理，又能在国家战乱时容易征集兵源。全民从事于耕战，齐国国力大为增强。

再次，在经济上，齐桓公采用了管仲“伸轻重鱼盐之利”的政策。所谓“轻重”，《史记索引》曰：“《管子》有理人轻重之法七篇。轻重谓钱也。又有捕鱼、煮盐法也。”[①]由此可见，管仲的经济政策有两个侧重点：一是重视发展金融业、鱼盐工商业；二是重视经济立法，在铸钱、捕鱼、煮盐等重要的经济领域都立法管理。这一点是对姜太公“通商工之业，便鱼盐之利”经济政策的进一步完善和发展。

最后，在社会事务上，齐桓公重视社会福利工作，对贫穷之人进行一定的帮扶，即所谓“以赡贫穷”。这无疑是赢得民心的好方法。

由于以上政策的执行，齐桓公获得了齐国百姓的认可和支持，稳固了齐国政权，增强了齐国国力，为其称霸天下奠定了基础。

齐桓公称霸还要从一次外交冲突说起。齐桓公五年，齐国攻打鲁国，鲁庄公被迫献出城邑化解战争。齐鲁会盟之时，鲁国将军曹沫趁机用匕首劫持齐桓公，威胁齐桓公返还侵吞鲁国的城邑，桓公无奈，只好答应。曹沫释放了齐桓公之后，桓公后悔，想杀掉曹沫，不归还鲁国城邑。这时候，管仲劝谏说：“您被劫持的时候答应给他城邑，现在又反悔要杀掉他，这只是贪图一时的小痛快，却会给诸侯留下背信弃义的恶名，同时也会失去天下诸侯的援助，这样做是不行的。”齐桓公采纳了管仲的建议，把城邑还给鲁国。诸侯听说之后，都认为齐国讲信义，因而都归附齐国。由此，齐桓公开

① (汉)司马迁：《史记·齐太公世家》，中华书局1963年版，第1487页。

始称霸诸侯。从这件事情可以看出齐桓公与管仲的外交智慧,同时彰显出齐文化的宽容与睿智。

齐桓公二十三年,山戎攻打燕国,燕国求救于齐国。齐桓公带兵救燕,讨伐山戎,至孤竹国而班师回国。燕庄公亲自送齐桓公入齐境,齐桓公说:"按照周礼,诸侯相送不能出国境,我不能对燕国无礼。"于是,齐桓公就把燕君所到的齐地割让给燕国,让燕君回国重修其先祖召公时的为政之道,向周天子纳贡,就像成康时一样。诸侯听说了这件事,都为齐桓公的德行所感动,愿意臣服于齐国。齐桓公霸业进一步巩固,其魄力与气象由此可见一斑。

综上所述,齐文化随着齐桓公的称霸而获得了长足的发展,齐桓公延续了姜太公所制定的为政之道,任用贤能,发展经济,促进立法,加强军事,做好社会福利,施展外交手段,使齐国成为雄霸东方的大国,诸侯归附,百姓向往,进一步彰显了齐文化开放、包容、创新、奋进的魅力。

(三)稷下学官与齐文化的繁荣

齐桓公十四年,陈完奔齐,改姓田氏,齐桓公以之为工正。陈完刚出生时,其父陈厉公曾请周太史为其占卜,周太史预言陈完的后人将取代姜姓之国而建立自己的国家。[①] 据《史记·田敬仲完世家》记载:"田釐子乞事齐景公为大夫,其收赋税于民以小斗受之,其禀予民以大斗,行阴德于民,而景公弗禁。由此田氏得齐众心,宗族益强,民思田氏。晏子数谏景公,景公弗听。已而使于晋,与叔向私语曰:'齐国之政卒归于田氏矣。'"[②]田釐子乞即是陈完的后人,他以小斗收税、大斗予民的方式收买民心,获得了百姓的认可。

---

① 参见李梦生:《左传译注》上册,上海古籍出版社2004年版,第147页。

② (汉)司马迁:《史记·田敬仲完世家》,中华书局1963年版,第1881页。

对此，齐景公毫不禁止，晏婴预言说齐国之政最终会归于田氏。后来，田太公和时，齐康公"淫于酒妇人，不听政"，于是田和"乃迁康公于海上，食一城，以奉其先祀"。此时，田氏已经完全取代了姜氏而占有齐国。据《史记·田敬仲完世家》记载："三年，太公与魏文侯会浊泽，求为诸侯。魏文侯乃使使言周天子及诸侯，请立齐相田和为诸侯。周天子许之。康公之十九年，田和立为齐侯，列于周室，纪元年。"[①]田和被立为齐候，获得了周天子及众诸侯的认可。至此，姜太公所开创的姜氏齐国正式为陈完的后人田氏齐国所取代。

然而，田氏代齐后并没有阻止齐文化的发展繁荣，田氏继承了姜太公"尊贤上功"的人才政策，礼贤下士，招致贤能。《中论·亡国》记载："昔齐桓公立稷下之官，设大夫之号，招致贤人而尊宠之，自孟轲之徒，皆游于齐。"此处的齐桓公即田午，田午设立稷下学宫，以高官厚禄招致天下人才，让他们不治而议论，催生了学术文化的繁荣。

齐威王更加重视对人才的引进，这一点可以从他与梁惠王的对话中看出来。《史记·田敬仲完世家》记载：

> 二十四年，（齐威王）与魏王会田于郊。魏王问曰："王亦有宝乎？"威王曰："无有。"梁王曰："若寡人国小也，尚有径寸之珠照车前后各十二乘者十枚，奈何以万乘之国而无宝乎？"威王曰："寡人之所以为宝与王异。吾臣有檀子者，使守南城，则楚人不敢为寇东取，泗上十二诸侯皆来朝。吾臣有肦子者，使守高唐，则赵人不敢东渔于河。吾吏有黔夫者，使守徐州，则燕人祭北门，赵人祭西门，徙而从者七千余家。吾臣有种首

① （汉）司马迁：《史记·田敬仲完世家》，中华书局1963年版，第1886页。

者，使备盗贼，则道不拾遗。将以照千里，岂特十二乘哉！”①

梁惠王以径寸之珠为宝，齐威王却以檀子、朌子、黔夫、种首等贤臣良将为国之宝。由此可见，齐国的人才政策以及齐国之所以强大的原因。

齐威王曾经说自己的志向是“高祖黄帝，迩嗣桓文”，意思就是，往远了说他要效法黄帝，往近了说他要效法齐桓公、晋文公。黄帝是传说中靠养生成仙的一个远古帝王，齐桓公、晋文公是春秋时期的两个霸主。齐威王的这个志向就反映了齐文化或者说黄老学的两个要点：一是养生；二是治国。养生就是要保持身体长生不老、白日飞升。治国就是成就如齐桓公、晋文公一样的霸业。黄老学认为，养生，保全身体、保全性命，是内；治国、成就霸业，是外。从内到外是一体的，所以说养生和治国是一个道理。

那么，要怎么养生呢？黄老学认为，天地万物都是由气构成的，人也一样。人的精神是由来自天的比较精细的气形成的，人的身体是由来自地的比较粗糙的气形成的，二者一结合就形成了人。一个人所得的精气越多，他的生命力就越强大，智慧就越高。养生首先就是要保持住自己身体里天生的那点精气不要丧失，所以我们要清心寡欲，不要过度地消耗自己的精气；然后就是要尽可能多地吸收天地之间的精气，所以我们要服食长生不老之药，来增加自己体内的精气。人做到了这两点就能长生成仙了。后世的养生思想、道教的炼丹等都是从这一思想中来的。而把养生的道理推广到治国，主要体现为三个方面：

一是以静制动。比如说，国君就像人的心一样，而百官就像人的四肢、五官、九窍。如果心很安静、清心寡欲，那么四肢、五官、九

① （汉）司马迁：《史记·田敬仲完世家》，中华书局1963年版，第1891页。

窍就能各司其职、各安其位。但是,如果心胡思乱想、心乱如麻,那么眼睛也看不见颜色,耳朵也听不清声音。治国也是这个样子,如果一个国君失去了为君之道,那么臣下也就不能各尽其责。为君之道就是无为,然后让臣下去做他们该做的事情,这就是以静制动。

二是以虚制实。虚是就君主来说的,实是就臣下来说的。一个合格的君主,不能让臣下知道自己在想什么,但是他得清楚臣下在想什么、做什么。要做到这一点就得喜怒不形于色,防止臣下察言观色;不能把自己的感情、欲望表现出来,防止臣下投其所好;不能按照自己的主观好恶、主观成见去评价臣下,而是要客观公正的观察臣下的言行。这就是以虚制实。

三是以名制形。所谓形就是臣下以及臣下所担任的各种职务;而名就是这些职务的具体职权规定。作为一个君主,他要做的就是把各种职务的具体职权和责任确定下来,然后要求担任这个职位的臣下必须做到相关的规定。也就是说,作为臣下,在其位要谋其政,君主就负责考核臣下是不是尽职尽责。这就是以名制形。[①]

黄老学认为,做到以上三点,就能把国家治理好了。黄老学治国的三个方面实际上就是我们所谓的"君人南面之术",也就是君王驾驭臣下的统治术。这是道家和法家思想合流的一个结果。在黄老学看来,如果一个君王,既能养生做到长生不老,又能治国成就桓文霸业,这就是圣人了。这种观念是齐威王的理想,也是此后历代帝王的理想。

至齐宣王时,稷下学宫达于极盛,"宣王喜文学游说之士,自如

---

① 参见冯友兰:《中国哲学史新编》上册,人民出版社 2007 年版,第 376 页。

驺衍、淳于髡、田骈、接予、慎到、环渊之徒七十六人，皆赐列第，为上大夫，不治而议论。是以齐稷下学士复盛，且数百千人。”[①]稷下学宫的学士虽然说派别众多，但以黄老学、法家学派为主，比如，慎到、申不害、商鞅等人都是法家的先驱人物，这也代表了齐文化的一个特色。

譬如，慎到认为君主在治国理政中最重要的是“势”，也就是权力、权势。

> 慎子曰：“飞龙乘云，腾蛇遊雾，云罢雾霁，而龙蛇与螾螘同矣，则失其所乘也。贤人而诎于不肖者，则权轻位卑也；不肖而能服于贤者，则权重位尊也。尧为匹夫不能治三人，而桀为天子能乱天下。吾以此知势位之足恃，而贤智之不足慕也。”[②]

腾蛇就是飞蛇，在慎到看来，龙蛇之所以能飞，就是因为它们有云雾可以乘，如果云开雾散，那龙蛇就和螾螘（即蚯蚓）没什么区别了。云雾就好像是君主的位子、权势，没有了位子和权势，那君主和普通人就没有差别了。所以，贤人之所以被不肖者折辱，那是因为贤人权轻位卑；相反，不肖者之所以能服从贤人，服从的不是贤人的德性，而是贤人的权重位尊。尧没有做天子的时候连三个人都治理不了，因为他没有权力；桀虽然昏庸残暴，但是他能扰乱天下，是因为他在天子的位子上，有那个权势。所以，慎到最后得出结论说：权力、权势，也就是那个位子才是最重要的，贤能与否、有没有智慧并不重要。这是慎到的主要观点。

又如，申不害认为君主在治国理政中最重要的是“术”，也就是

---

① （汉）司马迁：《史记·田敬仲完世家》，中华书局1963年版，第1895页。

② （清）王先慎：《韩非子集解》，中华书局2009年版，第388页。

政治权术。

> 昔者韩昭侯醉而寝，典冠者见君之寒也，故加衣于君之上。觉寝而说，问左右曰："谁加衣者？"左右对曰："典冠。"君因兼罪典衣杀典冠。其罪典衣，以为失其事也；其罪典冠，以为越其职也。非不恶寒也，以为侵官之害甚于寒。故明主之畜臣，臣不得越官而有功，不得陈言而不当。越官则死，不当则罪。①

这是《韩非子》当中一个很有名的故事，韩昭侯喝醉了酒，躺下就睡了，典冠就是负责照管韩昭侯的帽子的那个人，看到之后怕韩昭侯冷，所以就给韩昭侯盖了一件衣服。韩昭侯睡醒之后看到有人给盖了衣服，很开心，问是谁盖的。别人就说是典冠盖的。于是韩昭侯就惩罚了负责照管衣服的典衣，然后杀了给他盖衣服的典冠。这就是申不害教给韩昭侯的术，韩昭侯用这种权术控制臣下，让臣下各司其职，避免臣下越权。这个故事并不是说韩昭侯睡觉不怕冷，而是说典冠干了他不该干的事，他越权了，所以韩昭侯杀了他。而那个典衣也受到应有的惩罚，因为他失职了，该他做的他没做。这就是申不害讲的术。

再如，商鞅认为君主在治国理政中最重要的是"法"，也就是法律和规章制度。《史记·商君列传》记载：

> 令行于民期年，秦民之国都言初令之不便者以千数。于是太子犯法。卫鞅曰：法之不行，自上犯之。将法太子。太子，君嗣也，不可施刑，刑其傅公子虔，黥其师公孙贾。明日，

① （清）王先慎：《韩非子集解》，中华书局2009年版，第41页。

秦人皆趋令。[①]

秦孝公任用商鞅实行变法，商鞅制定了很多法律，比如连坐制度、奖励军功、重农抑商、以法为教、以吏为师等。推行了一年后，百姓都觉得很受拘禁、处处受辖制、不方便，所以怨言很多。正好这时候，太子嬴驷触犯法律，嬴驷就是后来的秦惠文王。商鞅就说，法令之所以不能推行，原因就在于在上位的贵族带头犯法。于是他就要惩罚太子，但是因为太子是国家未来的君主，担负着很重的责任，没法惩罚，于是就惩罚了太子的师傅公子虔和公孙贾，以此表示法不阿贵、法律面前人人平等。秦国百姓一看，太子犯法与庶民同样都要受惩处，于是大家也不敢抱怨了，都遵纪守法了。

慎到、申不害、商鞅都是法家的先驱，他们都曾经出现在稷下学宫，为齐文化的繁荣做出了自己的学术贡献。

综上所述，齐文化因稷下学宫的设立而走向繁荣，它浓缩了春秋战国诸子百家的思想，而又以黄老学、法家思想为典型代表。有人说，随着历史的演进，齐文化逐渐没落，被鲁文化、儒家文化所淹没。但实际上，从另一个角度讲，传统中国政治文化素以“外儒内法”为特色，这其中的“法”就与齐文化联系在一起，因而从某种意义上说，齐文化并没有消失，它始终蕴含在中国文化的骨髓之中。

二、鲁文化的形成与发展

鲁文化得名于鲁国，而鲁国之名则来源于河南鲁山。何光岳认为，鲁国是一个形成于夏代的古老方国，原址在今甘肃天水境内，姓姞氏。后来，姞姓鲁人的一支在夏代早期迁移到今河南鲁

---

① (汉)司马迁:《史记·商君列传》,中华书局 1963 年版,第 2231 页。

山。“鲁山在今鲁山县东十八里，附近汝水，有周公渡，汝水上游即鲁山之西有鲁公水、鲁公波，见于《水经注·汝水》。”[①]周文王的时候，鲁山附近的区域被其分封给自己的孙子即周公的长子伯禽，如此一来，鲁地就由姞姓人手中转移到姬姓人手中。沿着何光岳的思路，郭克煜等人认为，在周公东征前，伯禽就被封于今河南鲁山一带。周朝灭商之后，曲阜一带尚被奄国人占据，伯禽封鲁之后，担当着镇守徐、奄、淮夷的使命，鲁国的势力也由河南鲁山逐渐向东发展。后周公东征，赶走了奄国人，周人控制了曲阜一带的东方地区。在周公的决策之下，伯禽就将都城由河南鲁山迁移到山东曲阜。[②] 傅斯年指出：“初命伯禽侯于鲁，继命鲁侯侯于东，文义显然。如无迁移之事，何劳重复其辞？”[③]意思是说，伯禽的鲁国确实经历了由河南鲁山到山东曲阜的迁移。我们所谓的鲁文化是在伯禽东迁曲阜之后所形成的文化。

（一）周公封鲁与鲁文化的形成

周公、伯禽父子二人是鲁文化的开创者，他们与周王室的关系对鲁文化的形成有着重要影响。据《史记》记载，“周公旦者，周武王弟也。自文王在时，旦为子孝，笃仁，异于群子。及武王即位，旦常辅翼武王，用事居多。”[④]周公是周文王的儿子、周武王的弟弟，他品性仁孝，又辅佐武王有大功，这些无疑都影响到武王在分封周公时的决策。这主要表现在两个方面：一是对周公的分封尤其丰厚。虽然姜太公为“首封”，但他毕竟是异姓诸侯，与周王室没有血缘关

---

① 何光岳：《鲁国的来源和迁徙》，刘敦愿、逄振镐主编：《东夷古国史研究》第一辑，三秦出版社 1988 年版，第 37 页。

② 参见郭克煜等：《鲁国史》，人民出版社 1994 年版，第 45 页。

③ 傅斯年：《大东小东说——兼论鲁燕齐初封在成周东南后乃东迁》，欧阳哲生主编：《傅斯年全集》第三卷，湖南教育出版社 2000 年版，第 56 页。

④ （汉）司马迁：《史记·鲁周公世家》，中华书局 1963 年版，第 1515 页。

系，所以太公被分封到土地贫瘠、人口稀少、政治局势不稳定的营丘。而周公与周王室有着密切的宗亲关系，所以他被分封到土地肥沃、人口众多、政治相对稳定的曲阜，并且还拥有很多其他诸侯国所不具备的特权，比如，“成王乃命鲁得郊祭文王，鲁有天子礼乐者，以褒周公之德也”[①]，周公被准许郊祭文王，享受天子礼乐，尊崇无以复加。二是“周公不就封，留佐武王”。也就是说，虽然周公被分封为鲁公，但他并没有亲自去封国，而是留下来辅佐武王，由他的儿子伯禽代父就封。以上两点对鲁文化的形成与发展都有着重要的影响。

据《史记》记载，周公在伯禽临行之前特意嘱咐他学习为政之道。周公诫伯禽曰：“我文王之子，武王之弟，成王之叔父，我于天下亦不贱矣。然我一沐三捉发，一饭三吐哺，起以待士，犹恐失天下之贤人。子之鲁，慎无以国骄人。”[②]周公的这段“诫子书”所表达的核心观念就是希望伯禽治理鲁国时能够谦卑自守、礼贤下士，这一点可以说是对周文化“尊尊亲亲”治国方略的补充。

众所周知，周文化的核心要义有两点：一是亲亲，一是尊尊，即所谓的“亲亲之杀，尊贤之等”。亲亲是就家庭血缘关系来说的，亲亲就是亲其所亲，子女最亲的是父母，父母最亲的是子女，同辈之间最亲的是兄弟姐妹。亲亲之杀就是亲亲之礼有亲疏远近，五服之间，其礼不同。尊尊是就政治社会关系来说的，尊尊就是尊其所尊，政治社会有等级的分别，地位高的应该得到尊重，不同等级的礼是不一样的。尊尊之下有两个系统：一是王、公、侯、伯、子、男，这一系属于政权方面的尊卑差等，权力可以世袭，父亲死了可以传

① (汉)司马迁:《史记·鲁周公世家》，中华书局1963年版，第1523页。

② (汉)司马迁:《史记·鲁周公世家》，中华书局1963年版，第1518页。

给儿子；二是王、公、卿、大夫、士，这一系属于治权方面的尊卑差等，权力不能世袭，意味着治权不可专。[①] 周公告诫伯禽要礼贤下士，即就治权而言的。周文化最重视血缘宗法关系，姜太公治理齐国“因其俗，简其礼”，对周文化进行了因地制宜的扬弃，采用了“尊贤上功”的人才政策，他用人时所看重的是其贤能与否，而不是血缘关系。太公曾经问周公治理鲁国之策，周公说“亲亲上恩”，太公尖锐地指出，这样治理鲁国的话，鲁国肯定会变得很衰弱，因为重视血缘而不重视人的才干，则国无贤臣、军无良将，国家岂能不衰弱！[②] 或许正是有鉴于此，周公才告诫伯禽在治理鲁国时要谦卑自守、礼贤下士。

据《史记》记载：“鲁公伯禽之初受封之鲁，三年而后报政周公。周公曰：‘何迟也？’伯禽曰：‘变其俗，革其礼，丧三年然后除之，故迟。’太公亦封于齐，五月而报政周公。周公曰：‘何疾也？’曰：‘吾简其君臣礼，从其俗为也。’及后闻伯禽报政迟，乃叹曰：‘呜呼，鲁后世其北面事齐矣！夫政不简不易，民不有近；平易近民，民必归之。’”[③]由这段材料可以看出，鲁国与齐国立国方略的差异，齐文化、鲁文化的差异也由此而起。在政治、文化上，齐国采取了“因其俗，简其礼”的政策，鲁国则采取了“变其俗，革其礼”的政策。姜太公因循、简化的治国方法行政效率较高，所以去了五个月就把大体规模定下来了。与姜太公不同，伯禽治理鲁国是“变其俗，革其礼”，就是改变当地的民俗，革除土著的礼俗制度，用周文化取而代之，施行三年的丧礼制，所以费了很大功夫，最后用了三年时间才大体上定下来。两者相比较，鲁国的效率远低于齐国。所以，周公

---

① 参见牟宗三：《中国哲学十九讲》，吉林出版集团有限责任公司 2010 年版，第 50～51 页。

② 参见许维遹：《吕氏春秋集释》上册，中华书局 2009 年版，第 255 页。

③ （汉）司马迁：《史记·鲁周公世家》，中华书局 1963 年版，第 1524 页。

感叹说，齐国将来一定会比鲁国强大，因为太公治国理政崇尚简易，平易近人，所以会获得老百姓的拥护；而伯禽治国理政太烦琐，可以说出力不讨好，所以鲁国将来肯定会北面事齐。当然，历史也验证了周公的预言。

伯禽之所以采取“变其俗，革其礼，丧三年然后除之”的治国方略，是因为周公、伯禽是周王室成员，并且享受“郊祭文王，有天子礼乐”的特权，这就决定了他不能像太公那样可以因地制宜地确定治国方案，而必须把周文化原封不动地移植到曲阜，这既是在表明其自身异于其他诸侯的特殊宗亲关系与崇高地位，同时也是想通过对周文化的遵从向周天子表示自己的忠诚。但也正是因为伯禽这种对周文化的坚守，才铸就了鲁文化的特色。孔子就是在这样的文化氛围中成长起来的，他在周文化的基础上创造出了影响中国几千年的儒家文化。

（二）周礼在鲁与鲁文化的发展

周公封鲁后，由于周公的功德以及他与周朝的宗亲关系，鲁国享受“郊祭文王，有天子礼乐”的特权，又因为伯禽在鲁国推行“变其俗，革其礼”的治国方略，完全用周文化取代当地的土著文化，所以鲁国就成为周文化的东方样板，以至于春秋战国时期，周朝权威衰落之后，周文化还能在鲁国得到很好的保存。

> 《左传》昭公二年，春，晋侯使韩宣子来聘，且告为政，而来见，礼也。观书于大史氏，见《易象》与鲁《春秋》，曰：“周礼尽在鲁矣，吾乃今知周公之德与周之所以王也。”①

昭公二年也就是公元前540年，此时鲁国建国已有五百年左右。

---

① 李梦生：《左传译注》下册，上海古籍出版社2004年版，第932页。

这年春天，晋平公派韩宣子到鲁国聘问，同时通告鲁国晋平公执掌政事的相关事宜，这是诸侯国之间的外交礼节。韩宣子参观了鲁国太史的藏书，见到了《易象》与鲁国的史书《春秋》，韩宣子感叹说："周礼至今仍被完好地保存在鲁国，今天我才深切体会到周公的功德以及周朝之所以王天下的原因！"

所谓《易象》，即《周易》。杜预注曰："易象，上下经之象辞。"韩宣子见到《周易》，感叹"周礼尽在鲁矣"，除了因为《周易》为周文王、周公所创作之外，更重要的是在春秋时人看来，《周易》可以作为周文化的代表，体现了礼乐文化的核心精神。这一点可以从《礼记・乐记》与《周易・系辞》中两段相似的文字中见出端倪。《礼记・乐记》记载：

> 天尊地卑，君臣定矣。卑高已陈，贵贱位矣。动静有常，小大殊矣。方以类聚，物以群分，则性命不同矣。在天成象，在地成形。如此，则礼者天地之别也。地气上齐，天气下降，阴阳相摩，天地相荡，鼓之以雷霆，奋之以风雨，动之以四时，暖之以日月，而百化兴焉。如此，则乐者天地之和也。化不时则不生，男女无辨则乱升，天地之情也。及夫礼乐之极乎天而蟠乎地，行乎阴阳而通乎鬼神，穷高极远而测深厚。乐著大始，而礼居成物。著不息者，天也；著不动者，地也。一动一静者，天地之间也。故圣人曰礼乐云。[①]

又《周易・系辞》记载：

> 天尊地卑，乾坤定矣。卑高以陈，贵贱位矣。动静有常，刚柔断矣。方以类聚，物以群分，吉凶生矣。在天成象，在地

---

① 杨天宇：《礼记译注》下册，上海古籍出版社 2004 年版，第 478～479 页。

成形,变化见矣。是故刚柔相摩,八卦相荡。鼓之以雷霆,润之以风雨;日月运行,一寒一暑。乾道成男,坤道成女。乾知大始,坤作成物。乾以易知,坤以简能。易则易知,简则易从。易知则有亲,易从则有功。有亲则可久,有功则可大。可久则贤人之德,可大则贤人之业。易简而天下之理得矣。天下之理得而成位乎其中矣。①

在具体分析这两段文字之前,有一个问题需要说明,即《乐记》与《系辞》的成书年代问题。尽管学界对此有各种争论,但是有一个基本的共识是:这两篇文献绝非一时一人所作,而是大致都经历了“春秋战国发其端、西汉定其型”的发展过程。在这个共识的基础之上,我们就可进行具体分析了。很多学者指出,《乐记》的这段文字乃是抄自《系辞》而略作更改。② 而《乐记》为何要摘抄《系辞》的文字?一个最显见的原因就是:《乐记》的作者认为《系辞》的这段话能够表达他所理解的礼乐文化精神。那么礼乐文化的精神到底是什么呢?《乐记》中解释道:“乐者,天地之和也;礼者,天地之序也。”也就是说,礼乐文化彰显了天人宇宙的秩序与和谐,这一点恰好是上引两段材料所共同揭示的。

《系辞》曰:“天尊地卑,乾坤定矣。”天地之高下是一种常规可见的自然现象,《系辞》从中类比引申出尊卑贵贱的价值意涵,进而以乾坤两卦效法模拟。《乐记》将“乾坤”改为“君臣”,实际上并非新创,因为按照《系辞》的思路做进一步类比就可以引申出来:乾为天,象征君;坤为地,象征臣。之后自然可以得出“天尊地卑,君臣定矣”的结论。所谓“君臣定矣”,即在政治社会关系中,君臣二者

---

① 黄寿祺、张善文:《周易译注》,上海古籍出版社 2004 年版,第 493 页。

② 持此观点的有郭沫若的《公孙尼子与其音乐理论》、高亨的《周易大传今注》等文章。

的角色定位与权利义务分配各有不同，其合法性就源自于天地之高下以及由天地之高下而类比引申出来的尊卑贵贱的价值标准。郑玄认为："天地阴阳，尚有尊卑先后之序，而况人道乎？"[①]人道即人类社会的秩序，应当效法天道，即天地阴阳尊卑先后的秩序，这显然是"本天道以立人道"的思维模式。接下来，《乐记》对《系辞》做出了创造性的发挥。《乐记》曰："在天成象，在地成形。如此，则礼者天地之别也。""地气上齐，天气下降，阴阳相摩，天地相荡，鼓之以雷霆，奋之以风雨，动之以四时，暖之以日月，而百化兴焉。如此，则乐者天地之和也。"

按照《系辞》的记载，乾坤两卦是一种既对立又统一的关系：一方面，乾坤两卦是对立的。《系辞》曰："乾，阳物也；坤，阴物也。"乾坤的对立表征着宇宙间普遍存在着这样一种对立关系，譬如，阴阳、刚柔、天地、日月、冬夏、男女、君臣、贵贱等。《乐记》由此引申，认为礼的价值和意义就在于"天地之别"，即在承认宇宙万物的既定差异性的基础上，用典章制度和礼仪规范等形式进一步将这种差异性明确化与合理化，从而确立有条不紊的宇宙秩序。另一方面，乾坤两卦又是统一的。《系辞》曰："乾，阳物也；坤，阴物也。阴阳合德，而刚柔有体。"乾坤的统一表征着宇宙间对立着的事物同时又是统一的，这种统一不是将两个不同的事物机械地组合在一起，而是一种有机统一，即阴阳合德、天地交感、日月交辉、男女匹配、君臣协作等。《乐记》由此引申，认为乐的价值和意义就在于"天地之和"，即在承认万物差异性、宇宙秩序合理性的基础上，用声音、乐律、辞章以及与之相关的形式，超越地化解万物之间的对立关系，赋予宇宙万物一种协同共进的和谐机制。总之，《乐记》从

① [日]安居香山、中村璋八辑：《纬书集成》，河北人民出版社 1994 年版，第 6 页。

《系辞》中创造性地引申出礼乐文化的核心精神，论证了宇宙万物的秩序性与和谐性。

《系辞》曰："乾知大始，坤作成物。"按照《系辞》的理解，乾主管万物的开始，代表天的创造原则；坤担负万物的完成，代表地的终成原则。[①] 创始与终成两大原则的协同作用，乾坤的相互配合，共同完成宇宙万物的生成变化，这是从宇宙论的角度阐述乾坤的功能。《乐记》则用乐、礼代替乾、坤，将《系辞》中关于乾坤的说法改写成"乐著大始，而礼居成物"，《礼记正义》对此解释道："言乐象于天，天为生物之始。著，犹处也，是乐处大始。礼法于地，言礼以禀天气以成于物，故云礼居成物。"[②]从《系辞》的乾、坤引申到《乐记》的乐、礼，之所以能完成这种意义的引申，是因为乾坤与乐礼有着共同的意义源——天地。乾坤是天地之德，天德曰乾，地德曰坤，乾坤的功能就是生成万物。乐礼象法天地，乐象天，天在发挥乾德创始万物的时候，乐已经存在了，所以说"乐处大始"；礼法地，地在发挥坤德终成万物的时候，礼已经存在了，所以说"礼居成物"。显然，《乐记》的这种意义引申，旨在借助《系辞》为礼乐文化寻求了形而上的天道依据。

总之，通过对比分析《系辞》与《乐记》的两段文字，可以发现《周易》的学理与周代礼乐文化的核心精神有着共通之处，这也就难怪韩宣子在见到《易象》之后会感叹"周礼尽在鲁矣"了。鲁国对周文化的贯彻执行，极大地促进了鲁文化的发展。从鲁国内政的角度讲，周文化的熏陶和浸润使鲁国人深切认识到礼乐文化在维持政治社会秩序中的重要作用。据《左传·隐公十一年》记载，君

① 参见牟宗三：《周易哲学演讲录》，华东师范大学出版社 2003 年版，第 44 页。

② (汉)郑玄注，(唐)孔颖达疏：《礼记正义》，北京大学出版社 1999 年版，第 1098 页。

子曰："礼，经国家，定社稷，序民人，利后嗣者也。"[①]在鲁国人看来，礼是能够治理国家、安定社稷，使人民有次序，使后代获得利益的东西。从鲁国外交的角度讲，周文化对于调节鲁国与各诸侯国之间的关系起到了重要作用。据《左传·闵公元年》记载，（齐桓）公曰："鲁可取乎？"（仲孙湫）对曰："不可。犹秉周礼。周礼，所以本也。臣闻之：'国将亡，本必先颠，而后枝叶从之。'鲁不弃周礼，未可动也。君其务宁鲁难而亲之。亲有礼，因重固，间携贰，覆昏乱，霸王之器也。"[②]齐桓公想要灭亡鲁国，但是仲孙湫却认为不可行，因为鲁国秉持周礼作为立国的根本，根本还没有动摇，所以不会轻易灭亡。仲孙湫建议齐桓公亲近鲁国这样有礼仪的国家，帮助鲁国渡过难关，转而去颠覆那些内部不和、发生动乱的国家，认为这才是称霸之道。由此可见，鲁国因为坚守周代礼乐文化而获得了其他诸侯国的敬重和帮扶。

（三）儒墨显学与鲁文化的繁荣

鲁文化的繁荣主要表现在其孕育了儒家与墨家两个学派。《韩非子·显学》上就这样说道："世之显学，儒、墨也。儒之所至，孔丘也。墨之所至，墨翟也。"孔子创立的儒家学派与墨子创立的墨家学派不仅是春秋战国时期的显学，而且对此后中国文化的走向还起到了决定性的作用，尤其是儒家学派。

鲁文化的根基是周代的礼乐文化。周代礼乐文化发展到春秋战国时期，封建贵族生活腐化堕落，不再遵守和践行礼乐文化的规范，从而导致礼乐文化失去了对于政治、社会、人生的规约作用，变成一种形式主义的虚文，这就是著名哲学家牟宗三先生所谓的"周

① 李梦生：《左传译注》上册，上海古籍出版社 2004 年版，第 43 页。

② 李梦生：《左传译注》上册，上海古籍出版社 2004 年版，第 174 页。

文疲弊"现象。[①] 春秋战国时期的诸子百家思想都是为了解决"周文疲弊"的问题而产生的,完备地保存了周文化的鲁国能够出现儒家与墨家自然也就毫无意外了。

孔子对周代礼乐文化持认可肯定的态度,《论语·八佾》记载:"周监于二代,郁郁乎文哉,吾从周。"孔子认为,任何时代、任何社会都需要礼乐来规范引导,对于周公制作的礼乐而言,可以随着时代的发展而对其酌情损益,但是不能从根本上将其抛弃推翻。在儒家看来,周文化之所以会出现疲弊的现象,失去客观的有效性,问题不在于周文化本身,而在于拥有这套礼乐文化的周代贵族生活的腐败堕落,不能用生命承担和践行这套礼乐文化,这样一来,粲然明备的周文化就成了挂空的虚文,成了形式主义。孔子一生爱慕周公,志在恢复周礼,让周公的礼乐重新发挥有效性,他的方法就是让周礼生命化。如何使周礼生命化?孔子提出仁的观念,《论语·阳货》记载:"礼云礼云,玉帛云乎哉?乐云乐云,钟鼓云乎哉?"《论语·八佾》又有记载:"人而不仁如礼何?人而不仁如乐何?"意思就是说,一个人如果不仁,那制礼作乐有什么用呢?礼乐不是玉帛钟鼓那些形式,崇尚者必须用生命去践行它,这种用生命对礼乐文化的承担与践行就是仁。所以,仁的观念的提出,解决了周代礼乐文化挂空、虚文的弊病,从而使周文化真实化、生命化、有效化。

因而,孔子对于周代礼乐文化的贡献就是用仁的观念来点化礼乐,让礼乐与人的生命融合在一起,这就是所谓的仁礼合一。《论语·颜渊》中记载:

> 颜渊问仁。子曰:"克己复礼为仁。一日克己复礼,天下归仁焉。为仁由己,而由人乎哉?"颜渊曰:"请问其目。"子

---

① 参见牟宗三:《中国哲学十九讲》,吉林出版集团有限公司2010年版,第50页。

曰："非礼勿视，非礼勿听，非礼勿言，非礼勿动。"颜渊曰："回虽不敏，请事斯语矣！"

颜回是孔子的首席大弟子，有一天，他向孔子请教什么是仁，孔子回答说："克己复礼为仁。"要克制自己的欲望，让自己的一切行为都符合礼的规范，这种做法就是仁。孔子认为，在成就仁德的问题上，完全取决于我们自己，也就是所谓的"为仁由己"，《论语·述而》还说："仁远乎哉？我欲仁，斯仁至矣！"所以只要我们愿意，每个人都能成就仁德。具体来说，就是为仁的人要"非礼勿视，非礼勿听，非礼勿言，非礼勿动"。就是说，在日常生活中，我们心里得始终绷紧一根弦，这根弦就是礼，我们做任何事情都得用合不合乎礼的规范来衡量。孔子在《论语·八佾》中评论季氏道："八佾舞于庭，是可忍也，孰不可忍也？"所谓八佾就是由 64 个人分成 8 行 8 列组成的舞蹈队伍，按照礼的规定，只有天子才能用这种舞蹈队伍，诸侯的舞蹈队伍应该是 6 行 6 列 36 个人，大夫的舞蹈队伍应该是 4 行 4 列 16 个人。季氏作为大夫，只能用 16 个人的舞蹈队伍，但他却用了 64 个人的，这是违背礼的，是僭越，所以孔子忍无可忍。天下之所以大乱，就是因为大家都不按照礼的规范去做事情了，季氏就是典型的代表。所以儒家主张，我们所有人都得按照贵贱、尊卑、长幼、亲疏选择适合自己的礼，只有这样才能实现君君、臣臣、父父、子子的理想社会。

与孔子极力推崇周代礼乐文化不同，墨子对周文化持否定态度。《淮南子·要略》中有这样一段文字："墨子学儒者之业，受孔子之术，以为其礼烦扰而不说，厚葬靡财而贫民，服伤生而害事，故背周道而用夏政。"[①]墨子最初跟着儒家学习礼乐，但是学了一段时

① 刘文典：《淮南鸿烈集解》下册，中华书局 1988 年版，第 709 页。

间之后，墨子认为周代的礼乐烦扰而不够简易，周礼的厚葬习俗浪费钱财让百姓贫困，服丧时间太久妨碍社会生产与百姓生活，转而最终决定抛弃周代礼乐而采用夏朝大禹的简易朴素的为政之道，转而提出节葬、节用、非乐等思想学说。由此可见，墨子是从功利主义的角度出发来否定周代礼乐文化的，在他看来，周代礼乐文化烦琐浪费、费财害事。所以，荀子批评墨子说："上功用、大俭约而僈差等。"[①]"上功用"是说墨子以功用、功利为上，"大俭约"是说墨子以节俭、节约为大，"僈差等"是说墨子为了节约而抹杀了周代礼乐文化所规定的等级秩序的差别，即"亲亲之杀，尊贤之等"。唐君毅先生指出，墨子是"次于人文的"，就是说墨子还没能理解人文价值的必要性，所以他才从功利主义的观点来反人文。[②]

作为从同一文化中孕育出的两个学派，儒家与墨家的思想却是相对立的。孔子推崇周礼，爱慕周公；墨子反对周礼，效法大禹。孔子主张维持家庭与社会的等级秩序；墨子却主张泯灭这种贵贱有序、亲疏有别的等级秩序。樊迟在《论语·颜渊》中向孔子问仁时，孔子又提出一个概念："爱人。"所谓爱人，简单来说就是对别人的爱。儒家最重视的是血缘亲情，其所讲的爱人是以血缘亲情为基础的，主张以血缘为中心的差等之爱。也就是说，爱父母、爱兄弟姐妹、爱亲戚朋友、爱陌生人虽然都是爱，但是这个爱的份量是不一样的，我们最应该爱的是自己的父母，其次是自己的兄弟姐妹，再其次是亲戚朋友，最后才是陌生人。也就是说，这个爱的份量会随着血缘的疏远而依次递减。与儒家不同，墨家主张兼爱，墨子认为："(应)使天下兼相爱……视人之国，若视其国。视人之家，

---

① 王先谦：《荀子集解》上册，中华书局 1988 年版，第 92 页。

② 参见牟宗三：《中国哲学十九讲》，吉林出版集团有限公司 2010 年版，第 55 页。

若视其家。视人之身,若视其身。”[①]所谓兼爱,就是说不管是谁,不管有没有血缘关系,都要毫无差别地去爱他们,所以爱邻居家的父亲要像爱自己的父亲一样,爱陌生人要像爱自己的亲兄弟一样。在儒家看来,墨家的这种毫无分别的爱实际上泯灭了父兄与陌生人之间的差别,导致无父无兄,是为不仁。所以,《孟子·滕文公》批评说:“圣王不作,诸侯放恣,处士横议。杨朱、墨翟之言盈天下。天下之言,不归杨则归墨。杨氏为我,是无君也。墨氏兼爱,是无父也。无父无君,是禽兽也。”

综上所述,尽管儒墨两家对待周代礼乐文化的态度不同,尽管他们的思想学说存在较大的差异,但是这种“百家争鸣”也恰好印证了当时学术的繁荣。鲁文化以周代礼乐文化为根核,结出了儒家与墨家两颗丰硕的文化果实,对于中国文化的发展做出了巨大的贡献。

第三节 齐文化、鲁文化的交流与融合

在海岱之间的这片齐鲁大地上,勤劳智慧的东夷人创造了璀璨的东夷文化,齐鲁封国之后,周文化的融入为东夷文化的发展异变带来了契机。姜太公“因其俗,简其礼”的建国方略使东夷文化与周文化融合变异出所谓的齐文化,而伯禽“变其俗,革其礼”的建国方略使东夷文化与周文化融合变异出所谓的鲁文化。春秋战国时期,齐文化与鲁文化进行了历时几百年的交流与融合,并最终随着秦始皇的一统天下而真正的由分到合融为一体。在汉武帝“罢黜百家,独尊儒术”之后,两种文化共同消融在中华文化的生命洪

① 吴毓江:《墨子校注》上册,中华书局1993年版,第159页。

流之中,完成了它们光荣的历史使命。

一、齐文化与鲁文化的初步交流

齐文化与鲁文化分别形成于齐、鲁两国建立之后。由于齐、鲁两国相邻,而且姜太公与鲁周公又是共同辅佐文王、武王的功臣,这就决定了齐文化与鲁文化在形成初期即有着一定程度地交流。学者郭墨兰认为:“一般认为齐、鲁文化的融合是从春秋战国时期开始的,其实不然,其在西周到战国初期,齐、鲁两国文化分流发展的过程中,两国文化即有频繁的交流,有交流就有融合,只是早期的融合没有中、后期那么强烈和明显,因此,往往被人忽略。”[①]据史料记载,齐文化与鲁文化的最初交流主要表现在两国的建立者关于各自治国方略的讨论。《史记》与《吕氏春秋》对此有分别的记录。

> 鲁公伯禽之初受封之鲁,三年而后报政周公。周公曰:“何迟也?”伯禽曰:“变其俗,革其礼,丧三年然后除之,故迟。”太公亦封于齐,五月而报政周公。周公曰:“何疾也?”曰:“吾简其君臣礼,从其俗为也。”及后闻伯禽报政迟,乃叹曰:“呜呼,鲁后世其北面事齐矣!夫政不简不易,民不有近;平易近民,民必归之。”[②]
>
> 《吕氏春秋》:吕太公望封于齐,周公旦封于鲁,二君者甚相善也。相谓曰:“何以治国?”太公望曰:“尊贤上功。”周公旦曰:“亲亲上恩。”太公望曰:“鲁自此削矣。”周公旦曰:“鲁虽削,有齐者亦必非吕氏也。”其后,齐日以大,至于霸,二十四世

① 郭墨兰:《齐鲁文化早期交流融合述论》,《管子学刊》1997年第4期。

② (汉)司马迁:《史记·鲁周公世家》,中华书局1963年版,第1524页。

而田成子有齐国。鲁日以削，至于觐存，三十四世而亡。[①]

由上述两段材料可知，齐、鲁两国的建立者有着各自的建国方略：鲁国公伯禽在鲁国“变其俗，革其礼”，齐太公在齐国“因其俗，简其礼”；周公治国主张“亲亲上恩”，太公治国主张“尊贤上功”。尽管双方各执己见，互有批评，但也正是在这种批评交流中，双方才可以相互吸收，取长补短，于不知不觉中实现了齐文化与鲁文化之间潜移默化的相互影响。

春秋时期，齐文化、鲁文化的交流逐渐频繁，主要表现在世代通婚、会盟、外交互访、战争以及民间交流等。管仲相齐之后，对两种文化的交流做出了重要贡献。从内政的角度讲，管仲借鉴鲁国重视农业的国策，把发展农业放在经济的重要位置，以补充齐国自太公以来重视发展工商业的弊端。管仲认为：“凡牧民者，务在四时，守在仓廪……仓廪实则知礼节，衣食足则知荣辱。”[②]同时，管仲还借鉴鲁国以周礼作为立国之本的国策，强调礼、义、廉、耻在治理国家社会中的重要作用，以纠正齐国自太公以来“因其俗，简其礼”的国策所带来的风俗败坏的弊端。管仲认为：“国有四维，一维绝则倾，二维绝则危，三维绝则覆，四维绝则灭。倾可正也，危可安也，覆可起也，灭不可复错也。何谓四维？一曰礼，二曰义，三曰廉，四曰耻。礼不逾节，义不自进，廉不蔽恶，耻不从枉。故不逾节则上位安，不自进则民无巧诈，不蔽恶则行自全，不从枉则邪事不生。”[③]从外交的角度讲，管仲极力化解齐、鲁两国的争端，运用外交手腕借助鲁国促成齐桓公的霸业。《史记·齐太公世家》中完整地

① 许维遹：《吕氏春秋集释》上册，中华书局2009年版，第255页。

② 黎翔凤：《管子校注》上册，中华书局2004年版，第2页。

③ 黎翔凤：《管子校注》上册，中华书局2004年版，第11页。

记载了这个过程："五年，伐鲁，鲁将师败。鲁庄公请献遂邑以平，桓公许，与鲁会柯而盟。鲁将盟，曹沬以匕劫桓公于坛上，曰：'反鲁之侵地！'桓公许之。已而曹沬去匕，北面就臣位。桓公后悔，欲无与鲁地而杀曹沬。管仲曰：'夫劫许之而倍信杀之，愈一小快耳，而弃信于诸侯，失天下之援，不可。'于是遂与曹沬三败所亡地于鲁。诸侯闻之，皆信齐而欲附焉。七年，诸侯会桓公于甄，而桓公于是始霸焉。"①

管仲之后，齐相晏婴对于齐文化、鲁文化的交流起到了重大的促进作用。晏婴延续管仲重视农业的经济政策，同时强化周礼对于百姓的教化作用，化民成俗，涤除社会的不良风气。据《史记·齐太公世家》记载："（齐景公）二十六年，猎鲁郊，因入鲁，与晏婴俱问鲁礼。"②齐景公与晏婴向鲁国学习礼乐，其间还曾与孔子相见。据《论语·颜渊》记载："齐景公问政于孔子。孔子对曰：'君君，臣臣，父父，子子。'公曰：'善哉！信如君不君，臣不臣，父不父，子不子，虽有粟，吾得而食诸？'""君君，臣臣，父父，子子"是周代礼乐文化的核心精神，也是儒家的理想社会秩序，孔子其实是想告诫齐景公应当以周礼治理国家，齐国之所以乱，风俗之所以败坏，就是因为不遵守周礼。孔子在《论语·雍也》中曾这样评价道："齐一变，至于鲁；鲁一变，至于道。"可见，在孔子看来，尽管鲁国的国政与文化还不是理想状态，但是与齐国相比，还是有可取之处的，那就是自伯禽以来的"变其俗，革其礼"，对周文化的坚守与发扬。后来孔子周游列国，到达齐国之后，见到了齐景公。据《论语·微子》记载："齐景公待孔子，曰：'若季氏则吾不能，以季、孟之间待之。'曰：

① （汉）司马迁：《史记·齐太公世家》，中华书局1963年版，第1487页。

② （汉）司马迁：《史记·齐太公世家》，中华书局1963年版，第1503页。

‘吾老矣，不能用也。’孔子行。”尽管齐景公表面赞同孔子的观点，但实际上还是不能推行孔子的治国思想，所以孔子只好离开。齐景公与孔子之间的交往可以被视为齐、鲁文化交流的一个缩影。

综上所述，齐文化、鲁文化的交流自太公、周公立国之初就已肇其端，其后随着两国外交、战争的频繁而不断往还。管仲、晏婴、孔子等人对两国文化的初步交流做出了巨大贡献，齐文化不断地汲取鲁文化重视礼乐的特点从而纠正本身的各种弊端，同时鲁文化也吸收齐文化开放、创新的长处，让鲁国这样一个故步自封的小国能够在诸侯争霸的多方压力之下存活下来。齐文化与鲁文化的初步交流为此后的汇流融合打下了坚实的基础。

二、齐文化与鲁文化的逐渐融合

春秋末期，随着周王室权威的衰落，诸侯国之间战争不断，客观上促进了文化的交流与融合。同时，随着学术下移，以往的王官之学逐渐演变为诸子百家的思想争鸣。因而，齐文化与鲁文化的交流就从原来的以官方为主逐渐转变为以民间为主，其中最具代表性的就是儒、墨两家学术思想的传播与稷下学宫中诸子百家学术思想的争鸣。

众所周知，夏商周三代为学在官府。章太炎先生曾这样说过：“古之学者，多出王官。世卿用事之时，百姓当家，则务农商畜牧，无所谓学问也。其欲学者，不得不给事官府，为之胥徒，或乃供洒扫为仆役焉。”[①]也就是说，当时只有官方贵族才掌握学术，而普通百姓则无学术可言。普通百姓想要学习，就必须在官府为仆役，非此别无他途。但是到了春秋晚期，封建贵族制逐渐崩溃，官府的学

① 章太炎：《诸子学略说》，《国粹学报》1906 年第 20 期。

问无以为继，原来在官府中供职的掌握学术的教师等人流入民间。为了生存，他们开门授徒，从而催生了民间学术，诸子百家思想由此兴起。与齐文化和鲁文化交流融合关系密切的主要有儒、墨、道、法四家。班固在《汉书·艺文志》中写道：

> 儒家者流，盖出于司徒之官，助人君顺阳阳明教化者也。游文于六经之中，留意于仁义之际，祖述尧、舜，宪章文、武，宗师仲尼，以重其言，于道最为高。[①]

儒家源自三代的司徒之官。根据《周礼》记载，司徒之官是负责教化的官职，以礼乐孝悌教化百姓，化民成俗，从而维持政治社会秩序。孔子承续鲁国的周文化，以六经教授弟子，讲求仁义道德，推崇尧、舜、禹、汤、文、武、周公等圣王，从而创立了儒家思想。

> 墨家者流，盖出于清庙之守。茅屋采椽，是以贵俭；养三老五更，是以兼爱；选士大射，是以上贤；宗祀严父，是以右鬼；顺四时而行，是以非命；以孝视天下，是以上同；此其所长也。[②]

墨家源自管理宗庙祭祀的官。三代宗庙都是以茅草为顶、以柞木为椽，非常朴素，所以墨家主张节俭；宗庙之中设有三老、五更的官职，专门负责养护老年人，所以墨家主张兼爱；宗庙祭祀之时往往举行射礼，以选拔人才，所以墨家主张尚贤；宗庙为祭祀祖宗之处，认为鬼神可以赏善罚恶，所以墨家信奉鬼神；祭祀之礼随四时节气而按期举行，所以墨家信天而不信命；宗庙祭祀的目的是为了表示对祖先的孝道，同时也是为了教化百姓力行孝道，所以墨家同时主张对君上的忠孝，也就是尚同。这是墨家的主要思想。

---

① （汉）班固：《汉书·艺文志》，中华书局 1962 年版，第 1728 页。

② （汉）班固：《汉书·艺文志》，中华书局 1962 年版，第 1738 页。

道家者流，盖出于史官，历记成败存亡祸福古今之道，然后知秉要执本，清虚以自守，卑弱以自持，此君人南面之术也。合于尧之克攘，《易》之嗛嗛，一谦而四益，此其所长也。[①]

道家源自三代的史官。史官负责记录历史，因而对于国家的成败存亡之道观察得特别透彻，他们从中总结出历史发展规律，知道治理国家必须抓住根本，清心寡欲，谦卑自守，这就是所谓的君人南面之术。道家的思想与古代圣王尧的恭敬、诚信、谦虚、礼让等德行相一致，与《周易》谦卦的谦虚之德相协调，因而是君主治理国家所必不可少的。

法家者流，盖出于理官。信赏必罚，以辅礼制。《易》曰："先王以明罚饬法"，此其所长也。[②]

法家源自三代执掌刑罚的官。他们赏罚分明，公正可靠，在治理国家社会中发挥着重要的作用，是礼乐教化的重要辅助。礼教与刑罚相辅相成，因而国家社会才有秩序。

儒、墨、道、法四家思想皆从三代王官之学而来，其中儒、墨两家是鲁文化的代表，而道、法两家则是齐文化稷下学宫中的主要学术派别。儒、墨、道、法四家学术思想的交流与融合是春秋末期至战国时期齐文化、鲁文化交融的典型表现。司马谈在《论六家要旨》中所言可谓一语中的："夫阴阳、儒、墨、名、法、道德，此务为治者也，直所从言之异路，有省不省耳。"[③]在他眼里，诸子百家思想以阴阳、儒、墨、名、法、道等六家为代表，有异曲同工之妙，他们的目的都是为了治理国家，为了重整政治社会秩序，只不过各自的理论

① (汉)班固:《汉书·艺文志》，中华书局1962年版，第1732页。
② (汉)班固:《汉书·艺文志》，中华书局1962年版，第1736页。
③ (汉)司马迁:《史记·太史公自序》，中华书局1963年版，第3288页。

和方案不同罢了。因而，以儒、墨、道、法四家为代表的齐文化与鲁文化两相交融，主要就体现在治国理政方面，具体分述如下。

首先，齐文化与鲁文化的交融形成了传统中国礼法并用的治理思想。儒家认为，治理国家社会，礼与法是两个必不可少的工具。当然，这里边有个主次之分，儒家主张以礼为主，以法为辅。中国古代社会是礼乐社会，礼乐是儒家治理政治社会的工具，其中礼的作用在于区分贵贱、尊卑、长幼、亲疏，从而维持社会的分化和秩序；乐的作用则在于用音乐的节奏激起大家相同的情绪（喜怒哀乐），从而产生同类感、凝聚力和向心力。有了礼，大家才能相互尊敬；有了乐，大家才能相亲相爱。所以，儒家认为，要治理政治社会，礼乐规范是必不可少的。除了礼之外，治理社会还需要法。儒法两家在观点主张上是对立的，法家绝对排斥儒家的礼治、德治，但是儒家却并不绝对排斥法律，只不过不主张用法治来代替礼治而已。孔子不是绝对排斥刑罚的人，据《史记》记载，孔子做鲁国宰相的时候曾经诛杀乱政的少正卯，这就说明孔子其实并不反对刑杀，只不过是以礼教为主，以刑罚为辅罢了。《论语・子路》中记载了孔子的这一观点："名不正则言不顺，言不顺则事不成，事不成则礼乐不兴，礼乐不兴则刑罚不中，刑罚不中则民无所措手足。"孔子把礼乐刑罚相提并论，并且还认为他们之间有连带关系，他反对的是刑罚不中，如果刑罚得当的话，那是没有问题的。孔子以后，儒家对法律的看法更加折中。《孟子・离娄》则体现了孟子的观点，他认为："徒善不足以为政，徒法不能以自行。"也就是说，只有善或者只有法都是不行的，治国理政必须两者都有，不能偏废。荀子思想中含有丰富的法家思想，荀子承认刑罚在维持社会秩序中的特殊作用，认为这是礼义教化所代替不了的。荀子认为人性都是恶的，面对人性之恶，荀子主张应该用礼义教化来引导老百姓为善,但是也不是说所有人都能服从教化,所以荀子又说:“以善至者待之以礼,以不善至者待之以刑。”[①]也就是说,要根据对象使用礼义和刑罚,能教化的就教化,不能教化的就用刑罚,礼义和刑罚各有其用,相辅相成。只有这样才能禁止百姓作恶,维持社会秩序。[②] 这就是中国传统社会礼法并用的治理思想,这种思想源自儒家,同时也源自法家,是齐文化与鲁文化交流融合的产物。

其次,齐文化与鲁文化的交融形成了传统中国尚贤使能的人才政策。齐国自姜太公起就推行“尊贤上功”的人才政策,但这种人才政策并非为齐文化所独有,鲁文化中的儒、墨二家都有相似的人才思想。比如,儒家认为,在社会中应该根据每个人的才能性情的不同,区分贵贱、君臣、上下。比如说,在社会中,有的人智商高、有的人智商低,有的人品性好、有的人品性差,有的人有才能、有的人才能平平,这是我们社会的实际情况,即孟子所谓的“物之不齐,物之情也”。儒家认为,就是因为大家的才能性情都不一样,所以我们的社会才应该有分工,应该有贵贱、上下的差别。孟子认为:“有大人之事,有小人之事……或劳心,或劳力。劳心者治人,劳力者治于人。治于人者食人,治人者食于人。天下之通义也。”[③]所谓劳心者就是古代的士大夫、读书人,从事农业、工商业的这些人是劳力的。在孟子看来,劳心的人治理劳力的人,劳力的人养活劳心的人,这是天下的通义,不存在剥削不剥削、平等不平等的问题。在儒家的理想社会中,社会分工、社会地位以及个人的才智德行是三位一体的,贤能的、有智慧的人必然尊贵居于上位,以治理社会

---

① (清)王先谦:《荀子集解》,中华书局 1988 年版,第 149 页。

② 参见瞿同祖:《中国法律与中国社会》,商务印书馆 2010 年版,第 309 页。

③ 万丽华、蓝勇译注:《孟子》,中华书局 2006 年版,第 111 页。

为职业;平庸的、没有才能智慧的人必然卑贱居于下位,受别人治理,负责养活别人。所以,国家根据个人的才能德行授予官职、发放俸禄,目的就在于让那些贤能的人尊贵,给他们养尊处优的生活也是理所当然的,这是儒家的尊贤思想。又如,墨家认为,国家之所以贫穷,人口之所以稀少,社会之所以动乱,关键原因就在于统治者不知道任用贤能的人。墨子推断:"是故国有贤良之士众,则国家之治厚;贤良之士寡,则国家之治薄。故大人之务,将在于众贤而已。"[①]国家的治乱贫富取决于这个国家贤良之士的多寡,所以为政之道的关键就在于"众贤",即广纳贤才。传统中国社会的历朝历代皆重视对人才的招揽,这不能不说是延续了齐文化与鲁文化尊贤的传统。

再次,齐文化与鲁文化的交融形成了传统中国外儒内法的君人南面之术。源自鲁文化的儒家主张德治仁政,而源自齐国稷下学宫的法家主张严刑峻法,二者经历了春秋战国的融合之后,逐渐形成了以儒学缘饰吏治的君人南面之术。这一点在汉武帝与公孙弘君臣二人身上淋漓尽致地体现了出来。公孙弘"每朝会议,开陈其端,使人主自择,不肯面折庭争。于是上察其行慎厚,辩论有余,习文法吏事,缘饰以儒术,上说之"[②]。也就是说,每次上朝议事,公孙弘都是条分缕析地把事情分析清楚,然后让汉武帝自己下决断,从来不当面顶撞汉武帝,关键是他能够"习文法吏事,缘饰以儒术",明明是运用法家思想处理政务,但在表面上又用儒家的话语来装点门面,这实际上就是所谓的外儒内法。这一点很得汉武帝的欢心,因为汉武帝本身就是个主张外儒内法的皇帝。《汉书·汲

① 墨翟:《墨子·尚贤上》,上海古籍出版社1989年版,第14页。

② (汉)班固:《汉书·公孙弘传》,中华书局1962年版,第2618页。

黯传》记载道："上方招文学儒者，上曰吾欲云云，黯对曰：'陛下内多欲而外施仁义，奈何欲效唐、虞之治乎！'上怒，变色而罢朝。公卿皆为黯惧。上退，谓人曰：'甚矣，汲黯之戆也！'"[①]汲黯当面说汉武帝"内多欲而外施仁义"，就是指摘汉武帝并非真的信奉儒学，而只是把儒学当作一种装饰罢了。后世君主无不以汉武帝为榜样，施行外儒内法的权术治理国家，这也是齐文化与鲁文化交流的产物。

综上所述，齐文化与鲁文化在春秋战国时期不断地交流融合，为秦朝的一统天下奠定了思想基础，为此后中国两千多年的大一统帝制储备了丰富的治国理政思想，中华文化的主干也在这种交流融合中逐渐形成。

三、齐鲁文化的最终定型

公元前 249 年，鲁国为楚所灭；公元前 221 年，齐国为秦所灭。尽管齐、鲁两国灭亡了，但是齐文化、鲁文化却随着秦始皇一统天下而走向融合定型。

秦国原本偏居西陲，与中原以及东方的大国交流不多。商鞅变法之后，秦国通过严刑峻法、奖励耕战走上了强国之路，但是这个强也只是军事之强，而并非文化之强。秦始皇一统天下之后，随即面临着文化建国的问题，如何让原来的六国之民在文化上服从进而认可秦朝政权迫在眉睫。仝晰纲研究发现："长期以来，学界把秦代的政治文化定位为法家文化，形成了严刑峻法、以吏为师、摧残文化的表象。但仔细梳理秦代政治文化就会发现儒家的因素远远大于法家，这从齐鲁文化在秦代政治文化中的积淀可得到充

① (汉)班固：《汉书·汲黯传》，中华书局 1962 年版，第 2316 页。

分说明。”[①]秦始皇在考虑文化建国问题的时候，就主动向齐鲁文化靠拢，比如，他多次巡行齐鲁之地。据《史记》记载：“（秦始皇）二十八年，始皇东行郡县，上邹峄山。立石，与鲁诸儒生议，刻石颂秦德，议封禅望祭山川之事。”[②]“齐人徐市等上书，言海中有三神山，名曰蓬莱、方丈、瀛洲，仙人居之。请得斋戒，与童男女求之。于是遣徐市童男女数千人，入海求仙人。”[③]胡适先生指出：“前三世纪的晚期，秦始皇征服了六国，而齐学征服了秦始皇。五德终始之说成了帝国新制度的基础理论；求神仙，求奇药，封禅祠祀，候星气，都成了新帝国的大事业。”[④]秦始皇对齐、鲁文化的兼收并蓄进一步促使了齐文化与鲁文化的融合定型，遗憾的是，秦始皇还没有来得及见到文化建国的成效就已去世，在他死后不久，秦朝就被农民起义所推翻，这项工作也就被汉代君臣所接管。

秦朝灭亡之后，经过几年的战争，汉朝建立了。汉朝初年，由于长期的战争，民生凋敝，社会经济濒于破产。据《汉书》记载：“自天子不能具醇驷，而将相或乘牛车。”[⑤]就是说，皇帝要出门，拉车的马都找不到同样颜色的，宰相、将军这些人马车都坐不上，只能坐牛车，可见当时社会经济破坏到什么地步。为了促进经济发展，稳定社会，汉朝采用齐国稷下黄老学作为统治思想。所谓黄老学，“黄”就是指远古的帝王黄帝，“老”就是老子，它是齐国稷下学宫一个融合了道家与法家思想的学派。稷下黄老学的思想有两个要点：一是无为，表现在经济上就是轻徭薄赋，自然无为，让老百姓充分

---

① 仝晰纲：《齐鲁文化的形成轨迹与发展走向》，《人文天下》2015 年第 11 期。

② （汉）司马迁：《史记・秦始皇本纪》，中华书局 1963 年版，第 242 页。

③ （汉）司马迁：《史记・秦始皇本纪》，中华书局 1963 年版，第 247 页。

④ 胡适：《中国中古思想史长编》，华东师范大学出版社 1996 年版，第 32 页。

⑤ （汉）班固：《汉书・食货志》，中华书局 1962 年版，第 1127 页。

的休养生息；二是因循，表现在政治上就是汉承秦制，也就是汉代把秦代的政治制度、法律规范等原封不动地继承过来，没做很大的修改。在这种统治思想的指导之下，汉初经济社会得到了很大的恢复。由此可见，汉初的治国方略源自于齐文化。

汉武帝的时候，汉朝国力已经很强盛了。恰好汉武帝本人又是个少年英主，有雄才大略。这个时候，稷下黄老学派因循无为的性格已经不能满足汉武帝的需要了，这就为鲁文化中的儒家思想登上历史舞台提供了机会。据《汉书》记载，汉武帝喜欢文学、儒学，他身边有几个臣子，比如窦婴、田蚡等人也都喜欢儒学。窦婴、田蚡推荐赵绾做御史大夫，推荐王臧做郎中令，并让他们两个把自己的老师鲁申公从鲁国迎接到长安来。汉武帝主张按照儒家的礼乐文化来治国，比如，设立明堂，明堂就是儒家理想中周天子处理政务、颁布政令、会见诸侯的地方；把列侯赶到他们的封地去，汉代部分的实行分封制，分封之后很多诸侯王、列侯因为封地偏远，不想到他们的封地去，于是就一直住在长安国都，这就等于只享受权利而不尽义务，而按照儒家的方案，就必须把这些贵族赶到他们的封地去；按照儒家的礼制来穿衣服等。窦婴、田蚡他们想通过这样的方式，用儒家的方法治理国家，达到天下太平的目的。但是，他们的这场推崇儒学的运动很快被喜欢稷下黄老学的窦太后扼杀了，窦太后派人暗中搜集赵绾、王臧的罪证，把他们收监，迫使赵绾、王臧自杀谢罪，窦婴、田蚡也惨遭罢免。直到四年以后，窦太后去世，汉武帝亲政，才正式开始推崇儒学。在儒学独尊的过程中，董仲舒发挥了重要作用，他在给汉武帝的“天人三策”中说：

> 《春秋》大一统者，天地之常经，古今之通谊也。今师异道，人异论，百家殊方，指意不同，是以上亡以持一统；法制数

> 变，下不知所守。臣愚以为诸不在六艺之科孔子之术者，皆绝其道，勿使并进。邪辟之说灭息，然后统纪可一而法度可明，民知所从矣。[①]

董仲舒认为，要建立强盛的大一统的国家关键就在于统一思想。只有统一思想，全国上下才能心往一处想，劲儿往一处使。思想的不统一和律法的朝令夕改，让百姓不知所从，国家非乱不可。所以，董仲舒就建议汉武帝对于“诸不在六艺之科孔子之术者，皆绝其道，勿使并进”，就是说把儒家作为国家正统的统治思想，将其他家都视为异端邪说，这就是所谓的“罢黜百家，独尊儒术”。

需要说明的是，汉武帝时期的儒学已经不是鲁国孔孟时期的儒学了，而是经历了文化融合之后所形成的“新儒学”。这个“新儒学”吸纳了法家、阴阳家、墨家、道家等诸子百家思想，是齐文化与鲁文化融合之后的产物。所以，自从汉武帝“罢黜百家，独尊儒术”之后，齐鲁文化才真正实现融合定型，其后汉代经学虽然有齐学与鲁学的分野，那也是齐鲁文化这一文化整体内部的分野，不再是春秋时期齐、鲁两国相对独立的文化形态。至此，齐鲁文化从同宗共源的东夷文化发展到相对独立的齐文化与鲁文化，再发展为汉代大一统文化观念之下的齐鲁文化，完成了一个“合—分—合”的发展历程。

第四节　齐鲁文化的核心精神与历史地位

作为一种相对独立的文化形态，齐鲁文化与其他地域文化相比有着鲜明的特色，它集齐文化的外向、崇尚富强、追求霸业、勇于

① （汉）班固：《汉书·董仲舒传》，中华书局1962年版，第2523页。

改革创新与鲁文化的内敛、崇尚礼乐、追求王道、注重继承因循于一身,瑰丽多彩,博大精深,在中华文化的汪洋大海中占据中流砥柱的核心地位。

一、齐鲁文化的核心精神

(一)齐文化与鲁文化的差异

齐文化与鲁文化的差异性的形成与齐、鲁两国的实际情况和开国君主制定的文化基调有很大关系。武王伐纣之后,周公和太公分别被分封到鲁、齐两地。因为周公是文王的儿子、武王的弟弟,这种亲密的宗亲关系决定了武王在分封时对他的政策倾斜,所以周公被分封到土地肥沃、人口众多、政治相对稳定的曲阜,并且拥有很多其他诸侯国所不具备的特权,比如,享受天子礼乐、被赏赐很多典籍礼器等。与周公相比,太公就没有那么幸运了,太公虽然在周朝代殷的过程中立了首功,但是他毕竟是异姓诸侯,与周王室没有血缘关系,所以就被分封到土地贫瘠、人口稀少、政治局势不稳定的营丘。所以说,尽管周公和太公都把周文化移植到鲁、齐两地,但是分封的差异就决定了他们在开国之后会制定不同的大政方针。

首先,在政治、文化上,齐国采取了"因其俗,简其礼"的政策,鲁国则采取了"变其俗,革其礼"的政策。所谓"因其俗,简其礼",就是因袭东夷土著居民的礼俗制度,同时简化周朝的君臣之礼以顺应齐地的民俗。因为姜太公以功臣的身份被分封到齐地,可以说是外来人入主,为了巩固统治,姜太公在文化礼俗方面都尽量因袭他们齐地原有的东西,而不是去强行以周文化取而代之,所以去了之后五个月就把大体规模定下来了。与太公不同,周公的儿子伯禽治理鲁国采取的是"变其俗,革其礼",完全改变当地的风俗,革除土著的礼俗制度，完全用周文化取而代之，所以费了很大功夫，用了三年时间才把大体规模定下来。对此，周公认为姜太公治国理政崇尚简易，平易近人，容易获得老百姓的拥护；而伯禽治国理政太烦琐，不易获得百姓的拥护，国家发展也会受限。

其次，在经济上，齐国重视发展工商渔盐业，鲁国重视农业。因为齐国土地贫瘠，多处都是盐碱地，不适宜粮食作物的种植，但是比较适合种植桑麻，所以太公就鼓励百姓种植桑麻，鼓励妇女纺织，并且极尽纺织的精巧，所以齐国的纺织业很发达。另外，齐国靠近大海，有鱼盐之利。这样，在太公的鼓励促进之下，齐国的工商业就发展起来，齐国百姓生活也较安逸富足。反观鲁国，曲阜地处平原，土地肥沃，适合发展农业，工商业发展欠缺，因为鲁国人口众多，所以相对于齐国而言，鲁国发展就相对缓慢。

再次，在用人上，齐国遵循“举贤上功”，鲁国遵循“尊尊亲亲”。我们知道，姜太公出身贫贱，七十多岁才遇到周文王。他的这种出身和遭际影响到其用人政策，那就是“举贤上功”，姜太公主张不论出身贵贱，只要贤能就任用，只要有功就受赏。正是因为这种不拘一格的用人政策，所以齐国才出现了管仲、鲍叔、隰朋、宁戚、晏婴、司马穰苴等一大批贤相能臣，他们对于齐国的发展做出了巨大贡献。相反，鲁国更多的是是遵循周文化“尊尊亲亲”的原则。所谓“尊尊”指的是嫡长子继承制，因为周代不仅是王位世袭，爵位、官职也是世袭，只有嫡长子有继承权，嫡长子如果不幸去世了，那就由嫡长孙继承，这就是“尊尊”；所谓“亲亲”指的是宗法制，就是以血缘关系分配国家权力，用人讲究血缘的亲疏远近。鲁国这种任人唯亲的原则虽然在一定程度上起到维护宗族统治的作用，但是也造成了鲁国人才匮乏或者有才而不能用的局面。

以上三点是齐、鲁的开国君主在大政方针上的根本不同，这些不同就决定了日后齐文化和鲁文化的不同发展方向，齐文化比较外向，崇尚富强，追求霸业；鲁文化比较内敛，崇尚礼乐，追求王道；齐文化擅长改革创新，鲁文化注重继承因循；齐国民风铺张奢侈，鲁国民风勤俭朴实；齐国人有辩才，鲁国人多忠厚；等等。

（二）齐鲁文化的核心精神

关于齐鲁文化的核心精神，不同的学者有不同的看法。比如，王修智认为，齐鲁文化以儒家文化为主体和核心，承上启下，继往开来，将五千年中华文明联为一条不断的长河，具有极其丰厚的思想内涵，主要包括以人为本，以仁为核心，以德为美，以孝为先，以和为贵，以礼为范，以"中庸"为基本方法，以天人合一、阴阳和谐为最高境界。[①] 又如，李伯齐从三个角度梳理了齐鲁文化的根本特征：第一，齐鲁文化兼容并包，具有开放性和包容性；第二，齐鲁文化是齐文化崇法重利与鲁文化重德隆礼的融合，具有法治、德礼兼重的特点；第三，齐鲁文化蕴含人道精神与和合思想。[②] 再如，逄振镐认为，齐鲁文化作为一种与时俱进的先进文化，具有"紧密契合社会现实的理论创新意识；俯仰天地的人文情怀；奋发有为的积极进取精神；经世致用的学术特点"[③]。

需要注意的是，齐鲁文化是齐文化与鲁文化的融合体，因而它兼具齐、鲁两种文化形态的特点而又融合产生出新的核心精神，这一核心精神可以归结为"内圣外王"四个字。尽管有学者指出，"内圣外王"是儒家文化的根本精神，而儒家文化又是鲁文化的核心，所以用"内圣外王"来概括齐鲁文化的核心精神似乎有以偏概全的弊病。实际上，随着齐文化和鲁文化的融合，儒家文化对稷下黄老

---

① 参见王修智：《齐鲁文化与山东人》，山东人民出版社 2010 年版，第 161～190 页。

② 参见李伯齐：《也谈齐鲁文化与齐鲁文化精神》，《管子学刊》1999 年第 4 期。

③ 逄振镐：《东夷文化研究》，齐鲁书社 2007 年版，第 4～11 页。

道家、法家等思想均做了充分的吸收，在汉代齐鲁文化定型之后的儒家已经不同于战国时期的原始儒家，因而秦汉以后儒家的内圣外王思想中必然包含着齐文化的因素。并且，内圣外王也不是儒家的专利，齐文化崇尚富强、追求霸业，是为齐文化的“外王”；齐文化清心寡欲、养性保真，是为齐文化的“内圣”。所以，用“内圣外王”来概括齐鲁文化的核心精神是没有问题的。

齐鲁文化“内圣”的一面主要表现在它对人的内在生命的关注。人类特有的一种能力，那就是反省，反省与我们认识世界、改造世界的思维在方向上是正好相反的：认识世界、改造世界是思维向外，以外部的事物为思考对象；而反省是思维向内，以自我或者说我们自己的精神生命为思考对象。人既然有反省的能力，那就必然存在如何安顿自己内在生命的问题，如何安顿我们内在生命的问题就变得尤为迫切。西方人多信仰上帝，他们把自己托付给上帝。那么，我们中国人将怎么处理内在生命呢？对于这个问题，齐鲁文化给我们指出了两条道路：一是崇尚德性，二是追求自由。前者来自鲁文化，后者来自齐文化。鲁文化注重德性修养，齐文化追求精神解放。根据齐鲁文化提供的这两个安顿内在生命的方法，传统中国人进可以成圣成贤，退可以终老林泉。由此可见，中国人的这种民族性格与齐鲁文化有着密切的关系。

齐鲁文化“外王”的一面主要表现在它对人的外部世界的回应。除了安顿人的内在生命之外，齐鲁文化对于外部世界，对于政治社会尤其关注。从国家层面讲，当前中国改革开放取得了巨大的成就，在国家治理体系和现代化建设的目标指引之下，齐鲁文化的治理思想依然是有用武之地的，这当然需要我们对传统的齐鲁文化进行创造性转化、创新性发展，使它与当代文化相适应、与当今社会相协调。从世界层面讲，当今是一个多元一体的世界，正是因为多元，所以我们需要包容，允许多样性的存在；正是因为一体，所以我们需要凝聚，努力寻找共识，求同存异。世界的发展究竟往哪里去？齐鲁文化能不能为世界发展提供更好的思想支持？这是我们要思考的问题。

总之，齐鲁文化是生命的学问，是实践的学问，是内圣外王之学，不能只靠口头说说，需要我们去体认、去践行，只有把齐鲁文化融入我们的生活，指导我们的生活，才能使齐鲁文化重新获得生命力。习近平总书记在十九大报告中为我们指明了努力的方向："深入挖掘中华优秀传统文化蕴含的思想观念、人文精神、道德规范，结合时代要求继承创新，让中华文化展现出永久魅力和时代风采。"①

二、齐鲁文化的历史地位

从春秋战国时期到秦汉一统再到现在，齐鲁文化在整个中华文化中具有至关重要的地位。齐鲁文化的基本精神与中华民族精神相一致，是中华文明的主干，齐鲁文化以其丰富的内容、完整的体系、极大的包容性、适时的先进性、强有力的凝聚性和强韧的生命力，集中地体现了我国的民族精神，奠定了中华传统文化的基础。②

孟祥才在研究齐鲁文化史时曾提出"齐鲁文化由地域文化到主流文化转变"的观点，他指出："各个地域或同时或次第绽开的文明之花，逐渐发展成内容与形式各有异同的面积较小的地域文化。这些地域文化之中，只有齐鲁文化经过先秦两汉时期的发展，完成

---

① 习近平：《决胜全面建成小康社会 夺取新时代中国特色社会主义伟大胜利——在中国共产党第十九次全国代表大会上的报告》，人民出版社 2017 年版，第 42 页。

② 参见于志平、陈立明：《齐鲁文化及其现代价值》，《中央社会主义学院报》2007 年第 1 期。

了由地域文化向主流文化的转变。其他地域文化只是作为文化的因子融入了主流文化。”[①]杜维明在他的“儒学三期发展说”中提到，第一期是先秦的儒学，曲阜的地方文化逐渐发展成为中原文化，成为中国文化的主流，到汉代成为显学。在他看来，儒家文化有一个从地方文化向主流文化发展的过程。[②]

齐鲁文化能从海岱之间的地域文化发展为中华民族的主流文化，这与其自身被制度化是分不开的。这种制度化又可称为“建制化”或“体制化”，最早提到“制度化儒学”的金耀基将其定义为制度和文化的复合体，认为其包含三个方面：政治制度，包括作为国家系统之基石的皇权；作为帝制国家之工具的庞大的官僚机器；文人学士和地方绅士，他们作为一个身份群体将国家与社会连为一体。所有的制度性结构都同儒家文化的价值交融在一起。[③] 干春松认为，制度儒学应该关注两个方面：一是儒家的制度化，二是制度的儒家化。这两个方面互相影响，互相促进。他认为通过“儒家文本的经典化”“孔子的神圣化”“博士制度”“科举制度”“学校和书院制度与传播方式的制度化”，中国的制度逐渐儒家化。[④]

笔者认为，齐鲁文化的历史地位主要体现在以下两个方面：

首先，齐鲁文化在整个中国早期文明史中的重要地位。秦汉之前，海岱之间的齐鲁之地是中国早期文明史中文化最为发达的地区，与其他地域文化相比，齐鲁文化在整个中华文明发展史上有着特殊的历史地位和独特的文化贡献，其特殊性在于齐鲁文化曾

---

① 孟祥才、胡新生：《齐鲁思想文化史——从地域文化到主流文化》，山东大学出版社 2005 年版，第 5 页。

② 参见杜维明：《儒家传统与文明对话》，河北人民出版社 2006 年版，第 218 页。

③ 参见么新鹤：《齐鲁文化的形成、地位与精神综述》，《山东省社会主义学院学报》2018 年第3 期。

④ 参见干春松：《制度化儒家及其解体》，中国人民大学出版社 2012 年版，第 84～143 页。

为中国早期文明发展发挥了文化中心的作用，做出过特殊的贡献。[①] 东夷文化时期，海岱之间的东夷人依次创造了绚烂的北辛文化、大汶口文化、山东龙山文化与岳石文化，随着很多文化遗存的出土，世人早已见证了齐鲁文化起源时期的辉煌。春秋战国时期，诸子百家的争鸣大多出于齐鲁之地，著名的历史人物，如舜、禹、周公、柳下惠、孔子、孟子、墨子、庄子等均与齐鲁地区有着密切的关系。秦汉时期，齐鲁之地即被视为文化的集中地，秦始皇多次巡游齐鲁大地，留下了刻石和其他遗迹，汉武帝尊儒学、兴礼乐也是从齐鲁之地延请的儒家学者。这些都足以说明，在中国早期的文化史中，齐鲁文化占据着重要的地位。

其次，齐鲁文化与儒家文化紧密相连。秦汉以后，齐鲁之地作为孔孟故里、儒家思想的发源地，发挥了其他地区所难以取代的独特的历史作用。钱穆先生在儒家经典与鲁国的渊源联系问题上曾指出："此为其时儒者传习礼乐，故谓礼乐书曰儒书。而儒书多传于鲁。故仲孙湫曰：'鲁秉周礼。'祝佗言：'伯禽封鲁，分器备物而有典册。'韩宣子言：'周礼尽在鲁。'《礼运》：'孔子曰：吾观周道，幽厉伤之，吾舍鲁何适矣。'《中庸》孔子对鲁哀公，亦曰：'文武之道，布在方策。'故知鲁存周礼，其书即礼书，后世之所谓六艺也。而鲁之学人，则传习其书，娴熟其事。"[②]傅斯年先生认为，《诗》《书》等典籍很多都是从鲁国出来的，鲁国和儒者的关系以及儒者和六艺的关系都非常密切。战国初年的儒学多是由孔子的七十二弟子们向四方散布，西汉初年的儒学也几乎全是来自齐鲁。鲁国在其建国初便已然奠定了其文化上的重心地位。鲁国是周公同姓首封的邦

① 参见张仁玺：《安作璋先生与山东地方史、齐鲁文化研究》，《邯郸学院学报》2011年第3期。

② 钱穆：《先秦诸子系年》，商务印书馆2002年版，第106页。

国，这使得鲁地成为西周礼乐制度的另一个中心，周朝之礼也由此在东方得以延续。这一文化优势不仅催生了孔子及儒家学派，也使得《诗》《书》等六艺在鲁国得以广泛承传，成为邹鲁地区特有的风俗。[①] 总之，正如孟祥才所说："由于孔子站在前所未有的理论高度上将传统的政治与道德思想提升到一个新的境界，因而给齐鲁文化注入了新的灵魂。有了儒家学说，齐鲁文化才真正具有了民族、地域的超越性，才真正能够担负起领导中国文化的历史使命。"[②]

综上所述，齐鲁文化从一种地域文化发展为中华民族的主流文化，凭借的是学术积淀和人才等文化因素，它最终成功形成并维系了自己的优势地位，是多种因素合力作用的结果。齐鲁文化对于中华民族性格的塑造以及中华民族文化心理结构的形成都有着重要的影响。当前，习近平总书记提出对于中华优秀传统文化进行创造性转化、创新性发展，为我们研究齐鲁文化、发扬齐鲁文化的精神提供了根本遵循。

---

① 参见傅斯年：《诗经讲义稿》，中国人民大学出版社 2004 年版，第 30 页。

② 孟祥才、胡新生：《齐鲁思想文化史——从地域文化到主流文化》，山东大学出版社 2005 年版，第 5 页。

第二章　齐鲁历史人物

第一节　儒家代表人物

一、周公旦

周公旦，姬姓，名旦，约公元前 1100 年出生，是周文王姬昌的第四子，周武王姬发的弟弟，曾两次辅佐周武王东伐纣王，并制作礼乐。因其采邑在周，爵为上公，故称周公。周公是西周初期杰出的政治家、军事家、思想家、教育家，被尊为“元圣”和儒学先驱。周公一生的功绩被《尚书・大传》概括为：“一年救乱，二年克殷，三年践奄，四年建侯卫，五年营成周，六年制礼乐，七年致政成王。”

周公摄政七年，在各方面提出了根本性的典章制度，完善了宗法制度、分封制、嫡长子继承制和井田制。之后归政成王，正式确立了周王朝的嫡长子继承制，这些制度的最大特色是以宗法血缘为纽带，把家族和国家融合在一起，把政治和伦理融合在一起，这一制度的形成对中国封建社会产生了极大的影响，为周族八百年的统治奠定了基础。有学者曾这样高度评价周公：“孔子之前，黄帝之后,于中国有大关系者,周公一人而已。"①

从流传下来的历史文献来看,周公的成就主要表现为以下几个方面:军事上,周公在周王朝立足未稳的情况下,两次克殷,统一东方,建立以东周为中心的军事中心;政治上,确立了以宗法制度为核心的嫡长子继承制以及分封制;文化上,制礼作乐,集周礼之大成。具体来说,在政治经济上,这主要表现为在政权与各种制度的建设方面,周公继承前代制度,制定了一套完整的典章制度,如封建制度、宗法制度、井田制度等使政治上有君臣上下之分,等级之别,在宗法上有大宗、小宗之别;在经济上,上分公田、私田,使民不失耕;在文化成就上,周公对中国社会更是影响深远。他提出了"明德慎罚"的道德规范,制定了完整的礼仪仪式。此外,周公曾提出"敬德保民"的思想,制礼作乐,建立典章制度。其言论见于《尚书》诸篇,如《金縢》《无逸》等。周公对易经的创作也有贡献。周公深受孔子推崇,被儒家尊为"圣人"。他的思想对儒家的形成起了奠基性的作用,汉代儒家将周公、孔子并称。应该说,周公不仅是卓越的政治家、军事家,而且还是诗人、学者。

二、孔子

作为儒家文化的开创者,尽管孔子的理论学说在其生前并未产生广泛影响,但在其死后影响巨大。客观讲,孔子不仅属于中国,而且也属于世界。

① 夏曾佑:《中国古代史》,东方出版社2012年版,第31页。

孔子(前 551[①]～前 479 年),子姓,孔氏,名丘,字仲尼,享年 73 岁(虚岁),死后葬于曲阜城北泗水之上,即今日孔林所在地。祖籍宋国栗邑(今河南省商丘市夏邑县),生于春秋时期鲁国陬邑(今山东省曲阜市)。孔子为中国著名的思想家、教育家、政治家,被联合国教科文组织评为“世界十大文化名人”之首。孔子一生修《诗》《书》,定《礼》《乐》,序《周易》,作《春秋》(另有说《春秋》为无名氏所作,孔子修订)。他的祖先是宋国贵族,大约在孔子前几世就没落了。孔子年轻时做过几任小官,曾任鲁国司寇,后携弟子周游列国,十四年最终返鲁,专心执教,其一生大部分时间都是从事教育,相传所收弟子多达三千人,贤人七十二个,培养出不少有知识有才能的学生,如颜回、曾参、子路等人。

作为儒家文化的始祖,孔子不仅是一个教育家、思想家、政治家,他首先是一个品德高尚的知识分子。他正直、乐观向上、积极进取,一生都在追求真、善、美,追求理想的社会。他的成功与失败,无不与他的品格相关。他品格中的优点与缺点,几千年来影响着中国人,特别是中国的知识分子。总结起来,孔子思想中以下这些方面值得我们深入探讨与研习。

首先是“发愤忘食,乐以忘忧”的精神。在孔子六十三岁时,曾这样形容自己:“发愤忘食,乐以忘忧,不知老之将至。”[②]充分说明孔子的倔强,当时孔子已带领弟子周游列国九个年头,历尽艰辛,不仅未得到诸侯的任用,还险些丧命,但孔子并不灰心,仍然乐观

---

① 孔子的生年,自古以来便有势力相当的两派观点。一派信奉《公羊传》《穀梁传》的说法,认为孔子生于鲁襄公二十一年(前 552 年);一派秉持太史公的说法,认为孔子生于鲁襄公二十二年(前 551 年)。以上分别见《公羊传·襄公二十一年》《穀梁传·襄公二十一年》《史记·孔子世家》。本书采用其生于公元前 551 年的说法。

② 杨伯峻:《论语译注》,中华书局 1980 年版,第 71 页。

向上，坚持自己的理想，甚至是明知其不可为而为之。

其次，孔子安贫乐道，他说："不义而富且贵，于我如浮云。"[①]在孔子心目中，行义是人生的最高价值，在贫富与道义发生矛盾时，他宁可受穷也不会放弃道义。但他的安贫乐道非常却并非不求富贵，只求维护道，这并不符合历史事实。孔子也曾说："富与贵，人之所欲也；不以其道，得之不处也。贫与贱，人之所恶也；不以其道，得之不去也。"[②]，"富而可求也，虽执鞭之士，吾亦为之。如不可求，从吾所好。"[③]孔子并不是清心寡欲之人，他也有自己的七情六欲和求富求贵之心。甚至说，他很想走上仕途，为苍生社稷贡献一己之力，但却始终没有合适的机会和开明的君主。

再次，"学而不厌，诲人不倦"的品格。孔子以好学著称，对于各种知识都表现出浓厚的兴趣，因此他多才多艺，知识渊博，在当时是鼎鼎大名的，几乎被当成无所不知的圣人，但孔子认为学无常师，谁有知识，谁那里有他所不知道的东西，他便以谁为师，并认为"三人行，必有我师焉"[④]。这一条很值得我们学习。

又次，对"直道而行"的追求。孔子生性正直，又主张直道而行，他曾说："吾之于人也，谁毁谁誉？如有所誉者，其有所试矣。斯民也，三代之所以直道而行也。"[⑤]《史记》记载孔子三十多岁时曾问礼于老子，临别时老子赠言道 ："聪明深察而近于死者，好议人者也。博辩广大危其身者，发人之恶者也。为人子者毋以有己，为人臣者毋以有己。"这是老子对孔子善意的提醒，他认为孔子就是看

---

① 杨伯峻：《论语译注》，中华书局 1980 年版，第 71 页。

② 杨伯峻：《论语译注》，中华书局 1980 年版，第 36 页。

③ 杨伯峻：《论语译注》，中华书局 1980 年版，第 69 页。

④ 杨伯峻：《论语译注》，中华书局 1980 年版，第 76 页。

⑤ 杨伯峻：《论语译注》，中华书局 1980 年版，第 167 页。

问题太深刻，讲话太尖锐，容易得罪一些有地位的人，给自己带来很大的危险。

最后，是“与人为善”的仁者气度。孔子创立了以“仁”为核心的道德学说。其为人善良，富有同情心，乐于助人，待人真诚、宽厚。“己所不欲，勿施于人”[①]“君子成人之美，不成人之恶”[②]“躬自厚而薄责于人”[③]等，都是其做人准则。

正因为孔子的文化贡献，在古代，他就被誉为“天纵之圣”“天之木铎”“千古圣人”，被认为是当时社会上最博学的学者之一，更被后世尊为“至圣”“万世师表”。

三、颜回

颜回(前 521～前 481 年)春秋末期鲁国人。字子渊，亦颜渊，孔子最得意的弟子。《论语・雍也》说他“一箪食，一瓢饮，在陋巷，人不堪其忧，回也不改其乐”[④]。其为人谦逊好学，“不迁怒，不贰过”。颜回尊重老师，对孔子无事不从、无言不悦，以德行著称。孔子称赞他“贤哉回也”，“回也，其心三月不违仁”[⑤]。

颜回聪敏过人，虚心好学，较早地体认到孔子学说的博大精深，因此，他对孔子的尊敬已超出一般弟子的尊师之情。他以尊崇千古圣哲之情来尊崇孔子，其与孔子之间的关系更像是父子。《论语・子罕》有云:“颜渊喟然叹曰:‘仰之弥高，钻之弥坚。瞻之在前，忽焉在后。夫子循循然善诱人，博我以文，约我以礼，欲罢不

① 杨伯峻:《论语译注》，中华书局 1980 年版，第 166 页。
② 杨伯峻:《论语译注》，中华书局 1980 年版，第 129 页。
③ 杨伯峻:《论语译注》，中华书局 1980 年版，第 165 页。
④ 杨伯峻:《论语译注》，中华书局 1980 年版，第 59 页。
⑤ 杨伯峻:《论语译注》，中华书局 1980 年版，第 57 页。

能。既竭吾才，如有所立卓尔。虽欲从之，末由也已。’”[①]其大意是，颜回曾感叹地说：“老师的道，越抬头看，越觉得它高明，越用力钻研，越觉得它深奥。看着它似乎在前面，等我们向前面寻找时，它又忽然出现在后面。老师的道虽然这样高深和不易捉摸，可是老师善于有步骤地诱导我们，用各种文献知识来丰富我们，提高我们，又用一定的礼来约束我们，使我们想停止学习都不可能。我已经用尽我的才力，似乎已能够独立工作。但是要想再向前迈一步，又不知怎样着手了。”所以，在少正卯与孔子争夺弟子时，孔子之门“三盈三虚”，唯有颜回未离孔门半步，因而后人评价说：唯有颜渊懂得孔子的伟大之处。这就是颜回的尊师与做人。

颜回的学术贡献除了讲学传播儒学思想和培养儒学接班人外，便是帮助孔子整理古代典籍。颜回在整理时，不限于一般的刻写与编简，而是着重于考证及校对，他把周游列国时所获得的不同古籍互作参证，去伪存真。特别是《易》，颜回是主要整理者之一。在整理过程中，颜回呕心沥血，以致劳累而死。颜回死后，孔子在颜回对《易》所作整理的基础上，又经过“韦编三绝”的辛劳，才给后世留下一部完整的《易经》。可惜的是，颜回为英年早逝，去世时只有四十岁。

自汉代起，颜回即被列为七十二贤之首，人们祭孔时甚至独以颜回配享。此后历代统治者不断追加谥号。唐太宗尊之为“先师”，唐玄宗尊之为“兖公”，宋真宗加封为“兖国公”，元文宗又尊为“兖国复圣公”，明嘉靖九年改称“复圣”。在山东曲阜还建有“复圣庙”。

---

① 杨伯峻：《论语译注》，中华书局1980年版，第90页。

四、曾子

曾子(前505[①]～前435年),名参,字子舆,今山东平邑魏庄乡人,春秋末期人,被尊称为曾子。他比孔子年轻四十六岁,是儒学传承谱系中的关键人物。

曾子出身于没落贵族家庭,从少年起他亲自参加农业劳动。他勤奋好学,后来从师于孔子,孔子以为其能通孝道,故授之业。他为人忠厚实在,以孝行著称,得到了孔子的真传。曾子不但是中国历史上著名的思想家,而且是儒家学派的重要人物,他的思想对上继承了孔子之道,对下开启了思孟学派。曾子不只是很好地传承了孔子的思想,更为可贵的是,他还在此基础上有新的发展和突出建树,为包括儒家精神在内的中国古代文化做出了突出贡献。以孝为本是曾子思想的核心。他把孝视为高于一切的东西。《大戴礼记·曾子大孝》曰:“夫孝者,天下之大经也。”曾子把孝作为“仁”之本,将其从做人的准则之一发展为做人的根本法则,并进一步把它推及到处理社会上人与人之间的关系上,“事父可以事君,事兄可以事长”,从而构筑了“孝”的理论体系。这一理论体系由于血缘亲情的维系和长期的教化,现已深深根植于中华民族的血液之中。曾子对“仁”的理解也体现出自身的思考。他在总结孔子的仁学时说:“夫子之道,忠恕而矣。”把忠恕解释为仁,这是对仁的一种通俗易懂的理解。而且,曾子把仁德作为君子的首要品行。不仅如此,曾子还发展了反求内心、注重自省的方法,这就是自我内省的“主内”方法,也是儒家的修身方法之一。曾子不但自身属“主

---

① 孔门弟子的生年多由孔子生年推算得来。曾子少于孔子四十六岁,据《史记》来推,当在鲁定公五年(前505年),岁次丙申。

内”，而且他还影响了孟子。

总之，作为孔子的主要传人，曾子是孔门七十二弟子中的优秀代表，深得孔子的欣赏。他是正统儒家思想的突出代表人物之一。他全面继承、充分发扬并努力丰富发展了儒家的学说，为儒家思想更好地得以延续和广泛流传发挥了极其关键而突出的作用。他积极推行儒家主张，传播儒家思想。曾参上承孔子之道，下启思孟学派，对孔子的儒学思想既有继承又有发展和建树。他的修齐治平的政治观，省身、慎独的修养观，以孝为本的孝道观，影响了中国两千多年，至今仍具有极其宝贵的社会意义和实用价值，是建设社会主义和谐社会不可或缺的思想道德营养源。

五、孔伋

孔伋（约前 483～约前 402 年），字子思，据《史记·孔子世家》记载，孔子有子为孔鲤，字伯鱼，伯鱼有子即孔伋，字子思。根据现有史料可知，孔伋少年时期聪颖好学，不但学于孔子，亦学于孔子弟子如曾子等人。《四书》之中的《中庸》原为《小戴礼记》中的一篇，是儒家论述人生哲理的文章，旧传即为孔汲所作。

据历史记载，孔伋未行冠礼之前，学识就已相当渊博。他曾在鲁国收徒授业，后又周游列国，到过宋、齐、卫等诸侯国，以儒家的仁政德治思想游说诸侯。虽然孔伋在当时的社会中没有得到统治者的认可和重用，但他并没有因此而动摇其持守儒家之道的志向，更没有卑躬曲膝以求得荣华富贵，而是维护了儒者的道德理想和人格尊严，光大了儒家思想在社会中的影响，抗节守道，不降其志，批斥诸侯残民害道之行，完全不惧自己身处穷困危难之中，成为当时一位颇有影响的儒家代表人物。

孔伋在儒家的学术思想发展中具有重要地位和影响，他是儒学由孔子发展到孟子的一位极为关键的人物。在周游列国的过程中，孔伋不仅极力宣扬孔子的学术思想，猛烈抨击诸侯国君的害民恶行，而且还著成了反映他的学术思想的儒家经典著作。《史记·孔子世家》曾言："子思子作《中庸》。"《孔丛子·居卫》也曾说："（子思）撰《中庸》之书四十九篇。"

孔伋的儒学思想，首先表现在他特别注重个体的道德修养，主张君子应当在为人处世的过程中讲求"求己"之学。他认为，人生存于世，应当确立高远的志向，修养自身的道德，不以私自累，不以利烦意，择天下之至道，行天下之正路。孔伋对于儒家修身思想的发展的卓越贡献在于，他首先从天人合一的角度，揭示了修身在天道与人道之间的关系，并特别注重"中庸"和"诚"的修身方法。孔伋的儒学思想还表现于他所提出的治国理论上。由于修己安人是儒家思想的核心内容，因而孔伋对于安人的治国理论也有所阐发。

孔子去世后，儒家分为八派，孔伋是其中一派。荀子把他和孟子看成是一派。从师承关系来看，孔伋学于孔子的得意弟子之一曾子，孟子又学于孔伋，而在基本观点上，《中庸》和《孟子》也大体上是相同的，所以他们这一派又被称为"思孟学派"。后代因此而尊称孔伋为"述圣"。孔伋在儒家学派的发展史上占有重要地位，他上承孔子中庸之学，下开孟子心性之论，并由此对后世的宋代理学产生了重要的影响。

六、孟子

孟子（约前372～前289年），名轲，战国中后期邹国人，是战国时期的思想家，孔伋的再传弟子。他曾在齐威王时到过齐国，在宋王偃称王时游历过宋国和滕国，在魏惠王晚年时到过魏国，先后拜会魏惠王、魏襄王，接着又做了齐宣王的卿。在齐宣王攻破燕国之后，因自己的政见得不到采纳而离开齐国，退隐邹国，与弟子万章、公孙丑等作《孟子》七篇。

孟子继承了孔子的德治思想，并将之发展为仁政学说，作为其政治思想的核心。他把“亲亲”“长长”的原则运用于政治，以缓和阶级矛盾，维护封建统治阶级的长远利益。孟子把伦理和政治紧密结合起来，强调道德修养是搞好政治的根本。他对儒家思想的继承和发展，是从时代特征出发，为孔子思想做出新的诠释，在基本遵循孔子论述的前提下，努力提升儒家学说的精神品格，进一步发展孔子所创立的学说，使儒家思想保持自身的活力。

孟子的思想虽然对后世影响很大，但他的地位在宋代以前并不是很高。直到韩愈在《原道》中将孟子列为先秦儒家中唯一继承孔子“道统”的人物，出现了一个孟子的“升格运动”，其地位才逐渐提升。他的理论对宋代儒学影响很大。北宋神宗熙宁四年(1071)，《孟子》一书首次被列为科举考试科目之一，之后《孟子》一书升格为儒家经典。南宋朱熹将其与《论语》《大学》《中庸》合为“四书”。元朝至顺元年(1330)，孟子被加封为“亚圣公”，地位仅次于孔子。其思想与孔子思想合称为“孔孟之道”。孟子与孔子、曾子、颜子(颜回)、子思子比肩共称为五大圣人。

七、荀子

荀子(约前 313～前 238 年)，名况，又称荀卿或孙卿，战国后期赵人，是我国先秦儒家的集大成者。他的家世和早年经历，史书都未曾作过介绍。公元前 298 年后，他先后到过齐、秦、赵、楚诸国。齐襄王时，荀子曾在齐国稷下讲学，三为祭酒(学宫之长)。在秦国，他曾游说秦昭王及秦相应侯范雎；至赵国，他曾与临武君议兵于赵孝成王前，但秦、赵两国俱不能用。及游楚国，他被楚相春申君黄歇任为兰陵（今临沂市兰陵县）令。他的著述被后人命名为《荀子》。

《荀子》一书，集中反映了先秦后期儒家思想变化的轨迹，对后世影响深远。与其为儒家思想集大成者的地位相吻合，荀子的诚信思想的内容也体现出这一倾向。其《荀子》一书，几乎涉猎了以往所有儒家的诚信思想议题，并就这些议题展开讨论。特别值得注意的是，以前往往被忽视的诚信与“嫉妒”“礼”“智”等的关系，在《荀子》一书中都是重点讨论的内容。同时，荀子又就政治诚信观、军事诚信观、教育诚信观、交游诚信观提出了自己的主张。

综而观之，荀子以“性恶论”为理论平台，在继承前人学说的基础之上，另辟蹊径，开诚信思想的新风。荀子在儒家思想史上首次正式把具有诚信思想的“诚”与“信”连为一体，从而使诚信思想有了正式的载体，这对儒家诚信思想的发展具有深远的影响。此外，荀子发展并完善了儒家诚信思想，从政治、伦理、教育、军事等不同层面论述了自己对诚信思想的认识，拓宽了儒家诚信思想的研究领域，深化了我国诚信思想的内涵，基本奠定了先秦儒家诚信思想在我国儒家诚信思想史上的地位。可以说，荀子对先秦儒家诚信思想体系的完善做出了巨大的贡献。

第二节 墨家代表人物

墨子（约前 480～前 420 年），姓墨名翟，春秋战国之际的思想家、政治家，墨家学派创始人。他出生的年代，约当孔子 70 岁的时候。[1]

---

① 参见任继愈：《墨子与墨家》，北京出版社 2012 年版，第 9 页。

墨子是鲁国之小邾国人，生长于邹鲁文化之乡，出身于社会下层。墨子早年亲自参加生产劳动，是一名能工巧匠，据《墨子·鲁问》记载，他曾与当时著名的工匠公输般比过智巧。邹鲁地区处于泗水两岸，物产丰足，水陆交通便利，自古是经济、文化繁盛之地。当地民俗喜学术，好技艺。在这种环境和风气的影响下，墨子除了掌握一些先进的科学技术知识外，也接受过儒家思想，学习了历史文献。后来，他脱离了直接的手工业劳动，进入士的行列，自称"上无君上之事，下无耕农之难"[①]，可见他既不是直接统治人民的人，也不是直接参加"耕农之难"的人。他的任务不在于直接参加生产，而在于宣传并实行自己的学说和主张。

墨子早年曾学习儒术，后来，他看到儒家学说"其礼烦扰""厚葬靡财而贫民"等弊端，认为其主张对国家民生有害，所以逐渐对儒家学说不满，并另立新说，创建了组织严密的学派——墨家。墨家公开批评儒家学说，成为儒学的反对派，在战国时期两家并称"儒墨显学"。

墨子长期从事教育、游说活动，为实现学派的理想而培养弟子，为宣传自己的主张四处奔波。他的门徒众多，大都是手工业者。教育的内容包括他的社会政治思想、哲学思想、道德观念以及科学理论和技术方法等。他四方奔走，上说下教，率徒奔波于齐、鲁、宋、楚、魏等国，向王公大人宣传自己的学说主张。他见义勇为，制止了多次战争，其中以与公输般论战，止楚攻宋最为著名。他深入社会，广泛交游，难得在一个固定的地方住得很久，往往是灶上的烟囱还没有熏成黑色，他就又到另一个地方游说去了，所以有"墨突不黔"的传说。墨子生活简朴，吃苦耐劳，坚信自己的主张

① 墨翟：《墨子·贵义》，上海古籍出版社 1989 年版，第 97 页。

和理想，重视实用，做到身体力行，具有“摩顶放踵，利天下而为之”的自我牺牲精神，甘愿把自己从头到脚都磨成粉末去帮助别人。他主张为下层劳动人民争取切身利益，为解决或减轻他们遭受的贫困和压迫之苦而付出极大的心血。

墨子的学术思想主要来自对春秋末期社会政治变化的深刻认识，对小生产者生活现状和要求改变现实处境的愿望的实际体验；另外则继承了前代文化和前人学术思想资料。墨子在认识论和逻辑学等方面做出了重大贡献。他强调了人类的感觉经验，认为“闻之见之，则必以为有；莫闻莫见，则必以为无”[①]。他制定了“三表法”，以“上本之于古者圣王之事”，“下原察百姓耳目之实”和“发以为刑政，观其中国家百姓人民之利”三者作为判定言论是非真伪的标准，主张“非以其名也，以其取也”[②]的名实论。墨子是中国哲学史上明确提出“类”和“故”的哲学范畴的第一人。他把“察类”“明故”作为明辨是非、审察同异的论辩原则和逻辑方法。在动机与效果的关系上，墨子强调“志”与“功”的统一，把“利”放在重要地位。他认为：“仁人之事者，必务求兴天下之利，除天下之害。”[③]在天人关系上，墨子提出“非命”，主要用意在于教人不要坐等命运的支配。“非命说”也反对儒家所宣称的“生死有命，富贵在天”的命定论，强调要用“强”“力”来改变生活境遇。墨子认为：“强必治，不强必乱”；“强必富，不强必贫”[④]，强调“赖其力者生，不赖其力者不生”[⑤]。他提出“天志”“明鬼”，相信上天的意志，并将其作为人类行

① 墨翟：《墨子·明鬼下》，上海古籍出版社 1989 年版，第 59 页。
② 墨翟：《墨子·贵义》，上海古籍出版社 1989 年版，第 96 页。
③ 墨翟：《墨子·兼爱下》，上海古籍出版社 1989 年版，第 32 页。
④ 墨翟：《墨子·非命下》，上海古籍出版社 1989 年版，第 70 页。
⑤ 墨翟：《墨子·非乐上》，上海古籍出版社 1989 年版，第 63 页。

为的标准，相信鬼神，并认为鬼神可以给人赏罚祸福，这些观点没有摆脱殷周传统的思想形式，是墨子学说中的迷信落后成分。墨子认为，天下一切祸害皆起于人们之间“交相别”，即互相对立。因此，他主张“兼相爱，交相利”[①]，用“以兼易别”[②]否定儒家的“爱有差等”。他提倡“利人”的功利主义原则，认为一切“圣知”“仁义”的价值就在于此，因为“义可以利人，故曰：义，天下之良宝也”[③]。他提倡“非攻”，抨击“攻伐无罪之国”的掠夺战争，认为攻伐为“天下之巨害”[④]，但不反对诛有罪之君的正义战争。

政治上，墨子还提出“尚贤”，主张“尚贤使能”[⑤]，认为“官无常贵，民无终贱”[⑥]，反对贵族的世袭制，反对儒家的亲亲尊尊，要求不偏富贵，不避贫贱，“虽在农与工肆之人，有能则举之”[⑦]。其“尚贤”的理论基础是“尚同”。“尚”和“上”有时可通用，“尚同”就是“上同”。“尚同”的基本思想在于说明贤者所规定的是非标准有真理的价值，而在上的统治者也应是贤者，所以在上者所规定的是非标准具有真理的价值，在下的人民必须以在上者规定的是非标准作为自己的行为指南，这样才能形成社会共同的认识。此外，墨子主张“节用”“节葬”“非乐”，反对当权贵族的“繁饰礼乐”、奢侈享乐的生活和厚葬久丧、靡费财物的习俗。其“非乐”理论中存在狭隘功利主义的观点，主张以物质功利活动取代对于美与艺术的追求。但他并不完全否认美的客观存在，“非以大钟、鸣鼓、琴瑟、竽笙之

---

① 墨翟：《墨子·尚贤下》，上海古籍出版社1989年版，第20页。
② 墨翟：《墨子·兼爱下》，上海古籍出版社1989年版，第32页。
③ 墨翟：《墨子·耕柱》，上海古籍出版社1989年版，第92页。
④ 墨翟：《墨子·非攻下》，上海古籍出版社1989年版，第39页。
⑤ 墨翟：《墨子·尚贤中》，上海古籍出版社1989年版，第15页。
⑥ 墨翟：《墨子·尚贤中》，上海古籍出版社1989年版，第15页。
⑦ 墨翟：《墨子·尚贤中》，上海古籍出版社1989年版，第15页。

声，以为不乐也；非以刻镂华文章之色，以为不美也”[①]，认为音、色、甘、美也为人所需要，然而应“先质而后文”[②]，“食必常饱，然后求美；衣必常暖，然后求丽；居必常安，然后求乐”[③]。

“尚贤”“尚同”“兼爱”“非攻”“节用”“节葬”“天志”“明鬼”“非乐”“非命”是墨子认为“择务而从事”的最重要的十事，也是构成墨子的整个哲学思想和政治主张的主要观点。这其中包含着极为丰富的朴素唯物主义和辩证法思想，为中国哲学史上的宝贵遗产，但也存在着某些消极的迷信成分。墨子思想体系中的唯物主义因素为后期墨家进一步发展。

《墨子》七十一篇是后人对他言行的记录。今存五十三篇，为研究墨子和墨家思想的基本史料。有关他言行的记载，还散见于《荀子》《韩非子》《庄子》《吕氏春秋》《淮南子》等书，《墨子间诂》也辑有其佚文。

第三节 道家代表人物

一、彭蒙

彭蒙（约前 370～前 310 年），战国时哲学家，齐国人，曾在齐国稷下学宫游学。彭蒙是田骈的老师，相传他以师说秘传授予田骈。他主张“齐万物以为首（道）”，强调事物的齐一、均齐。他认为对事物应采取“莫之是，莫之非”[④]的态度，因循自然，不置可否。这种

---

① 墨翟：《墨子·非乐上》，上海古籍出版社 1989 年版，第 63 页。

② 墨翟：《墨子·墨子佚文》，上海古籍出版社 1989 年版，第 132 页。

③ 墨翟：《墨子·墨子佚文》，上海古籍出版社 1989 年版，第 132 页。

④ 萧无陂导读注译：《庄子》，岳麓书社 2018 年版，第 334 页。

“齐是非”的思想对庄子影响很大。他还提出行不教之教，认为“选则不遍，教则不至，道则无遗者矣”[①]。与老庄思想有相通之处。但他又主张察辨名实，曾对宋钘不辨人治、法治之间的差异表示不满，认为“圣人者自己出也，圣法者自理出也。理出于己，己非理也。己能出理，理非己也。故圣人之治，独治者也。圣法之治，则无不治矣”[②]。

二、尹文

尹文(约前360～前280年)，又称“尹文子”，战国时哲学家，齐国人，和宋钘齐名，是宋尹学派的代表人物。在齐宣王、湣王时，他和宋钘、彭蒙、田骈同游齐国稷下学宫，其思想主流与宋钘相同。他曾劝说齐宣王实行“无为”之政，“圣人寡为天下理”[③]。尹文善名辩，尤精于“名”(概念)的分类分析，他曾与齐湣王论士：“唯见侮而不斗，未失其四行也。是人失其四行，是未失其所以为士也。然而王一以为臣，一不以为臣，则向之所谓士者，乃非士乎？”[④]通过“士”这一概念的察类分析，尹文为“见侮而不斗”的尚法主张辩护。他强调“名正则治，名丧则乱”[⑤]，并指出：“有形者必有名，有名者未必有形。”[⑥]其还与宋钘提出“接万物以别宥为始”[⑦]，认为在认识事物时首先要破除主观偏见。他主张“禁攻寝兵”，反对诸侯间的兼并战争。其学说为公孙龙称道，对其名理思想的形成有很大影响。

---

① 萧无陂导读注译：《庄子》，岳麓书社2018年版，第332页。

② (战国)尹文：《尹文子》，中华书局1991年版，第10页。

③ (汉)刘向撰，卢元骏注释：《说苑今注今译》，天津古籍出版社1977年版，第2页。

④ (战国)公孙龙撰，吴毓江校译：《公孙龙子校释》，上海古籍出版社2001年版，第4页。

⑤ (战国)吕不韦撰，任明、昌明译注：《吕氏春秋》，书海出版社2001年版，第157页。

⑥ (战国)尹文：《尹文子》，中华书局1991年版，第1页。

⑦ 萧无陂导读注译：《庄子》，岳麓书社2018年版，第329～330页。

《汉书·艺文志》著录《尹文子》一篇，列名家。今本《尹文子》分上、下两篇，或系后人伪作。一说《管子》中的《白心》篇是他的著作，另《公孙龙子·迹府》《吕氏春秋·先识览》《庄子·天下》中保存有尹文的思想资料。

三、田骈

田骈(约前350～前275年)，亦称“陈骈”，战国时哲学家，齐国人，“学黄老道德之术”①。田骈曾师事彭蒙，后讲学稷下，获“赐列第为上大夫，不治而议论”②，有辩才，号“田口骈”。《庄子·天下》《荀子·非十二子》都把他和彭蒙、慎到列为一派。田骈主张“贵齐”“齐万物以为首”，强调事物的齐一、均齐，认为“万物皆有所可，皆有所不可”③。事物都有其用处，不能偏废。同时，田骈还提出：“变化应求其皆有章，因性任物而莫不宜当。”④认为事物变化有其规律，应根据万物的特性而运用之。荀子批评他“尚法而无法”，“倜然无所归宿，不可以经国定分”⑤。田骈所著《田子》二十五篇，已佚。

第四节 法家代表人物

一、管仲

管仲(约前723～前645年)，本名夷吾，字仲，也称管子，春秋

---

① (汉)司马迁:《史记》，线装书局2006年版，第326页。

② (汉)司马迁:《史记》，线装书局2006年版，第225页。

③ 萧无陂导读注译:《庄子》，岳麓书社2018年版，第332页。

④ (战国)吕不韦:《吕氏春秋》，书海出版社2001年版，第171页。

⑤ (战国)荀子:《荀子》，万卷出版公司2009年版，第66页。

时期齐国人。管仲曾辅佐齐桓公改革政治，实行富国强兵，使齐国很快实现了“九合诸侯，一匡天下”的大业，齐桓公成为春秋五霸之首。管仲以其赫赫业绩，彪炳史册，是我国古代最著名的贤相之一，被历代政治家所仰慕和推崇，其政治改革思想对后世产生了极为深远的影响。

根据《史记·管晏列传》记载，管仲与周王室为同宗，是姬姓的后人。他幼年时父亲离世，与母亲相依为命，虽家境贫寒，但天资聪颖，胸怀鸿鹄之志。年轻时，他与鲍叔牙相交善，得其极力举荐才得到齐桓公的重用，官拜为相。管仲出任齐相之时，正值周王室衰微，天下无主，诸侯纷争的时期。他以此为契机，对齐国的经济、政治、军事和外交进行了一系列富有创见和卓有成效的改革，着力消除时弊，同时增进国力。司马迁在《史记·管晏列传》中评价道：“管仲既任政相齐，以区区之齐在海滨，通货积财，富国强兵，与俗同好恶。故称其曰：‘仓廪实而知礼节，衣食足而知荣辱，上服度则六亲固。四维不张，国乃灭亡。下令如流水之源，令顺民心。’”这段话高度地概括了管仲主导的齐国改革的施政方略，其具体措施都是据此衍生而来的。

管仲实施改革的初衷是实现国富民强，故其改革首先是从经济领域开始。管仲着眼于调整土地税收政策，调动农民生产的积极性。他创造性地提出“相地而衰征”的征税政策，即按照土地肥沃程度的不同，征收不同额度的租税，同时废除原有的按人头征税的政策。按照此政策，征收税收与土地产量相挂钩，多劳多得，少劳少得，赋税趋于合理，提高了农民耕种的积极性和土地的利用率。历代统治者多重农而抑工商，而管仲则第一个提出将工商与士农并列，强调粮食是“王者之本”“民之所归”的同时，充分认识到

"无市则民乏"[①],发展工商业同样是社会所需。管仲将全体居民按照士、农、工、商分成四类,"处士就闲燕,处工就官府,处商就市井,处农就田野","勿使杂处"。四民分处,就是强调专业分类,分工愈细、技术愈精,劳动效果也就愈好,这是我国历史上的一大创见。齐地自然资源丰富,有"齐带山海,膏壤千里"[②]之说。管仲主张放手让百姓生产,然后由国家统一收购,再投入市场出售,结果年收购量达十万八千种。在盐业生产淡季,把盐运销晋、宋、卫等内陆缺盐地区,"得成金万壹千余斤"[③]。滨海产鱼,水产丰饶,发展捕捞业是开发财源、繁荣市场的又一重要途径。为使齐国的海味销往外地,他还规定"关市几(讥)而不征",降低关市税费,以促进商品流通。管仲还认为,山泽、沟渎所出,桑麻、百果、六畜等经济作物和农民的家庭副业都是"国之富也",便大力鼓励百姓经营,"使民鬻之四方"[④]。这一政策使百姓很快富裕起来,齐国也得以完成了财富的积累。

管仲治理齐国,图谋霸业,一项重要的改革就是"作内政以寄军令",即隐军令于修内政之中。据《国语・齐语》载,管仲寓兵于农,兵民结合,政教与军教相统一,从而使居民组织、生产组织与军备战斗组织融合为一体,使之"居同乐,行同和,死同哀","守则同固,战则同强"[⑤]。根据《管子・小匡》所载,管仲首先"制五家为轨,轨有长;六轨为邑,邑有司;十邑为率,率有长;十率为乡,乡有良人;三乡为属,属有帅,五属一大夫,武政听属,文政听乡"[⑥]。也就

---

① 黎翔凤:《管子校注》(上),中华书局 2004 年版,第 90 页。

② (汉)司马迁:《史记》,线装书局 2006 年版,第 541 页。

③ 黎翔凤:《管子校注》(下),中华书局 2004 年版,第 1423 页。

④ 尚学锋、夏德靠译注:《国语》,中华书局 2007 年版,第 83 页。

⑤ 尚学锋、夏德靠译注:《国语》,中华书局 2007 年版,第 80 页。

⑥ 黎翔凤:《管子校注》(上),中华书局 2004 年版,第 400 页。

是说，他合并行政区划，在乡内实行分级管理，五家一轨，六轨为一邑，十邑为一乡。在此基础上，管仲把军事编制隐于行政编制之中，每轨出五人为一伍，每里出五十人为一小戎，每连出二百人为一卒，每乡出二千人为一旅，每五乡出万人为一军，由各级行政长官担任同级军事指挥，以狩猎方式训练军队。居民平时生产，战时打仗，从而使军备与生产相统一，富国与强兵相统一，迅速增强了齐国的军备实力。

管仲认为人才是治国之本，“治之本二，一曰人，二曰事”，把人才列在了治本的第一位。他说：“夫争天下者，必先争人。”[①]因此他特别重视举贤任能。《管子·大匡》记载，管仲上任三个月之后，就举荐隰朋为大行、宁戚为大司田、王子城父为大司马、宾胥无为大司里、东郭牙为大谏，可谓知人善任，用人所长。为了使人才选拔更为规范化和制度化，管仲设立了人才选拔的“三选”制度。据《国语·齐语》记载，所谓“三选”制度，即三层选拔：第一层，由各乡长选择当地人才推荐给官府；第二层，官府从各地推荐的人才中选拔出有才能的推荐给国君；第三层，国君从各地推荐的人才中亲自选择合适的人，委以重任。这一选才制度通过从下至上实行层层考察，大大扩大了选贤范围，打破了以血缘关系为纽带的用人唯亲制度，有利于国家选用人才并选得其人，真正将任人唯贤落得实处。

在经济、政治、军事等方面打下坚实基础之后，管仲开始辅佐齐桓公成就霸业。在军事上他审时度势，以“尊王攘夷”为旗帜，来团结、号令天下诸侯。所谓“尊王”，就是尊崇周王室，并自觉维护其权威；所谓“攘夷”，就是以保卫华夏民族为号召，团结和率领各国诸侯抵御夷狄入侵中原地区。管仲向桓公提出：“以方行于天

---

① 黎翔凤：《管子校注》（上），中华书局2004年版，第465页。

下，以诛无道，以屏周室。”[①]他还提出：“戎狄豺狼，不可厌也；诸夏亲昵，不可弃也。宴安鸩毒，不可怀也。”[②]由此可见，管仲之所以提出“尊王攘夷”的战略，是出于他对天下大势的准确判断。当时周王室尽管已经衰微，但作为天下宗主的地位仍然很牢固。管仲面对天下秩序大乱，诸侯纷争，人民渴望稳定的局势，打出尊王的旗帜，从号召天下诸侯共尊周王室的角度，争取号令天下诸侯的地位，从而为霸业服务。此举不但在舆论上增强了齐国的号召力，在军事上也为自己取得了主动权。从攘夷角度看，各诸侯国都是周王室所封，受封者又多是周王室的亲戚或功臣。长期以来，各国之间被宗法关系的纽带连结在一起，自视为华夏的正统，而把周边的民族视为夷狄。尽管诸侯各国之间矛盾重重，但在抵御夷狄方面，具有共同的利益和要求。管仲以尊王攘夷为旗帜来团结、率领诸侯，极大地增强了齐国的凝聚力和号召力。[③]

在管仲的辅佐下，齐桓公先后九次与中原各国会盟，在著名的葵丘之会上，他邀请鲁、宋、卫、郑、许、曹等国与会结盟，周襄王也派代表参加盟会。齐桓公以盟主身份宣读盟约：凡同盟诸国，互不侵伐，共同对付外敌；不可壅塞水源，不可阻碍各地粮食流通；等等。葵丘之会奠定了齐桓公联合诸侯，称霸中原的盟主地位。正如司马迁所言，齐桓公九次以和平方式而不是以战争的方式主持诸侯国之间的盟会，使天下都得到匡正，齐国成为春秋首霸，都是管仲的谋略使然。

管仲的治国谋略深为后人所重视，《左传》《国语》《管子》等书对他的言行有集中记载，《论语》《孟子》《荀子》《韩非子》《晏子春

---

① 尚学锋、夏德靠译注：《国语》，中华书局2007年版，第80页。

② 李梦生：《左传译注》，上海古籍出版社1998年版，第176页。

③ 参见战化军：《齐桓公称霸》，山东文艺出版社2004年版，第89页。

秋》《吕氏春秋》《说苑》等史料多有关于他的记述和评说，《史记》更为其专门列传。作为中国古代贤相的代表之一，管仲被许多政治家、思想家奉为楷模。管仲的治国方略对后世有着广泛而深远的影响，对现今社会亦颇有借鉴意义。

二、晏婴

晏婴（前578～前500年），也称晏子，字仲平，春秋末期齐国夷维（今山东省高密市）人，春秋时期著名的政治家、思想家、外交家。

晏子出身于齐国贵族家庭，是齐国上大夫婴弱之子。晏子生活的时期，距强盛的齐桓公、管仲的时代已过去近百年的时间。当时的齐国正处于长期内乱的阶段，各种矛盾尖锐突出，统治者骄奢淫逸，横征暴敛，刑罚繁重，民不聊生。晏婴受命于危难之际，先后辅佐齐灵公、齐庄公、齐景公三位君主，辅政长达50余年。他忧国忧民，关心百姓疾苦；尽忠直谏，匡正君主偏失；机敏善辩，不畏强权；节俭廉洁，礼贤下士，维护了齐国政权的相对稳定，有“晏子存而民心安”，“晏子立人臣之位，而安万民之心”的美誉。

晏子以善谏而著称。晏婴深知政治能否得以良好的推行，关键在于君主是否以身作则。他提出：“君正臣从谓之顺，君僻臣从谓之逆。”[①]对于不能以身作则的君主，或在君主不能以身作则的时候，晏婴就会直言进谏，匡正君过。我国历史上敢于进谏的能臣有许多，但能像晏子那样逢过必谏、每朝必谏、尽忠直谏的贤臣却为数不多。刘向在《晏子·叙录》中说道：“其书六篇，皆忠谏其君。”六卷洋洋万言尽是其进谏君主的文字。可见，谏诤是晏婴政治活动中很重要的内容之一。《晏子春秋》中记述了许多关于晏子犯颜

① 陈涛译注：《晏子春秋》，中华书局2007年版，第11页。

直谏的事例，内容涉及各个方面。为了更好地达到讽谏的目的，晏子进谏的方式灵活多样，除了“忠不避死，谚不违罪”的犯颜直谏外，还采用借古讽今、正话反说和借题发挥、以歌抒怀等方法，比如他因齐景公游乐无度而进谏：“昔文王不敢盘于游田，故国昌而民安。楚灵王不废乾溪之役，起章华之台，而民叛之。今君不革，将危社稷，而为诸侯笑。臣闻忠臣不避死，谏不违罪。君不听臣，臣将逝矣。”[①]晏婴从正反两方面的历史经验教训进行记述，晓之以理，又以苦谏精神动之以情，最终使景公接受了他的意见，解役回朝。

晏子有重民、爱民的民本思想。民本思想，是中国历代开明政治家和进步思想家所推崇的治国安邦的指导思想。晋大夫叔向曾经问过晏婴：“意孰为高？行孰为厚？”晏子回答说：“意莫高于爱民，行莫原于乐民。”叔向又问：“意孰为下？行孰为贱？”回答说：“意莫下于刻民，行莫贱于害身也。”[②]可见，晏婴非常鲜明地将能否爱民、乐民视为衡量当权者思想、行为的尺度。晏婴能够有如此中肯而敏锐的政治见解，应当说是难能可贵的。《晏子春秋》对此有大量的记载。鲁昭公问晏子：“安国众民如何？”晏子回答：“事大养小，安国之器也；谨听节俭，众民之术也。”由此可见，晏子为政的主导思想就是安国利民。他明确指出：“其爱之如父母，而归之如流水。欲无获民，将焉辟之？”[③]就是说，谁对人民有好处，谁就会获得人民的拥护。可见他是把安国与利民看成是统一的辩证关系，要安国就要利民，只有利民才能安国。《尚出・五子之歌》中说：“民为邦本，本固邦宁。”这也正是晏子民本思想的实质所在。

---

① 陈涛译注：《晏子春秋》，中华书局 2007 年版，第 89 页。

② 陈涛译注：《晏子春秋》，中华书局 2007 年版，第 215 页。

③ 李梦生：《左传译注》，上海古籍出版社 1998 年版，第 939 页。

晏子虽居高位，却是清廉俭朴的楷模。春秋时期，贵族的生活非常奢侈，社会风气浮华不实。晏子认为，必须大兴清廉俭朴之风。为了帮助齐君重振国势，安定社会，他一方面抓住一切机会，竭力劝谏齐君革除弊政，提倡节俭；另一方面，他严格要求自己，为政清廉，克己奉公。司马迁称其“既相齐，食不重肉，妾不衣帛”，“以节俭力行重于齐”[①]。晏子一生节俭，曾多次拒绝了国君的赏赐和封邑。齐景公为了表彰其功绩，曾将邶殿附近60个村庄赏给晏子，但晏子拒不接受。之后，景公还曾把平阴、槁邑、都昌、台和、无盐等地赏给晏子，晏子仍固辞不受。《左传》《晏子春秋》都记载过这样一件事：晏子住在市集旁边，整天声音嘈杂、尘土飞扬，齐景公多次想为他更换住所，都被晏子拒绝。景公总认为晏子的居所有失体面，于是趁晏子出使晋国的机会，拆毁了晏子邻居的房子，为晏子建了一座新的府邸。晏子回来后，不仅不去住，还叫人把新房拆了，恢复旧房原貌。晏子每次上朝也都“乘弊车，架驽马”，以老马破车代步，自己则戴着一顶旧帽子。景公派人给他送去了好车好马，一连送了三次，都被晏子拒绝了。齐景公不高兴，就把他召了去，说：“你若不接受，我也不坐。”晏子说：“君王您使我统领百官，我在节衣缩食方面，已给齐国的百姓做出了榜样，但还担心他们奢侈浪费而不检点自己的行为。现在，君王您乘坐大车好马，如果在下面我也乘坐，那么，我日后对于不讲礼仪，衣服饮食奢侈而不注重自己的行为的百姓，就再也没有办法禁止他们了。”由于晏子身体力行地提倡节俭廉洁，齐地的社会风气逐渐改变。据《隋书·地理志》记载：“齐地男子务农桑崇学业，其归于俭，则颇变旧风。”明嘉靖《青州府志》称：“齐地汉以后尚俭、倡廉，与晏子的移俗

---

① （汉）司马迁：《史记》，线装书局2006年版，第282页。

不无关系。”可见，晏子尚俭倡廉的思想与行为对齐国产生了深远的影响。

晏子思想的一个重要方面就是主张礼治。晏子极力将礼引入齐国政治。晏子将礼的作用看得很重要，他认为：“礼之可以为国也久矣，与天地并，先王所禀于天地，以为其民也，是以先王上之。”[①]晏子认为：“在礼，家施不及国，民不迁，农不移，工贾不变，士不滥，官不滔，大夫不收公利。”[②]他相信，只要实行礼治，士、农、工、商等各个阶层均会安分守己，社会秩序将会变得有条不紊。在记载晏子言行的《晏子春秋》一书中，“礼”字出现了四十余次，足见晏子对礼的重视程度。

晏子认为礼的具体含义为：“君令臣共，父慈子孝，兄爱弟敬，夫和妻柔，姑慈妇听，礼也。君令而不违，臣共而不贰；父慈而教，子孝而箴；兄爱而友，弟敬而顺，夫和而义，妻柔而正；姑慈而从，妇听而婉；礼之善物也。”[③]可见，晏子所谓的礼是渗透于社会各阶层的一种行为准则，即君臣、父子、夫妻、姑妇皆有自己特定的位置和关系，大家只要按照礼法行事，就一定能够使个人品德高尚，夫妻家庭和睦，君臣相辅相得，共治天下，实现儒家所说的修身、齐家、治国、平天下。晏子之所以如此重视礼治的问题，是因为他要借助礼治来维护齐国政权的统治。也正是因为晏子的大力提倡，才使得“礼”逐渐融入齐国文化之中。

公元前500年，晏子病故。正在游玩的齐景公听闻噩耗后，立即驾车马往回赶，在路上一直哭个不停。到了晏子家，齐景公

---

① 李梦生：《左传译注》，上海古籍出版社1998年版，第1165页。

② 李梦生：《左传译注》，上海古籍出版社1998年版，第1165页。

③ 李梦生：《左传译注》，上海古籍出版社1998年版，第1165页。

就一头伏在晏子的尸体上号啕大哭起来，并说道："子大夫日夜责寡人不遗尺寸。寡人犹且淫逸而不收，怨罪重积于百姓。今天降祸于齐，不加于寡人而加于夫子。齐国之社稷危矣，百姓谁将告夫！"[①]这段记述足可以看出晏子之于齐国有举足轻重的作用。晏子不仅在国内威望很高，同时期的其他国家的人对其评价也很高。鲁昭公就曾称赞晏子是个品德高尚为朝廷鞠躬尽瘁的人。他还说到，晏婴在齐国的时候，齐国的诸侯都没必要担心自己的安危，因为有晏婴在，晏婴会处理好一切的事情，让那些意图攻打齐国的人不再侵犯齐国，使齐国百姓安居乐业，国家繁荣昌盛。孟子对晏子的评价也非常高，说"管仲以其君霸，晏子以其君显"[②]。

晏子对后世的影响很大。春秋战国之际的墨子，继承和发展了晏子的学说，创立了墨家学派。晏子主张"节用""节葬""尚同"，反对不义之战等思想都被墨家学派继承和发展。唐代的柳宗元在《辩晏子春秋》中，甚至提出应当把晏子归于墨家的行列。战国时期的孟子继承并发展了晏子和孔子的民本思想，明确提出了"民贵君轻说"，劝告统治者要重视人民，热爱人民，要"法先王"，"行仁政"，"省刑"，"薄赋"，使"黎民不饥不寒"，以缓和阶级矛盾。司马迁曾经对晏婴表示过由衷的敬意，称赞他："其在朗，君语及之，即危言，语不及之，即危行。国有道，即顺命，无道，即衡命。以此三世显名于诸侯。"司马迁还不无感慨地说："假令晏子而在，余虽为之执鞭，所忻慕。"[③]言辞之间充满了对晏子的钦慕之情。三国蜀汉政治家和军事家诸葛亮，亦深受晏子的影响，重视品行廉洁。唐太

---

① (唐)魏征等编撰:《群书治要》,北京理工大学出版社 2013 年版,第 428 页。

② 万丽华、蓝勇译注:《孟子》,中华书局 2006 年版,第 52 页。

③ (汉)司马迁:《史记》,线装书局 2006 年版,第 283 页。

宗李世民也极为推崇晏子，所以他能够始终重用谏臣魏征；而魏征也仿效晏子，敢于为国为民，犯颜直谏。可见，晏子已成为后世历代忠君辅臣所效法的典范。

第五节　兵家代表人物

一、姜太公

姜太公（约前1156～前1017年），姓姜，名尚，字子牙。姜太公的祖先曾因辅佐大禹治水有功而被封于吕，故也以吕为姓，称吕尚。姜太公是我国商周之际杰出的政治家、韬略家，他一生之中做了三件划时代的大事：一是辅周，姜太公是历文王、武王和成王的三朝元老，两代辅臣；二是灭商，姜太公功勋卓著，堪称千古一相；三是建齐，他是古代齐国的开国君主，齐文化的创始人。姜太公以其过人才智、辉煌业绩向来为后世所称颂，人们将他称为“兵学鼻祖”“百家宗师”。

关于姜太公的家世，史料记载比较零散，也没有确切的考证。一般认为，他的祖先在尧舜时期曾经做过四方氏族部落的首领，因协助大禹治水有功，受封于吕（今河南省南阳市一带），所以开始以吕作为姓氏。在他投奔周文王后，人们又称他为“太公望”。其以姜太公、姜尚、姜望、吕尚、吕望、吕牙、太公望等名字见于史籍。虽然姜太公出身名门，但家道中落，到了他这一代生活已然十分困苦。许多历史文献中提到他遇到周文王之前并不得志，曾经做过屠夫和小商贩。《战国策·秦五》记载，“太公望，齐之逐夫，朝歌之废屠”；《尉缭子》记载：“太公望年七十，屠牛朝歌，卖食棘津”；汉代刘向的《说苑·尊贤》也说：“太公望，朝歌之屠佐也，棘津迎客之舍人也。”《盐铁·论讼贤》记载:“太公之穷困,复贩于朝歌也,蓬头相聚而笑之。”这些文献虽然说法不同,但大都透露出姜太公生活的艰辛,甚至是到了垂暮之年他仍然在棘津贩卖小吃,在朝歌当屠夫。姜太公的大半生都怀才不遇,但他饱读诗书,胸怀大志,希望有朝一日能够大展抱负,建功立业。当时,商王朝因商纣王的暴政和荒淫已经走向了衰败,而西部的诸侯国在周文王的治理下却得到了壮大。姜太公为求发展,来到西周的境内,每天在渭水河岸垂钓。一天,周文王外出游猎来到渭水边,两人终于相遇。通过一番交流后,周文王发现姜太公很有才华,于是“载与俱归,立为师”。从此,姜太公成为周文王的辅佐大臣。

在辅佐周文王期间,姜太公过人的治国智慧得到了充分的展示,他制定了一系列内外政策,为伐纣灭商进行了充分的准备。外交上,他表面用恭顺服从的态度麻痹纣王,暗中却拉拢邻国力量,劝说他们一同推翻纣王的统治。内政上,他建议周文王实施爱民策略,主要发展农业生产。他认为,“民不失务,则利之:农不失时,则成之”,所以应该“薄赋敛”,“俭宫室台榭”,“吏清不苛扰”[①]。为此,他制定了新的规定,鼓励农耕。他把农田分给了百姓和官吏,规定八家农户可以共享私田百亩,官吏所得田地可以承袭。另外,他又规定农民助耕公田可抵租税,助耕者仅需缴纳原租税的九分之一即可。经过大力发展农业,国家的经济实力大大增强。几年过后,邻国也多来归附,出现了“天下三分,其二归周者”[②]的局面,而这一切大多出自姜太公的谋划。后来,周文王去世,周武王继位,继续拜姜尚为国师,听取他的意见,施行各种富国强兵政策。

① 曹胜高、安娜译注:《六韬·鬼谷子》,中华书局2007年版,第14页。

② (汉)司马迁:《史记》,线装书局2006年版,第143页。

公元前1046年,周武王抓住纣王众叛亲离的有利时机,率领汇聚的各诸侯国力量,发动了牧野之战,一举推翻了殷商王朝的腐败统治,建立了西周王朝。

兴周灭商展示了姜太公作为军事家的雄才大略,而受封治齐则展示了他作为政治家的英明睿智。周朝建立后,周武王论功行赏,把功劳最大、出谋划策最多的姜太公分封于营丘(今山东淄博市临淄区),建立齐国。在他的精心治理下,齐国逐渐成为了一个强大而富庶的诸侯国,并开创和形成了独特的齐文化。其治国举措主要体现在四个方面:

首先,他提倡“通工商之业,便鱼盐之利”[①]。根据史书记载,齐国原是一片荒凉的盐碱地,人口稀少,物产不足。《史记·货殖列传》记载:“太公望封营丘,地潟卤,人民寡。”《汉书·地理志》也说:“齐地负海潟卤,少五谷而人民寡。”在这种情况下,姜太公提倡充分利用自然条件发展生产。在农业上,他强调因地制宜,根据齐地的土质特点,一面鼓励百姓利用土质较好的田地种植水稻,一面倡导开发盐碱化的土地,种植可以用来酿酒、做糕的黍,这样一来就解决了粮食不足的问题。在副业上,因齐地富含矿藏,又靠海,制盐资源充足,所以姜太公大力发展冶炼业和渔业、盐业等手工业。手工业得到迅速发展,手工业产品的贸易往来给齐国带来了良好的收益。经过一段时间的治理,齐国逐渐强大起来,成为“冠带衣履天下,海岱之间敛袂而往朝焉”[②]的东方大国。

其次,姜太公采取“因其俗,简其礼”的社会制度。他根据齐国社会文化传统不同于中原地区的具体情况,尊重当地的社会风俗

---

① (汉)司马迁:《史记》,线装书局2006年版,第143页。

② (汉)司马迁:《史记》,线装书局2006年版,第539页。

和观念，而不是生搬周朝原有的社会制度。他大力推行文化宽容政策，使社会很快得以稳定。这充分反映出姜太公审时度势的理智，敢于与不同文化并存的高度自信以及对各种文化兼容并包、取长补短、共创新文化的宏大胸怀。

再次，姜太公实行“尊贤上功”。在用人思想上，姜太公完全抛弃了西周原有建立在宗法制度上的“亲亲上恩”的用人制度，实行“尊贤上功”的用人之道，限制宗室贵族的特权，提拔重用有才能、有功劳的人。这种做法造就了齐人重实干，进取向上的文化传统。

最后，姜太公倡导“武攻文伐”。“武攻文伐”是姜太公军事思想的体现。作为军事谋略家，姜太公所著《六韬》是我国古代军事史上最重要的著作之一。这是一部以姜太公与周文王、周武王对话的形式写成的探讨治国与用兵之道的兵书。在这本书中，姜太公不仅阐述了如何延揽人心、控制四方、富国强兵、分化瓦解敌人等战略论，而且还概述了有关埋伏、伪装、出其不意、声东击西和如何战胜立足未稳之敌等战术论。其观点之深刻，议论之丰富，在先秦兵书中，几乎无出其右者。宋代时，《六韬》被列为“武经七书”之一，为武学的必读经典著作。司马迁所说“后世之言兵及周之阴权皆宗太公为本谋”[①]，即充分已肯定了姜太公为中国兵家始祖的地位。东周时期，齐国涌现出了管仲、司马穰苴、孙武、孙膑、田单等一大批优秀的军事家和谋略家，他们无不深受姜太公的影响。

二、孙武

孙武（前545～前470年），字长卿，春秋末年齐国乐安（今山东省惠民县）人。孙武是春秋时期著名的军事家、政治家，著有《孙子

① （汉）司马迁：《史记》，线装书局2006年版，第143页。

兵法》一书,被誉为“兵圣”。

孙武是春秋时期陈国公子陈完的后裔。陈完在公元前762年因国内动乱逃往齐国,任管理百工的司正之职。孙武的父亲孙凭是齐国的国卿。大约在他尚不足20岁时,齐国的“田、鲍四族谋为乱”,为了避乱,孙武举家离开齐国,投奔吴国,他的事业也就此在吴国展开。为此,《汉书·艺文志》著录兵家时,将孙武之书称为《吴孙子》;《吴越春秋·阖闾内传》则直接把孙武称为“吴人”,足以表明孙武的一生与吴国息息相关。

孙武初到吴国,便隐姓埋名过着半耕半读的田园生活。《吴越春秋·阖闾内传》对此曾有阐述:“孙子者,吴人也,善为兵法,避隐深居,世人莫知其能。”孙武一面从事农耕,一面潜心研究兵法,写作兵书,并时刻关注天下大事和时局动向,以待施展才能和抱负的时机。在这期间,孙武结识了由楚国逃亡到吴国的伍子胥。伍子胥对孙武的军事才干十分钦佩,两人成为至交好友。周敬王五年(前515年),吴国公子光趁吴国伐楚而国内空虚的机会,指使刺客刺杀了吴王僚,自立为王,称阖闾。阖闾继位后,一面大力发展生产,积蓄粮食;另一面建筑城垣,制造兵器,训练军队,同时任贤使能,施恩行惠,以仁义闻于诸侯。在阖闾的治理下,吴国上下出现了一片欣欣向荣的景象。后来,伍子胥成为了阖闾最为器重的谋臣,他七次向吴王推荐孙武,吴王才答应接见孙武。在这次召见中,孙武献出兵法十三篇,深得吴王赏识,但吴王也担心孙武只是纸上谈兵,于是下令将180名宫女交由孙武练兵,这就是后来广为流传的“吴宫教战”的故事。司马迁的《史记·孙子列传》《吴越春秋·阖闾内传》和1972年山东临沂银雀山汉墓出土的《孙子》残简,对此均有述录。孙武首先将宫女分为两队,又选派两名吴王宠爱的妃子为队长,还指定了司马、司空,共同监行军法。孙武命令宫女们身披盔甲,手持武器,进入操场,接着下达了不许队形混乱、不许吵闹、不许故意违反军令的纪律。尽管孙武对军纪三令五申，宫女们却全然不按规定遵守，孙武只好下令就地斩首两位队长。吴王见孙武要杀掉自己的爱妃，马上传令阻止，但为时已晚。孙武说："将在军，君命有所不受。"他依然按照军法杀掉了两位队长。这样一来，宫女们大为惊骇，马上肃然而立，静听指挥。当孙武再次击鼓发令时，无论左右、前后、跪倒、立起，宫女们都能令行禁止，不敢有半点差池。经过这次试验，吴王阖闾看到了孙武的带兵水平，便任命他为吴国的将军。在孙武的严格训练下，吴国很快培训出一支军纪严明的军队。

随着吴国政治、经济和军事实力的不断增强，伐楚的时机日益成熟。公元前 506 年，吴王以孙武和伍子胥为将，率三万大军攻打楚国。在柏举一役中，吴军重创楚军，接着五战五捷，一举攻克楚国国都郢城(今湖北省江陵县西北)。在这场吴楚对战中，孙武运用"利而诱之""以逸待劳""攻其不备""半渡而击"等策略，仅以三万军队战胜楚国二十万大军，创造了以少胜多的辉煌战例，充分体现了其卓越的用兵才能。

自吴楚战争以后，在孙武的鼎力辅佐下，公元前 484 年，吴国在艾陵之战中大胜齐国，在公元前 482 年的黄池会盟中取代晋国正式成为霸主。正如司马迁在《史记》中说，吴国"西破强楚，入郢。北威齐晋，显明诸侯"，这一切都是与孙武的军事谋略分不开的。除了显赫的战功以外，孙武还著有闻名中外的《孙子兵法》十三篇。他的军事思想和军事理论，深深影响了后世，其本人也受到古今中外军事家的广泛推崇。

三、孙膑

孙膑，生卒年不详，据山东孙氏族谱所载，本名为孙伯灵，战国时期阿鄄(今山东省菏泽市鄄城县北)人,是孙武的后代,著有《孙膑兵法》,是中国历史上卓越的军事家和军事理论家。学界大多认为其与商鞅、孟轲同时代。唐德宗时,孙膑等历史上六十四位武功卓著的名将被供奉于武成王庙内,尊称为武成王庙六十四将。宋徽宗时,孙膑被追尊为武清伯,位列宋武庙七十二将之一。

在孙膑所处的战国时代,诸侯各国为了扩张自己的势力,相互间的兼并战争连绵不绝。他幼年丧亲,生活十分困苦。由于魏、韩、赵、燕等国常常进攻齐国,战火连天的生活环境对少年时期的孙膑产生了极大的影响,使他萌生了习武学兵的想法,于是他便背井离乡,拜鬼谷子为师学习兵法,尽得鬼谷子真传。孙膑在学习的过程中,就已经展示出过人的才能,很快成为同辈中的佼佼者。当时,与孙膑一同学习兵法的还有魏国人庞涓。庞涓为人骄傲自满,阴险狡诈,后来做了魏国的将军。魏惠王极为赏识孙膑的能力,邀请他到魏国做官。庞涓知道自己的才能远远不及孙膑,于是蓄意用计陷害孙膑,污蔑他犯了通敌的大罪。魏王为之震怒,下令在孙膑脸上刺字、将膝盖骨剜去,使其变成残废。孙膑受刑之后,处境非常凄惨,但他身残志坚,暗自钻研兵书,时刻准备逃离虎口。不久,齐国大夫淳于髡出使魏国,孙膑暗中求见,诉说了他的不幸遭遇。淳于髡是个爱才之人,遂将孙膑藏在自己的马车内,秘密救回齐国。

孙膑回到齐国后得到齐国大将田忌的赏识,被奉为上宾。当时正值齐威王继位不久,常常与王公贵族们举行赛马比赛。田忌虽然喜欢赛马,但经常失利。孙膑发现,比赛双方的马的实力相差不大,可以分为上、中、下三等。孙膑让田忌用下等马跟齐威王的上等马比赛,用上等马跟威王的中等马比赛,用中等马跟威王的下等马比赛。果然,田忌以二胜一负的结果赢得了比赛。事后,田忌趁机向齐威王推荐了孙膑。齐威王召见孙膑，面试兵法，讨论国事，对孙膑的军事才能钦佩不已，遂拜孙膑为军师。

孙膑当上齐国军师之后，便在桂陵之战中大显身手。公元前354年，赵国为了扩大势力出兵攻打魏国的属国卫国，于是魏国以庞涓为帅发兵攻打赵国，并包围了赵国的都城邯郸，于是赵国便求救于齐国。齐威王答应了赵国的请求，便想以孙膑为帅，率领大军营救赵国。孙膑以自己受过酷刑而身体致残，不宜任主帅为由辞谢。威王遂改派田忌为帅，孙膑为军师，率八万大军讨伐魏国。一开始，田忌想直接率兵攻打邯郸。孙膑认为不可，他说："凡是要解开一团乱麻，总是要先找到绳头，慢慢去解开，而不是用拳头击打它；两国交战争，本来已经乱成一团，如果拉架的人再卷入进去，更难以解决问题。应该避开他们实力抗争的地方，打击其无准备的空虚之处，那么迫于形势，交战双方的斗争自然解开。现在魏兵攻赵，它的精兵锐卒，势必已倾巢而出，只有老弱病残留在国内。将军为何不带兵直捣大梁，占据其交通要道，袭击其虚弱部位，引得魏军不得不放弃进攻赵国而回来自救呢？这样，我们一次出兵就可以既解救赵国又打击魏国。"田忌依照此计，率军直逼大梁，同时又在邯郸到大梁的中途要道——桂陵设下埋伏。庞涓听到国内告急的消息，果然马上从邯郸撤兵回国自救，结果在行军到桂陵时，遭遇齐国伏击，魏军大败而归。"围魏救赵"作为我国军事史上的经典战法，显示出孙膑卓越的军事谋略和指挥才能。

公元前354年，魏国太子申为主将，以庞涓为将军进攻韩国，韩国向齐国求救。这次，齐国仍派田忌为将军，孙膑为军师直奔大梁。庞涓闻讯之后，即率师回头迎击齐军。孙膑对田忌说："魏国的军队素来骁勇善战看不起齐军，而且齐军也早有胆怯的名声流传在外，我们可以利用这一情况智取庞涓。"他建议田忌不要与对方硬拼,而是要佯装退兵,并减少锅灶,诱敌深入,后发制人。田忌依计行事。在第一天,齐军垒了十万人用的锅灶,第二天将锅灶数减为五万,第三天,只垒了三万人用的锅灶,造成齐军兵力锐减的假象。庞涓沿途追赶,发现齐军的锅灶一天比一天少,误认为齐军已经逃亡大半,便下令丢下辎重和步兵,率领一支精锐骑兵,日夜兼程,追赶齐军。孙膑推算庞涓的行军速度,判断他夜晚将会到达马陵,便利用"马陵道狭,而旁多阻隘"的有利地形设下埋伏。孙膑命人将大道旁的大树的树皮削掉,写道:"庞涓死于此树之下。"当庞涓晚上到达马陵时,齐军伏兵四起,万箭齐发,魏军立刻大乱,四散而逃。此时,庞涓才知道自己中了孙膑的计,羞愤自刎。接着,"齐因乘胜尽破其军,虏魏太子申以归"。这就是令历代兵家所称道的"马陵之战"。

《史记·孟子荀卿列传》中说:"齐威王、宣王用孙子、田忌之徒,而诸侯东面朝齐。"孙膑虽然为齐国立下了卓著的战功,但在政治上却很不得意。马陵之战以后,齐国上层官僚内部的矛盾日益激化,田忌因与相国邹忌不和,被陷害致死。从此,孙膑退出政治舞台,潜心研究兵法。他总结春秋特别是战国以后军事家的经验,又结合自己的作战实践,写成了《孙膑兵法》一书,为中国军事学术史上贡献了一部重要著作。

第六节 阴阳家代表人物

邹衍(约前324～前250年),齐国人,战国时期著名的思想家,是阴阳五行家的主要代表,也是杰出的地理学家。

邹衍曾经是齐国稷下学宫的一流学者,由于他宏论天文地理,古今中外无所不包,所以当时被人们称为"谈天衍"。《史记·孟子荀卿列传》曾有这样一段文字评论邹衍的思想和理论:“邹衍睹有国者益淫侈,不能尚德,若《大雅》整之于身,施及黎庶矣。乃深观阴阳消息而作怪迂之变,《终始》《大圣》之篇十余万言。”由此可见,邹衍的言论是针对当时的统治者只顾淫侈而不顾社会和黎民的疾苦,只顾眼前享乐而不计后果的现象而发的。为了解决这些问题,邹衍不仅局限于对具体问题的针砭,而是从宇宙自然变化的必然过程来指出具体事物的命运。

邹衍一生的著述甚为丰富,《汉书·艺文志》在阴阳家中著录有《邹子》四十九篇、《邹子终始》五十六篇,计一百零五篇,多达十万字,可惜均已散佚,但他的思想并没有失传,其中流传最广的是“大九州说”和“五德始终说”。

“大九州”这一地理观念由邹衍提出。邹衍以前的学者想象全世界是一块大陆,四周是海,海的尽头与天相接;当时的中国(包括“战国七雄”和若干小国)几乎就是这块大陆的全部;相传这块大陆曾经被夏禹划分为九州。邹衍却认为儒家所说的中国,只是全世界的八十一分之一,即中国仅占一隅之地。天下是广袤无垠的,中国名曰赤县神州,赤县神州内又分为九州,也就是《尚书·禹贡》中所说的九州。除中国这个九州以外,还有另外八个和中国相同的州。这九州之地皆为海洋环绕,州与州之间的人不能通过陆路交通往来,这就是“大九州地理说”。邹衍的大九州学说的理论基础是阴阳五行说,他从时间与空间来推衍,顺推的五行相生说,主要讲天即大自然;逆推的五行相胜说,主要讲人,即人类社会历史;由小推到大,由近推及远的大九州说主要讲地,即地理,为中央之外,以东、南、西、北“四极”来对应春、夏、秋、冬“四时”,用八卦九宫之数来排列成九州，这也是邹衍的“天人合一”的宇宙观的主体思想。①

虽然邹衍的“大九州说”是建立在大胆推测的基础上，并没有经过科学的论证，但是却打破了过去狭隘的地理观念，开阔了人们的视野，也激发了后世对于海洋的探索热情。后来许多学说都有邹衍思想的痕迹，如第一本关于宇宙方面的传奇之书《山海经》，就是根据“大九州说”的方式来编写的；明代郑和下西洋与当时人们相信“大九州说”关系密切；现代西方关于世界的地理观念和地图知识传入中国之时，当时的士大夫们就是用“大九州说”来认知并接受的。

此外，邹衍把春秋战国时期流行的阴阳五行学说附会到社会发展和王朝兴替上，提出了“五德终始”的历史观。邹衍认为，整个物质世界是由金、木、水、火、土五种德的转移次序进行循环的，每一个朝代都有五德中的一种德与之相对应，每一种德的盛衰都对应了那个朝代的兴亡，历史的发展就是按照五行相生相克元素构成的，即五德支配着社会的变迁和朝代的更替。在他看来，从远古时候以来，人类社会就是按照五德的规律进行循环的。举例来说，他认为每一位帝王兴起之时，上天都会给出符合五德的祥瑞之兆，如果他的德运衰落了，就会被胜过其德运的另一德所取代。例如，黄帝时天下出现大螾（蚯蚓，又称土精）、大蝼（一种昆虫，褐色，有翅，生活在泥土中）的异兆，故黄帝属土。禹时，草木到了秋冬天仍不枯萎，故禹属木，因木胜土，所以黄帝最终被禹所取代。

在“战国七雄”互相争战、前景不定的情况下，邹衍非但没有遭

① 参见张迺𠃊：《国学知识一本通》，中国纺织出版社2012年版，第226页。

遇孔孟游学时处处受困的厄运，反面凭借着他的“五德终始说”，确立了自己政治家的地位，从而受到赵、魏、燕等诸侯国国君的礼遇，这在诸子之中是非常少见的。他曾在齐宣王晚年和齐闵王时期做过齐国的上大夫，后因齐闵王的性情变得十分暴戾，而不得不离开齐国去了梁国。为了表示对邹衍的重视，梁惠王亲率文武百官到郊外以宾主之礼迎接他。后来，邹衍到了燕国，燕昭王为他修建了一个碣(帕)石宫，像对待老师那样尊敬他。燕惠王继位后，邹衍曾被诬下狱，后出狱回到齐国，“六月飞霜”的故事就发生在这个时期。阴阳五行学说对后来的古代唯物主义哲学有着深远的影响，也对古代天文学、气象学、医学、算学等的发展具有重要的推动作用。

第七节　其他代表人物

一、建筑鼻祖——鲁班

鲁班(前507～前444年)，复姓公输，名班，又称公输子，春秋时期鲁国人。因为在鲁国“般”和“班”是通假字，所以人们也称他为鲁班。鲁班是我国最早出现的可知其姓名的科学家，也是古代最优秀的土木建筑工匠，其发明涉及建筑、木工、机械等行业，对当时的农业和手工业生产的发展起到了促进作用，有些发明甚至沿用至今。两千多年来，他一直被尊为我国的“工匠始祖”“科技发明之父”，受到人们的尊敬和纪念。

鲁班出生于工匠世家，从小就跟随家人参加土木建筑的工作。经过长期的生产实践，加上个人的勤学苦练和善于思考，鲁班逐渐掌握了古代工匠所需要的各种技艺，做出了很多发明创造。这些发明可以分为三类：一是木工工具；二是简单机械；三是兵器。

在木工方面，据《世本》《物原》《古史考》等古籍记载，木工使用的曲尺，至今仍被称作鲁班尺，就是由鲁班发明的。又如墨斗、刨子、钻以及凿子等木工工具，传说都是鲁班发明的。千百年来，民间一直流传着鲁班发明锯的生动故事。据说有一年，鲁班负责一项宫殿建造，由于工程需要大量的木料，尽管工人用斧头拼命地干活，却远远不能满足工程需要，这严重影响了进度。眼看工期越来越近，他便亲自上山查看树木砍伐的情况，结果不小心被一种野草划破了手。他仔细观察了叶子上的细齿，受到了很大的启发，就请铁匠帮助造出了带有很多锯齿的铁片，就此发明了常用的木工工具——锯。

根据明代黄一所著的《事珠绀珠》记载，鲁班还发明了木匠画线用的墨斗。最初鲁班在使用墨斗时，都是他的母亲帮助他拉住线的一端，操作起来非常不方便。后来母子二人反复试验，设计出了一个小弯钩拴在墨线的一端，从此一个人就可以操作墨斗。后来，木工把这个小弯钩称为“班母”，以纪念鲁班的母亲对他的帮助。

在简单机械的制作方面，鲁班除了改进了一般的简单日用工具，还发明了一些机械，因此被称为“机械之圣”。据《墨子·鲁问》记载：“公输子削竹木以为鹊，成而飞之，三日不下，公输子自以为至巧。”不仅是鲁班自己对这项发明引以为傲，后人对此也是津津乐道，《论衡》《淮南子》《韩非子》《初学记》《太平御览》等历史书籍都曾引述过这件事，可见其影响之大。这种用竹木制作的飞鹊究竟为何种器械，现在已经无法考证，但这完全可以被视作中国人征服天空的最早尝试。

木车马也是鲁班的一项重要机械发明。根据《论衡·儒增》篇记载,鲁班改进过车辆的构造,制成了机动的木马车。这种木马车由木人驾驶,装有机关,能够自动行走。关于这种木质机动车的形制和动力原理,现在已经无从考察,但后世不少的能工巧匠都受到木马车的启发,对此进行深入的研究和探索。比如,三国时期的诸葛亮,就是受鲁班木马车的启示做成了木牛流马。据说,鲁班还改进了锁。早在周穆王时期,人们便仿照鱼的样子做成锁挂在门上,以替人看守门户。但那时候的锁构造非常简单,根本起不到任何防护的作用。于是鲁班把机关装在里面,人们只有借助特制的钥匙才能打开,让锁真正起到了安全保护的作用。

在兵器方面,根据《墨子·公输》《墨子·鲁问》和《鲁班经》的记述,鲁班曾为楚国发明了攻城用的云梯和水战用的钩强(又称钩拒)。云梯是一种攻城武器,上面装有梯节和多轮平板车,可以自由升降,攻城的士兵可以攀阶而上,越过深壑和高墙直接攻入城内,大大提高了军队攻破城池的能力。钩强是水战用的器械。据《墨子·鲁问》记载:“公输子自鲁南游楚焉,始为舟战之器,作为钩强之备,退者钩之,进者强之。”可见钩强在水战中有防御和进攻两用的特点。其构造据《卫公兵法辑本》中所说:“钩竿如枪,两旁有曲刃,可以钩物。”楚国的水军有了这项新式武器之后,在水中作战的能力大大提高。

在民间传说中,鲁班的发明创造有很多,人们甚至把许多古代劳动人民的集体创造和发明都比附到了鲁班身上,这反映出人们对鲁班的敬佩和爱戴。鲁班是春秋战国时期手工业的杰出代表,中国古代的科技发明之父,为中国古代科技的发展做出了杰出的贡献。

二、医家始祖——扁鹊

扁鹊(前 407～前 310 年),本名秦越人,春秋战国时期齐国渤海卢邑(今山东省长清区)人,又说为今河北任丘县鄚州镇人,著名的医学家。他一生广游四方,为普通百姓治病,不仅医术高明而且医德高尚,赢得了人们的尊重和爱戴。于是,人们把他比作传说中黄帝时期的神医扁鹊,他的真名反而很少被提及了。司马迁给予扁鹊极高的评价,在《史记》中为他立传,他是我国正史中第一位被记载的医学家。

扁鹊在青年时期拜师长桑君学习医术。经过十多年的学习,扁鹊学到了许多医学知识,也积累了丰富的实践经验,医术日臻成熟。扁鹊一生的大部分时间都在民间行医,其足迹遍及齐、赵、周、秦、晋、宋、卫、虢等国。无论是王公贵族还是普通百姓,他都一视同仁,利用自己精湛的医术为病人解除痛苦。正如《史记・扁鹊列传》中所讲:当他到了赵国的都城邯郸,看到当地妇女患病较多,就专治妇科病;当他行医到东周都城洛阳,看到当地许多老年人有视力衰退的疾病,就着眼于治疗耳聋、眼花等疾病;当他行医到秦国都城咸阳,看到当地儿童的发病率很多,就专攻儿科,治好了许多儿童的疾病。扁鹊济世救人的事迹名扬天下,人们都称赞他为神医,能令人起死回生。两千多年来,扁鹊一直受到人们的敬仰,他那些带有神奇色彩的治病故事被人们世代传颂,在他曾经行医的地方,如河北的任丘、山东的曹县、河南汤阴和开封、山西的咸阳等地,人们甚至为他修墓立碑或者修建庙宇来纪念他。

扁鹊善于吸收前人和民间经验,结合自身的行医实践,在诊断、病理、治疗方法上为我国医学的发展奠定了基础。司马迁在《史记・太史公自序》里称赞他说:“扁鹊言医,为方者宗。守数精明，后世修(循)序，弗能易也。”因此，我国医学界历来把扁鹊尊奉为医学的祖师，称他为“医圣”“古代医学的奠基者”。扁鹊的主要医学成就有：

他是传统中医四诊方法的创始人。我国医学上传统的诊断疾病的方法是“四诊法”，即望(看气色)、闻(听声音)、问(问病情)、切(按脉搏)。中医通过综合运用“四诊法”来观察病人所表现出来的各种症状，然后明确诊断。这套完整的诊断疾病的方法便是扁鹊在总结前人经验和自身实践的基础上提出的，一直沿用至今。扁鹊认为：“越人之为方也，不待切脉，望色、听声、写形，言病之所在。”《史记·扁鹊列传》中记载了扁鹊运用四诊法诊断的病例。

一次，扁鹊到齐国国都临淄拜见齐桓公。扁鹊通过望色，看出齐桓公有病，便对他说：“国君有病，现在病邪在皮肉之间容易治疗，如果不治会耽误治疗的时机。”可是齐桓公不信，毫不在意地讲：“寡人没病。”扁鹊走后，齐桓公对身边的人说：“医生为了图利，竟然在没病的人身上打主意。”过了五天，扁鹊又来朝见，看过齐桓公面色后又说：“国君的病已经到血脉了，如果不治疗，还会深入。”齐桓公很不高兴，仍然说：“寡人无病。”又过了五天，扁鹊复见齐桓公，发现齐桓公面色晦暗，立即说：“国君的病已经到了肠胃之间，再不治疗就会有性命之虞。”齐桓公认为扁鹊是在找他的麻烦，很生气，索性不理扁鹊了。又过了五天，扁鹊去见齐桓公。刚一见面，扁鹊一言不发扭头就走。齐桓公感到奇怪，派人询问扁鹊缘由。扁鹊说：“一个人的疾病在皮肤表面的时候，用汤药和热熨的办法可以治疗；如果疾病到达血脉，可以通过针石疗法来治疗；如果疾病到达肠胃，还可以用酒剂治疗；如果疾病到达骨髓，我就束手无策了，即使是管生死的神仙下凡来治疗的话，也是无济于事的！现在国君的病已经在骨髓了，病情十分危险，我已经无能为力了。”几天后，齐桓公果然一病不起，这时他才想起扁鹊，急忙派人去请，但扁鹊早就已经离开了齐国。齐桓公因为没有听从扁鹊的劝告，讳疾忌医，最后病重不治而亡。扁鹊从齐桓公的气色就可以看出病因和病情的发展，显示出他在望诊方面确实有很高的造诣。

还有一次，扁鹊带领弟子路过虢国，正遇上虢国太子“猝死”。扁鹊从太子的随从那里了解到太子的病情，判断太子并非真死，急忙派人去禀报虢国国君。虢国国君听说扁鹊来了，惊喜万分，急忙出宫迎接。扁鹊入宫后发现太子还有极微弱的脉搏跳动，此外呼吸缓慢，大腿根部还略有温度，便断定太子并没有死，而是得了“尸厥”症（类似现在所谓的休克）。于是，扁鹊让弟子磨制针石，然后在太子头顶的百会穴扎了一针。过了一会儿，太子果然苏醒了。接着，扁鹊又让徒弟用药物在太子两肋下热敷，结果太子很快就坐了起来。又经过20多天的汤药调理，太子就完全康复了。消息传开，人人都说扁鹊是能起死回生的神医，而这些都是以望、闻、问、切的诊断法作为基础的。扁鹊如此精于四诊法，后世医学家张仲景由衷地感到佩服，他在《伤寒杂病论·序》的首句就讲：“吾每览越人入虢之诊，望齐桓公之色，未尝不慨然叹其才秀也。”

扁鹊是中国医学理论的奠基人之一。他不仅是一位富有临床经验的医家，而且是一位卓有成就的医学理论家。《汉书·艺文志》在方技略中共著录医经七部，其中有两部为扁鹊所著，分别是《扁鹊内经》九卷、《外经》十二卷，但流传下来的只有《难经》二卷。《难经》全书共有八十一章，分为十三篇，在总共一万字的篇幅内，囊括了几乎所有中医学的理论要点，被称为“医经之心髓，救疾之枢机”[①]，绝非溢美之词。我国古代的医学典籍，无论是已经散佚的

① （明）王九思等撰：《难经集注》，丛书集成初编本，中华书局1991年版，“杨元操序”。

还是流传下来的，其中很多都借鉴了扁鹊的相关医学理论，如东汉张仲景所著《伤寒杂病论》便参考了扁鹊所著的《难经》。

春秋战国时期，医术及知识还掌握在一些中上层知识分子手中，医术在民间的传授仍然十分有限，而且均为秘密进行。扁鹊改革旧有的秘密传授医学知识为公开招徒，变单一招徒为广招门生，把医疗技术毫无保留地传授给众多徒弟。根据《史记》《说苑》记载，他的弟子中有名可考的就有子阳、子豹、子容、子明、子月、子游等人，他们跟随扁鹊学医、行医，都各有所长。扁鹊的努力打破了医学的官方垄断，使更多的医学知识传播到民间。

三、天文学先驱——甘德

甘德，又称甘公，生卒年不详。战国末年的天文学家，我国古代天文学的先驱之一，在恒星区划命名、行星观测以及历法制定等方面做出了杰出的贡献。

关于甘德的祖籍，史料记载上的说法不一。《史记》称甘德为齐国人，而在南朝宋时期裴骃所作的《史记集解》中引用晋朝学者徐广的话为："或曰甘公名德也，本是鲁国人。"《史记正义》又认为甘德为"云楚人"，"战国时作《天文星占》八卷"。战国时期的学者到别国去为官的人数较多，甘德很可能是家乡在鲁国，但人在齐国为官。还有一种可能是，他的家乡就是鲁国，战国后期，鲁国被楚国所灭，成为楚国领土，所以也就有了甘德是楚人的说法。但甘德的天文学成就大都是在齐国完成的，所以他应是齐国学者。

受农业发展的需要，我们的祖先很早就开始观测和记录天象，用以确定时节和农时。春秋战国时期，我国的天文历法有了较大的进步和发展。根据《晋书·天文志》记载："鲁有梓慎，晋有卜偃，郑有裨湛，宋有子韦，齐有甘德，楚有唐昧，赵有尹皋，魏有石申夫，皆掌著天文,各论图经。”可见,当时各国都出现了许多天文观测研究的专家。在这些星占研究者中,最著名的当属甘德、石申二人。甘德、石申二人同处一个时期,分别创立了甘学派、石学派,二人各成一家,各有所长。甘德著有《天文星占》八卷,石申著有《天文》八卷,相传后人将这两部天文学著作合在一起称为《甘石星经》,并收录在《汉魏丛书》中。这是中国古代最早的天文学著作。据考证,甘德和石申的著作都已失传,收录在《汉魏丛书》中的《甘石星经》并非甘德、石申亲自撰写,而是后人根据《晋书》《隋书》记载的文献所编纂的伪作。尽管二人作品均已经散佚,但是《史记·天官书》《汉书·天文志》《开元占经》等典籍都对之进行了大量引用,我们还是可以从这些著录中了解到甘德的天文学贡献。

中国古代人们为了认识星辰和观测天象,把天上的恒星相互组合起来,称为星宫。在甘德之前,我国在天文方面经过观测研究,已经确定了二十八星宿体系,这在春秋时期的《诗经》《夏小正》等书中都有不少记载。在湖北随县发现的战国早期曾侯乙墓中出土的漆箱盖上绘制有二十八星宿的全部名称,这是迄今所知的包含完整的二十八星宿的最早文字记录。甘德结合自己对恒星的长期观测,在前人成就的基础上更进一步,建立了新的恒星区划命名系统。其方法是分别取一颗或多颗恒星构成一座星官,并描述它们之间的相对位置,构建各自的星官系统,为一系列天象发生的位置提供更广泛的参照系。根据记载,甘德与石申观测并记录了121颗恒星的位置并编制了恒星表。在西方,古希腊天文学家依巴谷,约在公元前2世纪编制过恒星表,在他之前还有阿里斯提尔和提莫恰里斯也编制过恒星表,但都不早于公元前3世纪。可见,甘德所制的星表远远早于西方国家。三国时期,吴国的天文学家陈卓把甘德、石申和巫咸三家所命名的星官组成一个体系并著录星图表，包括283星官、1464颗星，其中归于甘德的星官有146座。这一星官系统一直沿用到明末，由此可见，甘德在全天恒星区划命名方面的工作，对后世产生了巨大的影响。

除了对恒星的观测外，甘德对行星的研究也有重大的贡献。首先是关于行星运动轨迹的研究。以往人们都认为行星运动大致顺从同一个方向，但甘德和石申却有不同的发现。《史记·天官书》说："甘、石历五星法，唯独荧惑有返逆行。"《汉书·天文志》说："古历五星之推，无逆行者，至甘氏石氏经，以荧惑、太白为有逆行。"荧惑指火星，太白指金星，说明甘、石已发现了外行星火星和内行星金星都有逆行现象。一般来说，行星的运动以顺时为主，逆行的时间比较少，如果没有做长期细致地观测，是很难发现的。唐代成书的《开元占经》引道"甘氏曰：'去而复还为勾，再勾为巳。'""石氏曰：'东西为勾，南北为巳。'"甘德将顺行转逆行称为勾，将逆行再转顺行称为巳；石申将东西向的拐弯称为勾，将南北向的拐弯称为巳。他们的说法虽不尽同，但都用了"勾""巳"来形象地描绘了行星逆行的轨迹。其次，甘德构建了行星会合周期的概念。中国古人很早就注意到了水、金、火、木、土这五颗行星，尤其对五星的行度和会合十分重视。甘德和石申测得水星的会合周期为126日，现代测定值为115.88日；甘德和石申测定的金星的会合周期分别为620日和732日，现今测定值为583.92日；甘德测定的木星的会合周期，甘氏的数值为400天，现代值为398.88日；甘德测定的土星的会合周期为377日，现今测定值为378.09日。至于火星的会合周期（约为780日），到《汉书·律历志》中才有记载。虽然甘德的这些定量描述还比较粗疏，但他确实代表了战国时代的最高水平，也为后世传统的行星位置计算法奠定了基础。最后，他最早观测出木星的卫星。甘德是木星研究的专家，著有关于木星的专著《岁星经》(在中国古代,木星又名岁星)。依据《开元星占》卷二三引录甘德论及木星时所说的“若有小赤星赋予其侧,是谓同盟”,著名天文学史家席泽宗先生指出:甘德在公元前4世纪中叶就观测到了木星最亮的卫星——木卫二。对于这颗卫星,意大利科学家伽利略于1610年用望远镜进行观测木星后才发现。甘德比伽利略的发现早1800多年,而且是在没有望远镜的条件下,仅凭肉眼就能发现,实属不易,充分说明了甘德坚忍不拔的毅力和精细独到的观测水平。[①]

四、集天文、历法、数学研究于一身的刘洪

刘洪(约129～210),字元卓,东汉末年泰山蒙阴(今山东省蒙阴县)人,是我国古代杰出的天文学家和珠算的发明人。

汉桓帝延熹年间(158～166),刘洪步入仕途,因为精于算学而被派往太史部,官至郎中。太史部是当时执掌天文历法的机构,在这里,他开始了对天文历法的研究。刘洪承担了许多天文数据的观测工作,积累了丰富的经验和数据储备。174年,刘洪调任常山长史一职。在这一年,他完成了他的历法处女作“七曜术”。“七曜”是指太阳、月亮和金、木、水、火、土五星,“七曜术”则是通过测算来推算出“五星会合”的周期以及它们的运行规律。朝廷对于这个成果非常重视,皇帝还派专人对此进行实地测算,误差微乎其微。可见,刘洪当时已经具备了相当高的天文历算水平。在此基础上,他又提出“八元术”来推算月食。

光和元年(178),刘洪任上计,官拜郎中。在这期间,他不仅为《九章算术》作注,展示了他在数学方面的才华,还成功预报了一次

① 参见王志民:《山东重要历史人物》第1卷,山东人民出版社2009年版,第264页。

日食，对日食发生的时间、亏起方位及食分都做出了精确预测，一时间声名远播。当时著名学者蔡邕非常欣赏刘洪，举荐其到东观任职，从事《汉书·律历志》的编纂工作。

中平元年(184)，刘洪离开洛阳，官升会稽东部都尉。在任职期间，他仍然进行天文历法的推算和研究，并在中平五年(188)完成了《乾象历》的初稿，并献给朝廷。他初步完成的《乾象历》较之当时实行的东汉四分历有明显的优势。在《乾象历》中，刘洪测算出一回归年为 365.2468 日，误差比东汉四分历的 660 余秒降为 330 余秒，将一朔望月的误差由原来的 20 余秒降为 4 秒左右。这两项成果，不仅提升了推算的精确程度，也为后世对回归年和朔望月长度的进一步测算开辟了途径。《乾象历》对日月交食的研究也有新的贡献。交食周期是日、月重复出现的时间间隔，西汉时期的《太初历》是我国古代最早提出交食周期的历法。刘洪发现《太初历》的交食周期并不准确，他提出了 11045 个朔望月正好与 941 个食年相当的新交食周期。据此可推算得出一食年长度为 346.6151 日，与理论值的误差约为 376 秒。这两项研究成果的精确度大大超过了前人的研究水平，所以很快就被采用为官方历法的一部分。

光熹元年(189)，在刘洪即将被调回洛阳之时，正逢董卓作乱，时局动乱不安，后被改任为山阳太守。在太守任内，刘洪一方面广收弟子传授天文历算知识，其中包括后来成为著名天文历算学家的郑玄、徐岳、韩翊、杨伟等人；另一方面，他仍然继续完善《乾象历》，历经十余年的不懈探索，最终于建安十一年(206)完成定稿。魏明帝太和六年(232)，该历法在东吴被正式颁布实行。

《乾象历》是我国历法史上具有开拓意义的重要著作，标志着我国古代历法的进步。他的学生郑玄评价《乾象历》是“穷幽极微”之作。《晋书》在总结历代历法发展时说：“洪术为后代推步之师表，故先烈之云。”这是对刘洪、《乾象历》的历史地位及其对后代历法影响的高度评价。近现代的中外著名学者，如朱文鑫、钱宝琮、英国的李约瑟等人也都对刘洪的天文学贡献有极高的评价。

刘洪不仅在天文学领域具有极高的造诣，在数学方面也颇有建树，尤其是发明了珠算。刘洪在天文历算的研究中需要大量的数学运算，为了提高效率，他在沿用前人筹算算法的基础上，将筹改为珠，把三重张位改为一重张位，从而发明了珠算法。后来，珠算法被其学生徐岳写进了自己的数学专著——《数术记遗》中，书中讲道：“刘会稽，博学多闻，偏于数学，隶首注术，仍有多种，其一珠算。”刘会稽，就是指曾任会稽东部都尉的刘洪。他因此也被称为“算圣”“珠算鼻祖”。

第三章 齐鲁历史事件

第一节 齐鲁政治事件

一、太公封齐

姜太公被分封于齐有着深刻的历史原因。姜太公协助周文王、周武王推翻了商朝的统治，建立了周朝，是周朝的开国功臣。然而，在建国之初，周朝的统治根基并不稳固。因为周朝通过牧野一战而光有天下，不少的商朝遗民不肯臣服。为此，周武王把商朝王畿划分成多个部分，将其中一部分分封给商纣王的儿子禄父（即武庚），使其奉守商祀，统率此地的商朝遗民，以缓和矛盾。同时将其余部分分封给自己的弟弟管叔、蔡叔和霍叔，以监督武庚及商朝遗民，号称“三监”。此后二年，周武王卒，其幼子成王即位，周公摄政。由于不满于周公的摄政，以管叔为首的三监散布谣言，称周公将有害于成王，一时间朝野人心不稳。本就心怀二意的武庚利用此时机串通三监发动了一场叛乱，远在东方海岱地区的东夷方国也遥相呼应、举兵反叛。在此形势下，周公通过东征，首先平定了武庚和三监的叛乱，继而再往东进，将不少东夷方国一举歼灭。在这里反抗“最坚决的薄姑受到灭国、毁社、迁君、徙民的最残酷的镇压，周公把薄姑的君和其遗民搬到关中，便于直接管辖；然后，奄国只迁君、灭国而不毁社——迁其君于薄姑，分散其遗民以归伯禽管辖。最后，灭国而不迁君、移民的就是徐、淮、郯、邾南方诸国。”①

叛乱平定后，为了加强对这些地区的统治，周王朝采取“封建亲戚，以蕃屏周”②。周公被分封于奄故地，称鲁；姜太公被分封于薄姑故地，称齐。如此的分封安排，意味着周王朝将最强大最可靠的力量分封到要害地区，以作为周朝在东方统治的基石。此即为太公封齐的历史原因，也拉开了此后 800 多年泱泱齐风的历史序幕。

太公到齐就国之后，根据齐地的民风民情和生产状况，确定了政治、经济、文化等一系列的统治策略和治国方针，为齐国后来的繁荣富庶、称霸一方奠定了基础。

1. 开明的文化政策。太公受封齐国，都于营丘。营丘原是东夷土著民聚集之地，已历数千年，夏、商两朝都未曾臣服。周初仍然是最活跃的反抗势力之一。周公东征后，许多东夷方国被灭，但是与营丘相邻的莱国还存在着。太公初到齐国，“莱侯来伐，与之争营丘。营丘边莱。莱人，夷也。会纣之乱而周初定，未能集远方，是以与太公争营丘”③。这是齐国面临的外患。同时，齐国内部也多有不甘心归顺的声音，例如，居士狂矞、华士昆弟二人声言“不臣天子，不友诸侯”④，就是不服从的表现。在这种情况下，姜太公

① 李白风：《东夷杂考》，齐鲁书社 1981 年版，第 83～84 页。

② 李梦生：《左传译注》（上），上海古籍出版社 1998 年版，第 278 页。

③ （汉）司马迁：《史记》，线装书局 2006 年版，第 143 页。

④ （清）王先慎：《韩非子集解》，中华书局 1998 年版，第 315 页。

没有强行变其俗，革其礼，移植周朝礼制，而是“因其俗，简其礼”，保留了当地人的风俗习惯，改变了周礼中相对烦琐的部分。这是一种政治策略，更是一种政治智慧。太公用宽松开明的文化政策，顺应百姓需求、缓和民族矛盾，为齐国的发展创造了稳定的社会环境。

2.务实的经济政策。据《史记·货殖列传》记载：“太公望封于营丘，地潟卤，人民寡。”《汉书地理志》记载：“太公以齐地负海，潟卤，少五谷而人民寡。”可见，齐国临近海洋，多为盐碱地，贫瘠荒凉，粮食作物产出不多，因此所能供养的人口也比较少。同时，齐地先民又有较发达的手工业和工商业。《尚书·禹贡》记载：“海岱惟青州，嵎夷既略，潍淄其道……厥贡盐絺，海物惟错。……莱夷作牧，厥篚檿丝。”在夏朝时，先齐地区就大量进贡鱼盐海产、桑麻丝织之物，而且经常拿这些产品与不同地区的人进行贸易。面对这样的客观条件，太公首先“辟草莱而居焉”，鼓励开荒种地以解决温饱问题，同时因地制宜，“通商工之业，便鱼盐之利”“通末利之道，极女工之巧”，继承和发展先齐地区的生产生活样态，大力发展渔业、盐业、丝织业、手工业、商贸业。这些举措使齐国的经济得到了极大的发展，百姓生活逐渐殷实，以致人民多归齐，齐“为大国”。[①]

3.选贤任能的用人方针。国家的稳定与发展离不开各级人才的襄助。对于实行分封制的周王朝而言，有血缘关系的宗室贵族是担任各级官职的首要人选，这在许多诸侯国中也是通行的用人法制，这一点在承继周礼比较到位的鲁国有着鲜明体现，而齐国则与之不同。《吕氏春秋·长见》上有这样一段文字：“吕太公望封于

① (汉)司马迁:《史记·齐太公世家》,线装书局2006年版,第143页。

齐，周公旦封于鲁，二君者甚相善也。相谓曰：'何以治国？'太公望曰：'尊贤上功。'周公旦曰：'亲亲上恩。'"所谓的亲亲上恩，是指以亲人为亲，依靠亲人的力量维护王朝统治，这是对血缘关系的依赖与尊崇。而尊贤上功则将血缘关系放到相对次要的地位，将能力品行放在更加突出的位置。太公在《六韬》中写道："按名督实，选才考能。令实当其名，名当其实，则得举贤之道也。"[①]太公打破了以血缘出身论英雄的衡量准则，任用有能力、肯实干的人。当然，姜太公的选贤任能是有一定范围的，在君位、卿位等国命要害的人选中，血缘出身依然是至上标准，但这毕竟也向许多出身草野却才能卓著的人敞开了进仕之门，为人们施展才能提供了机会和平台。选贤任能的人才政策为齐国罗致了大批得力干将，推动了齐国经济社会的发展，也奠定了此后齐国历代统治者在用人上的开明性、开放性。

综上所述，太公封齐是周朝初年加强对东夷地区统治的政治安排，是维护周朝统治秩序的战略部署。太公就国后在齐国励精图治，又为后世子孙开创出一段别样辉煌的篇章。沿着太公确定的治国方略，齐国的经济文化经过800多年的发展而成为一种相对稳定的模式和传统流传下来，不仅对齐地人民产生了久远的历史影响，也为中华文化增添了务实、开放、创新的精神品格与文化基因。

二、桓公称霸

（一）历史背景

公元前770年，周平王东迁洛邑，这标志着西周落幕，东周开

① 胡星斗注：《姜子牙〈六滔〉译注》，中国旅游出版社1993年版，第47页。

始。东周又以公元前476年为界,分为春秋与战国两段。

周平王东迁的主要依靠力量是郑、卫、秦、晋四国,而齐国远在东方,未参与此事。东迁之后,周王室虽然不像西周时期那样威慑四方令,行禁止,但是依然具有相当的号召力和影响力,是各诸侯国都承认的天下共主。郑、卫、秦、晋四国拥护东迁有功,因此享有周王室的特殊礼遇,地位比其他诸侯国高一些,但这主要基于政治上的优势而非国力上的强盛。实际上,春秋初期的各诸侯国实力相差不大,还未出现明显的强弱之别。不过,各诸侯国的后续发展空间和潜力却并不均等。当时,郑、宋、卫、陈、蔡、鲁等国,处于齐、晋、秦、楚等国的包围之中,已无多少拓展空间。齐、晋、秦、楚、燕、吴、越等国则有比较大的发展潜力。这就是春秋初期的列国形势以及齐国所面临的外部局势。

至桓公称霸之前,齐国一直在开疆拓土、图谋发展。公元前768年,齐国吞掉了临近的祝国(今济南市莱芜区夹谷峪)。公元前693年,齐国攻取了纪国的郱(今临朐东南)、鄑(今昌邑西北)、郚(今安丘西南)三邑。公元前692年,齐国吞灭了纪国。同时,齐国也积极开展外交活动。公元前720年,齐僖公与郑国会盟。公元前717年,齐僖公与鲁国会盟。同年,周王京畿发生灾荒,齐国与鲁、宋、卫、郑输粮于周。公元前713年,齐僖公联合郑、鲁伐宋,并取得胜利。经过这些活动,齐国提升了其在诸侯国间的影响力,大国地位逐步确立。

然而,齐僖公之后,齐国却发生了一场巨大的内乱。僖公晚年,喜爱其同母弟夷仲年的儿子公孙无知,令其秩服奉养堪比太子,引起太子怨恨。之后太子即位,是为齐襄公,他一上台立马削去公孙无知的"秩服奉养",引起公孙无知的不满。公元前686年,齐襄公派连称、管至父戍守葵丘,答应让他们按时换防,却言而无信。连称、管至父怨恨齐襄公，就串通公孙无知准备作乱，并趁机杀死在外游猎的齐襄公，立公孙无知为君。不久，齐大夫又杀死公孙无知，齐国出现无君的状况。而正是这种风云际遇，将齐桓公这个即将书写齐国最辉煌一笔的春秋首霸，推上了历史舞台。

齐襄公在位时，经常无端欺辱大臣，且生活糜烂，与其妹文姜私通，即便文姜出嫁鲁国成为鲁桓公夫人后，也依然与其有染。齐襄公的作为引起诸多不满，人心浮动，一场祸乱正在酝酿。为了躲避已露端倪的祸乱，齐襄公的两个弟弟公子纠和公子小白流亡国外。公子纠由管仲保护，流亡至鲁国，公子小白由鲍叔牙辅佐，流亡至莒国。及至齐襄公和公孙无知被杀，君位空缺，公子纠和公子小白皆欲回国争夺君位。在齐国政坛上，国氏、高氏两大家族一直掌握着很大权力，他们素与公子小白交往深厚，欲迎接小白回国即君位。但公子纠在鲁国和管仲的帮助下，也积极抢夺君位。在公子小白从莒国赶回齐国的路途中，管仲率兵在半路伏击，一箭射中了他衣服上的带钩。小白灵机一动，倒在车上装死，管仲信以为真，将小白已死的消息报给鲁国和公子纠。鲁国护送公子纠的队伍在得到消息后，以为没有人和公子纠争夺君位了，便放慢了前进速度。而小白却和鲍叔牙星夜兼程，赶回齐国，即了君位，是为齐桓公。

（二）先决条件

齐桓公即位后即着手整顿发展齐国。齐桓公听从鲍叔牙的建议，不但没有将管仲的一箭之仇放在心上，反而将其从鲁国要回并拜其为相，支持他在齐国进行“政不旅旧”的全面改革。据《国语·齐语》记载，在管仲的主持下，齐国在经济、政治、军事等领域进行了大刀阔斧的改革：经济上，实行“相地而衰征”的税收政策，调动了百姓的积极性，增加了国家财政收入；行政管理上，实行“参其国而伍其鄙”的制度，让士、农、工、商分开居住，管理更有针对性；军事上，实行了“做内政而寄军令”的办法，平时一起耕作团结乐和，战时出生入死同悲同慨，战斗力猛增。[①] 这些改革取得了巨大的成效，齐国的经济发展水平、行政管理能力和军队作战性能都大幅提升，为此后的争霸奠定了坚实的基础。

（三）历史过程

1.霸业形成。齐桓公称霸是从征服邻近大国开始的。公元前682年，齐国攻打宋国，宋国屈服。公元前681年，齐国攻打鲁国，鲁国屈服。宋、鲁是当时礼乐文化最发达的两个大国，鲁国保存周礼最为完备，宋国保存殷礼最为完备，其他诸侯国常奉鲁、宋为礼乐之表率。他们对齐国的屈服，使得齐桓公向称霸迈出了第一步。公元前679年，齐桓公首次以霸主的身份召集宋、陈、卫、郑会盟。公元前678年，齐桓公再次号令诸侯，召集鲁、宋、陈、卫、郑、许、滑、滕等国会盟。公元前667年，齐桓公又召集鲁、宋、陈、郑会盟。同年冬，周惠王宣布齐桓公为伯，或曰侯伯，意为诸侯首领。至此，齐桓公的霸主地位得到了周天子的认可。

2.霸业巅峰。如果说以武力号令诸侯标志着齐桓公霸业形成的话，那么尊王攘夷则使得齐桓公占据了道义制高点，不以兵车而九合诸侯，达到了霸业高峰。东周初期，中原各诸侯国时常面临着周边少数部族集团入侵的威胁，北方的戎、狄，南方的荆蛮，都是侵扰各诸侯国的外患。在此形式下，齐桓公举起尊王攘夷的大旗，带领各诸侯国拱卫周天子，开展自卫斗争，极大提高了他的威信力和号召力。

公元前664年，山戎侵入燕国，燕求救于齐。齐桓公领军救

① 尚学锋、夏德靠译注：《国语》，中华书局2007年版，第82页。

燕，击溃山戎。公元前 661 年，北狄攻略邢国，齐桓公发兵相救，退却狄兵。公元前 660 年，卫国遭受狄兵侵袭，伤亡惨重，齐桓公派人送去了援建物资，并率领诸侯在楚丘给卫国营造了新的国都。公元前 655 年，周王室发生内乱，齐桓公协助平定内乱并辅佐周襄王继位。公元前 651 年，齐桓公在葵丘会盟诸侯，周襄王为表示对齐桓公的感谢，派出太宰赴会，将只应分给同姓诸侯的宗庙祭肉赏赐给齐桓公，齐桓公跪拜受赐，表示了尊王的诚意。至此，齐桓公不以兵车而九合诸侯，达到了霸业的顶点。

3. 霸业衰歇。葵丘之会的十余年后，管仲死，齐桓公宠信奸臣易牙、竖刁、开方等人。公元前 643 年，齐桓公病重，易牙等人作乱，齐桓公的五个儿子为争夺君位发动党争，朝政混乱，齐桓公被活活饿死，且停尸两月无人理会，尸虫出入门户。五公子的党争旷日持久，齐国三十年间国无宁日。齐桓公开创的霸业，就在这动荡中衰乏结束了。

齐桓公在管仲辅佐下开创的春秋霸业，一方面推动了山东地区社会经济文化发展，另一方面则捍卫了整个中原地区先进经济文化免受落后势力破坏。诚如孔子所言：“管仲相桓公，霸诸侯，一匡天下，民到于今受其赐。微管仲，吾其披发左衽矣。”[①]

三、田氏代齐

姜氏国君在统治齐国几百年后，逐渐腐朽堕落，无力掌权。政权几经争夺，最终旁落到新兴地主阶级陈氏手中。陈氏也称田氏，历史上把这一事件称为“田氏代齐”。

田氏并非土生土长的齐国人，据《史记·田敬仲完世家》记

① (宋)朱熹撰，金良年今译：《四书章句集注·上》，上海古籍出版社 2006 年版，第 199 页。

载，其为陈国厉公之后。公元前672年，陈厉公之子完因躲避内乱逃奔齐国，被齐桓公任用为工正，这是田氏在齐国立足的开始。田氏的前几代在齐国的地位并不高，直到齐景公三年（前545年），田氏才首次参与卿大夫争夺权利的斗争，而到了齐景公十六年（前532年），田氏在权利斗争中已经小有斩获，成为齐国颇有势力的一族。

为了争取民心，瓦解姜姓政权，田氏采取了让利于民的举措。据史料记载，齐景公时期，横征暴敛，“民参其力，二入于公，而衣食其一。公聚朽蠹，而三老冻馁”①，老百姓怨声载道，社会矛盾尖锐。为了维护统治秩序，齐景公多用砍手踩脚之类的酷刑，以至于各个市场上出现了鞋贱而假足贵的现象。针对公室的严苛暴虐，田氏反其道而行之，大行亲民厚施之道，树立了自己宽缓和善的形象。当时齐国征收赋税的量具有升、豆、区、釜、钟，从升到釜是四进位制，从釜到钟是十进位制。而田氏使用的家量，从升到釜却采用五进位制，从釜到钟仍采用十进位制。如此一来，田氏的家量就比齐国的公量大得多。田氏“以家量贷，而以公量收之”②，就是贷给百姓粮食的时候用大斗，收取粮食的时候用小斗，这就给百姓很多实惠。百姓在这种厚施政策的吸引下，纷纷依附田氏，“其爱之如父母，而归之如流水”③。

田氏的举措相比旧贵族的横征暴敛而言，已经带有相当大的变革意味，这不仅减轻了对百姓的剥削，还赋予百姓相对更多的生产生活资料。这标志着田氏由旧贵族转变成了新兴地主阶级。

公元前489年，齐景公卒，田氏因不满晏孺子继承君位，联合

① 李梦生：《左传译注》（上），上海古籍出版社1998年版，第939页。

② 李梦生：《左传译注》（上），上海古籍出版社1998年版，第939页。

③ 李梦生：《左传译注》（上），上海古籍出版社1998年版，第939页。

鲍氏率领一些大夫领兵攻入公室，向当时的齐国相高昭子、国惠子发动攻击。公室军队失败，田氏新立景公的另一个儿子阳生即位，即齐悼公。田氏的掌舵人田乞成为国相，独掌齐国政事。田乞死后，其子田常继位，是为田成子。田成子与监止为左右相，共同辅佐齐简公。两人展开了权力的争夺，后田成子胜利，杀死监止和齐简公，立简公的弟弟骜为君，是为齐平公。田常为相，掌控了齐国的实权。

田常因为杀死简公，担心各诸侯国以此为由联合起来讨伐自己，因此努力修复与各诸侯国的关系。他归还了此前侵占的鲁、卫两国的土地，与晋、韩、赵、魏通好，派使者到吴、越加强联系，意在通过这些外交活动获得各国的承认和支持。在齐国国内，他也采取了一系列措施，修功行赏，亲于百姓。这些措施的确起到了效果，田氏在内政外交上都有了一段相当安定的时期。田常对齐平公说："德施人之所欲，君其行之；刑罚人之所恶，臣请行之。"大意是：推行德行颁发恩赏的事情，人人都愿意做，这样的好事，请君来做；实施刑罚的事情，人人厌恶，这样的坏事，由我来做。然而这样做的真正结果却是五年之后，齐国的大小政事皆归了田常。田常于是将鲍氏、晏氏、监止及公族中尚有势力的人全部杀死，并且将安平（今山东省临淄市东）以东至琅琊（今山东省诸城市）的广大土地据为自己的封地，其面积已经大大超过了齐平公的封地。至此，田氏完全掌控了齐国的军政大权，取代姜氏而有齐只是一个时间问题了。

田常死后，其子田盘代立，为田襄子，相齐宣公。后田白立，为田庄子，相齐宣公。后田和立，相齐宣公。齐宣公死后，齐康公即位。康公是个酒色之徒,“淫于酒、妇人,不听政”[①]。田和将康公迁到海边,给他一城作为封地,让他奉其先祀。公元前386年,田和通过魏国婉求周天子的封赐,周天子正式册封田和为齐国诸侯,“列于周室,纪元年”[②]。至此,田氏以各国认可的方式,名正言顺地取代姜氏而享有齐国,齐国由此从姜齐变为田齐。

田氏代齐不仅仅是一家一姓的更替,更是社会发展阶段的跃迁。据目前史学界的一种较有影响力的观点:姜姓国君是旧贵族,代表奴隶主阶级的利益,主政下的齐国是奴隶制国家,而田氏国君为新兴地主阶级,代表地主阶级利益,主政下的齐国已转变为封建制国家。当时的齐国疆域广阔,包含今山东的大部分地区。齐国封建化的完成,标志着山东地区基本进入封建社会。

四、夹谷会盟

夹谷会盟是春秋时期齐国和鲁国交往中的一次重要事件,孔子在这次事件中起到了关键性的作用。

孔子51岁时,即鲁定公九年(前501年)在鲁国入仕。先是被任命为中都宰,即中都(今山东省汶上西)的地方长官,“一年,四方皆则之”[③],中都的政事成为各地效仿的榜样。后来孔子又做了司空,主管建筑与道路等事务,“别五土之性,而物各得其所生之宜,咸得厥所”[④]。之后,孔子被任命为主管司法和外交事务的大司寇,在这个职位上,孔子做出了更大的政绩,为鲁国在夹谷会盟上取得了重大胜利。

---

① (汉)司马迁:《史记》,线装书局2006年版,第226页。
② (汉)司马迁:《史记》,线装书局2006年版,第226页。
③ (汉)司马迁:《史记》,线装书局2006年版,第323页。
④ 杨朝明、宋立林主编:《孔子家语·通解》,齐鲁书社2013年版,第2页。

鲁定公十年(前500年)夏天,齐国大夫对齐景公说:“鲁用孔丘,其势危齐。”[①]为了化解来自鲁国的威胁,齐景公派遣使者约请鲁定公在夹谷会盟。鲁定公收到邀约,准备乘车前往。孔子对鲁定公说:“臣闻有文事者必有武备,有武事者必有文备。古者诸侯出疆,必具官以从。请具左右司马。”[②]定公采纳了孔子的建议,带上主管军事的左、右司马及士兵前往会盟。孔子任鲁君相礼,相当于今日之司仪。

在会盟之地,筑起了高坛,有土阶三等。鲁定公与齐景公礼让登坛,行献酬之礼。礼毕,齐国有司领命奏乐,奏的是夷狄之乐,“旍旄羽袚矛戟剑拨鼓噪而至”[③]。孔子见状,疾步向前,跃上台阶,举起衣袖慷慨而言,叱责齐国有司在两国诸侯面前奏夷狄之乐。有司并不听孔子的训斥,而是看齐景公和晏子的眼色。齐景公心中有亏,挥手令有司退却。一会儿,有司又进奏宫中之乐,“倡优侏儒为戏而前”[④]。孔子再次正色叱责齐国道:“匹夫而荧惑诸侯者罪当诛!请命有司!”齐景公面对孔子的义正辞严,只好对有司施加刑罚。

会盟结束后,齐景公心中惧怕,知道自己并不占理,因此对群臣说:“鲁以君子之道辅其君,而子独以夷狄之道教寡人,使得罪于鲁君,为之奈何?”[⑤]最后,齐国决定归还侵占鲁国的领地郓(今山东省郓城东)、汶阳(今山东省泰安南)、龟阴(今山东省泰安南)之田,以向鲁国谢过。

① (汉)司马迁:《史记》,线装书局2006年版,第232页。
② (汉)司马迁:《史记》,线装书局2006年版,第232页。
③ (汉)司马迁:《史记》,线装书局2006年版,第232页。
④ (汉)司马迁:《史记》,线装书局2006年版,第232页。
⑤ (汉)司马迁:《史记》,线装书局2006年版,第232页。

在这次会盟中，孔子以礼仪之道痛斥齐国，使鲁国获得了外交上的胜利。夹谷之会在一定程度上提高了鲁国的地位，也为孔子赢得了政治声誉。

五、“三桓”专权

“三桓”专权是鲁国历史上的重大政治事件。“三桓”指季孙氏、叔孙氏、孟孙氏三个世家大族，他们长时间专有鲁国的军政大权，使鲁国国君一度成为傀儡。

（一）“三桓”的由来

“三桓”的先人属于公子、公孙集团，后来他们受到分封，立族得氏，成为世家大族。从宗法制观点来看，未受分封的公子、公孙属于公室成员，没有独立的经济来源，衣、食、住、行等全靠公室提供，因而是维护公室的力量。而受到分封以后，这些公子、公孙有封土，有人民，甚至有自己的宗庙和武装力量，便会经常成为瓦解公室的力量。

“三桓”从第三代开始，即约在公元前 7 世纪下半叶，鲁僖公、鲁文公之际受到分封。受封以后，“三桓”的力量迅速发展。公元前 609 年，鲁文公死，公子遂杀死文公的两个嫡子，立其庶子为君，是为鲁宣公。“三桓”逐渐掌控了鲁国的军政大权，鲁国由此公室卑而“三桓”强。

（二）“三桓”当权

“三桓”中力量最强的是季氏，其次是孟孙氏和叔孙氏。季氏专权，得到孟孙氏和叔孙氏的支持，而季氏也能协调与他们之间的关系。“三桓”执政初期，能够勤于政事，节俭恤民，获得了百姓和诸侯的支持。《国语·鲁语上》记载，季文子“无衣帛之妾，无食粟之马”。

“三桓”曾经两次大力度地瓜分公室的军事力量。一次是在鲁襄公十一年(前 562 年),季武子“作三军,三分公室而各有其一”[①]。鲁国的军队在西周时期曾有三军,进入春秋时期后削去一军成为两军,两军皆归公室所有。季武子将两军扩充成三军,三家各分得一军。如此,军事力量旁落“三桓”手中,国君不再直接掌握军队,力量明显衰落了。第二次瓜分是在鲁昭公五年(前 537 年),由于季氏的力量明显强于其他两家,因此在军力配备上也进行相应地调整,打破了三家各有其一的局势,季氏实力得到强化。季武子乘叔孙豹方死之际,削去一军,变为两军,再将两军分成四股,“四分公室,季氏择二,二子各一”[②]。如此一来,季氏占有两股军力,叔孙氏和孟孙氏各占有一股,季氏的专权地位更加巩固了。

季氏的专权,导致了其与国君之间矛盾的激化。鲁襄公时,季武子曾趁襄公朝楚而占据卞邑,襄公惧而不敢回国。鲁昭公时,季平子与昭公发生了军事冲突,结果昭公失败,流亡国外,后身死他乡。此时,三桓已完全掌控了鲁国的政权。

(三)家臣乱政

在“三桓”专权的同时,“三桓”的家臣也逐渐得势,有些强横人物甚至把持了“三桓”的家政,成为几乎颠覆“三桓”的力量。例如,季氏的南蒯、阳虎、公山不狃,叔孙氏的竖牛、侯犯,孟孙氏的公敛处父、公孙宿等,都是作乱的人物。

因为季氏最有实力,季氏的家臣也是羽翼最为丰满的。季平子初立之时,家臣南蒯觉得季平子对自己的礼遇不够,就想把他赶走,“归其室于公”,自己则“以费为公臣”,就是拿季氏的费邑到国

---

① 李梦生:《左传译注》(上),上海古籍出版社 1998 年版,第 695 页。

② 李梦生:《左传译注》(上),上海古籍出版社 1998 年版,第 966 页。

君那里换一个职位。只因费邑人不支持他，南蒯才未能如愿。

南蒯之后是阳虎。公元前505年，阳虎趁季桓子初立之际，发动政变将季桓子囚禁起来。第二年，阳虎进一步取得了执掌国命的权力，成为鲁国权枢的中心。鲁定公八年（前502年），阳虎打算以“三桓”的庶子替代“三桓”的嫡子，“以季寤更季氏，以叔孙辄更叔孙氏，已更孟氏”[①]。当他策划行动时，季氏和孟孙氏联合起来抵制他，经过激烈斗争，阳虎失败，出走晋国。阳虎乱政的局面终于结束。

经过这一番动乱，“三桓”意识到权柄过大的家臣可能成为最大的威胁，他们开始关注和任用一些来自草野的异姓贤能之士。同时，鲁定公也另有所思，他想利用“三桓”受到重创的时机进一步削弱“三桓”势力，以加强君权。在这种历史背景下，平民出身而又广有声誉的孔子获得了他们的共同认可，孔子便经中都宰、司空被一路擢拔为大司寇。公元前500年，叔孙氏的家臣侯犯叛乱，经过一番激斗，此次叛乱才得以平息。侯犯的叛乱，使“三桓”进一步认识到家臣蓄势的危害性，但是他们寻求良策而未果。在这个关头，孔子及时提出了“堕三都”的主张。“三都”指费（今山东省费县境内）、成（今山东省宁阳县境内）、郈（今山东省东平县境内），这三处都是“三桓”的重邑。其中费是季氏的封邑，成是孟孙氏的封邑，郈是叔孙氏的封邑。“堕三都”，就是要拆除三城邑的防御设施，使守城的家臣无法再据以作乱。孔子的建议得到了“三桓”的支持，更得到了鲁定公的支持。因为对定公而言，拆除防御设施有利于削弱“三桓”努力，加强公室。

公元前498年，叔孙氏首先拆除了郈的防御设施。当季氏准

① 李梦生:《左传译注》(上)，上海古籍出版社1998年版，第1249页。

备拆除费的防御设施时，费宰公山不狃发动叛乱。孔子命令大夫率国人反攻，打退了公山不狃，堕费成功。但是在拆除成的防御设施时，又遭遇障碍。成宰公敛处父对孟懿子说："成，孟氏之保障也。无成，是无孟氏也。子伪不知，我将不堕。"[①]公敛处父的话使孟孙氏及其他两大家族意识到了"堕三都"实质上使"三桓"失去了防御屏障，因此，他们不再积极行动，最终使堕成失败。

"三恒"察觉到孔子提出堕三都的深意后，就对他不再信任。孔子受到排斥，便再也无法继续任职。公元前497年，孔子辞去官职，离开鲁国，开始周游列国。是年，孔子55岁。

孔子离开鲁国后，"三桓"继续专权，并想法设法加强集权，强化统治秩序，扩充势力范围。而鲁国的国君越发弱势，成为"三桓"的傀儡。

第二节　齐鲁文化事件

一、稷下学宫

稷下学宫是战国时期齐国设立的一座高等学府，是当时中国思想文化交流争锋的主要园地，对先秦诸子百家思想文化的传播与发展产生了深远的影响。

(一)社会历史背景

稷下学宫的产生是时代发展的产物。战国时期，中国社会从奴隶社会向封建社会过渡，奴隶主阶级的统治地位日益式微，新兴地主阶级逐渐成为政治舞台的主角。在阶级的激烈斗争中，新兴

① 李梦生:《左传译注》(上)，上海古籍出版社1998年版，第1269页。

地主阶级深知富国强兵、变法革新的紧迫性,他们亟需贤能之士为之出谋划策,为之营造舆论氛围。这种大动荡、大变革的政治形势,为不同思想、学说的发展提供了适宜的环境。

同时,这一时期的学术思想文化的发展也出现了新的局面。西周时代,“学在官府,以吏为师”,思想文化基本被统治阶级所垄断,平民百姓少有接触。但进入战国以后,学术下移,私学兴起,文化开始向民间传播。一批出身不高却掌握了丰富文化知识的人逐渐形成一个新的社会阶层——士,他们通古晓今、明辨形势,富有智慧与计谋,在政治舞台上发挥的作用也越来越大。他们频繁来往于各诸侯之间,申辩利害关系,推销政治主张。有些高才秀士凭借口才之辩,即可改变诸侯国的命运,以致“所在国重,所去国轻”。因此,诸侯们纷纷礼贤下士,大兴养士之风。《汉书·艺文志》说:“是以九术之家,蜂出并作,各引一端,崇其所善,以此驰说,联合诸侯。”

战国时代的经济、政治、文化发展为百家争鸣营造了有利环境,但是稷下学宫在齐国而不是其他诸侯国产生,还与齐国的特殊条件有密切关系。

首先,齐国强大的经济实力为稷下学宫的创立提供了物质基础。姜太公立国之初就非常注重务实的经济政策,而经过齐桓公和管仲的努力,齐国更是成为春秋首霸。进入战国时代,齐国的历代君主也是大力发展经济,使国家繁荣富庶。苏秦曾这样描述齐国之富:“齐地方二千余里,带甲数十万,粟如丘山。……临淄之中七万户,臣窃度之,不下户三男子,三七二十一万,不待发于远县,而临淄之卒固已二十一万矣。临淄甚富而实,其民无不吹竽鼓瑟,弹琴击筑,斗鸡走狗,六博蹋鞠者。临淄之涂,车毂击,人肩摩,连衽成帷，举袂成幕，挥汗成雨，家殷人足，志高气扬。”[①]正是有了这样的经济条件，齐国统治者才能够为数以百千计的天下贤士提供康庄之衢、高门大屋，为他们提供优渥的生活条件。

其次，齐国开明的用人传统为稷下学宫的创立提供了良好的社会氛围。在各诸侯国中，齐国的用人传统一直是比较开明的。姜太公确定的尊贤上功的用人方针在后世继承者中得到了很好地发扬。齐桓公就很注重招贤下士，礼敬人才，他不计一箭之仇，拜管仲为相，这就足为佐证。后来，齐桓公更是设立“啧室之议”，就是为了便于“下听于人”“广询天下”及“观人谤”，并号召和鼓励人民“非上之过”，“以正事争于君前”。这与后来稷下先生“不治而议论，以干世主”是一脉相承的。田氏代齐以后，田氏君主继续秉承这一用人传统，礼贤下士，招揽人才，建立并努力经营稷下学宫。

最后，齐国君主一心称雄的发展目标为稷下学宫的创立提供了政治土壤。齐国君主有称雄天下、统一中原的雄心壮志。为了实现这一目标，他们不但需要大批人才的襄助，更需要一种合适的思想作为其治理国家的指导思想。因此，他们不惜重金延请人才，高门大屋尊崇之。稷下先生们高谈阔论，抒发各种政治主张，为齐国统治者出谋划策，适应了齐国政治发展的需要。

(二)发展历程

1.创立阶段。关于稷下学宫创立的具体年代，各家说法不一。一般认为，创立于齐桓公田午时期。田午是田齐的第二代国君，于公元前 374～前 357 年执政，因此可推测稷下学宫创立的时间在公元前 374～前 357 年。

2.发展阶段。齐桓公田午死后，其子因齐即位，是为齐威王。

① (汉)司马迁:《史记》，线装书局 2006 年版，第 306 页。

齐威王即君位之初，沉湎于享乐，不理政事，后接受邹忌的讽谏，转而发愤图强。他不仅整顿吏治、发展经济，还广开言路、重视人才。他将父亲创立的稷下学宫进一步发展，扩大规模，招贤纳士，使稷下学宫聚集起一批有声望的稷下先生，如邹忌、淳于髡等。

3. 兴盛阶段。齐宣王时期，稷下学宫发展到了鼎盛时期。这时的齐国，兵强马壮，齐宣王也一心"辟土地，朝秦楚，莅中国而抚四夷。"①为了实现这一宏伟蓝图，齐宣王大力发展稷下学宫，以便让稷下先生为其营造舆论环境，或者直接选拔有政治才干的稷下先生参与国事。在齐宣王的大力培植下，稷下学宫达到了鼎盛时期。据史料记载："宣王喜文学游说之士，自如邹衍、淳于髡、田骈、接子、慎到、环渊之徒七十六人，皆次列第为上大夫，不治而议论。是以稷下学士复盛，且数百千人。"②

4. 中衰阶段。齐湣王后期，他对内不用良臣，对外穷兵黩武，不听讽谏，使得稷下先生纷纷失望离去。稷下学宫出现了衰落的局面，"及湣王，奋二世之余烈，南举楚、淮北并巨宋，苞十二国，西摧三晋，却强秦，五国宾从，邹、鲁之君。泗上诸侯皆入臣。矜功不休，百姓不堪。诸儒谏不从，各分散，慎到、捷子亡去，田骈如薛，而孙卿适楚。内无良臣，故诸侯合谋而伐之。"③公元前 284 年，燕国大将乐毅率五国联军攻打齐国，攻破了齐都临淄，稷下学宫被迫停办。

5. 中兴阶段。齐襄王时期，田单率领勇士收复了被乐毅攻占的齐国城池，齐国光复。齐襄王在重建齐国的同时，也着手复兴稷下学宫。据《史记·孟子荀卿列传》载："田骈之属已死。齐襄王

① （宋）朱熹撰，金良年今译：《四书章句集注·上》，上海古籍出版社 2006 年版，第 272 页。

② （汉）司马迁：《史记》，线装书局 2006 年版，第 228 页。

③ （汉）桓宽撰，王利器校注：《盐铁论·论儒》，天津古籍出版社 1983 年版，第 148 页。

时，而荀卿最为老师。”荀子来到稷下学宫，并三任祭酒，使得稷下学宫出现了停办之后的中兴。

6. 衰亡阶段。齐襄王死后，齐王建即位。当时，列国的兼并战争正打得如火如荼，秦国一步步吞噬各国。秦国为了暂时稳住齐国，对齐国君臣贿赂有加。齐国君臣被秦的举措所迷惑，既不准备战略防御，也不帮助其他诸侯国反抗秦国。公元前 221 年，秦国在灭掉其他诸侯国后，最终也灭掉了齐国。历时 100 多年的稷下学宫也在齐国的覆亡中落下了帷幕。

（三）齐国稷下学宫的方针政策

1. 给予稷下学者优厚的生活待遇。齐王为稷下先生修筑高门大屋，而且供给丰厚的食禄。例如淳于髡“安车驾驷，束帛加璧，黄金百镒”①。孟子“后车数十乘，从者数百人。”②甚至他要离开齐国，齐宣王如此挽留他：“我欲中国而授孟子室，养弟子以万钟。”③可见，齐统治者对稷下先生的礼遇与厚待。

2. 给予稷下学者很高的社会地位。齐桓公田午尊贤者为大夫，齐宣王更将 76 位有名望的稷下先生拜为上大夫。这体现出齐国统治者对稷下学者的尊敬与重视。

3. 给予稷下学者高度的自由。齐国统治者秉承齐文化的开放精神，在稷下学宫的管理上也采取了包容自由的方针，天下贤士在稷下学宫来去自由，他们在稷下学宫里著书立说、表达思想，齐国统治者都不干预。很多稷下先生都曾离开过齐国去列国游历，如荀子虽三为祭酒，却也游历了秦、楚、燕等国。同时，他们谈说讨论，畅所欲言，著书立说，各陈已见，形成了百家争鸣的生动

---

① （汉）司马迁：《史记》，线装书局 2006 年版，第 327 页。

② （宋）朱熹撰，金良年今译：《四书章句集注·上》，上海古籍出版社 2006 年版，第 340 页。

③ （宋）朱熹撰，金良年今译：《四书章句集注·上》，上海古籍出版社 2006 年版，第 317 页。

局面。

可以毫不夸张地说，稷下学宫是中国第一座官办的高等研究院、第一所高层智囊团，它为齐国的发展提供了智力支持，为战国时期学术思想的交融发展做出了巨大贡献。

二、“百家争鸣”

稷下学宫吸引和汇聚了当时有影响力的思想流派和思想家，他们在此平等地开学授徒、发表议论、互相辩难、以理服人。在交流碰撞中，学者们一方面发展和深化自家的理论学说，另一方面也吸取融合其他各家优长，从而形成相互补充、相互借鉴的良好学术氛围。稷下学派中比较有实力的流派包括田齐法家、黄老学派、儒家、兵家、名家、阴阳家等。

1. 田齐法家

田齐法家与秦法家、三晋法家并称为战国时期法家的三大派。田齐法家的代表人物是慎到，此外，《管子》中有许多法家作品，如《法禁》《重令》《法法》《治国》等，其佚名作者也属于田齐法家一派。他们在思想上主张法、礼不偏废，但法在礼之上；法、术、势并重，杂合运用。田齐法家注重法的观念，适应了齐国统治者稳固中央集权的需要，因此成为稷下学派中影响较大的一派。

2. 黄老学派

黄老学派的代表人物有田骈、彭蒙、宋钘、环渊、接子、季真等。《管子》一书中的《心术》《白心》《内业》篇的佚名作者也属于这一派。黄老学派与庄周学派同为道家的两大学派，但与庄周学派纯以老子学术为基础主张无为而治不同，他们多吸取了黄帝之学中的顺道尚法思想，主张在因循自然规律的同时有所作为。黄老学派的主张与当时齐国统治者的政治需求高度吻合，因为田氏君主取代姜姓君主而立，时常背负篡齐之名。为了改变这一状况，他们以出黄帝为始祖，声称要“高祖黄帝、迩嗣桓文”，即远以黄帝为榜样，近以齐桓公、晋文公为楷模。而黄帝曾经三次大败炎帝，姜姓齐君正是炎帝后裔。因此，自命为黄帝后裔的田氏取代姜姓而有齐国，也就符合天道了。故而，宣扬黄帝之学的黄老学派成为稷下显学。

3.儒家

曾经进过稷下学宫的儒家学者有孟子、田过、孔穿、徐劫、鲁仲连、公孙固、荀子等人，其中以孟子和荀子的影响最大。孟子虽为鲁国人，但他曾先后两次长期居齐。据史家推测，孟子第一次居齐，“至少亦得十八年”[①]。荀子为赵国人，年十五游齐，居留稷下学宫的时间更长，他“最为老师”，“三为祭酒”。作为继孔子之后最为著名的儒学大师，孟子和荀子分别继承了孔子思想中的两个不同方面。孟子主要发挥了孔子学说中仁的思想，荀子主要发展了孔子学说中礼的思想。仁的学说基于孟子的性善论，扩展到政治生活中，孟子主张行仁政。礼的学说基于荀子的性恶论，应用于治国理政，荀子重视隆礼而重法，重视对人的外部约束。孟子进入稷下学宫在齐威王、宣王时期，荀子入稷下学宫在齐襄王时期。两者在弘扬儒家学说的同时，也不同程度地受到稷下其他学派的影响。例如，孟子在其早期思想中反对利，与孔子的“罕言利”相同。但后来受到齐文化重商务实思想的影响，开始对利有了更加积极的评价。他认为“明君制民之产，必使仰足以事父母，俯足以蓄妻子，乐岁终身饱，凶年免于死亡，然后驱而之善。”[②]荀子自年少起便长时

---

① 钱穆:《先秦诸子系年考辨》，商务印书馆 1935 年版，第 284 页。

② （宋）朱熹:《四书章句集注·上》，上海古籍出版社 2006 年版，第 317 页。

间生活在稷下学宫，其思想主要在稷下学宫中形成，与孟子相比，在融合稷下诸家学派尤其是田齐法家的特点上表现得更为明显。他在主张儒家仁义思想的同时，大力宣扬齐文化的利、法、刑，主张法后王，主张富国强兵。

4. 名家

名家在稷下学宫的代表人物是尹文、兒说、田巴。名家在稷下并非大的学术流派，但其理论命题却能经常引起稷下先生们的共同关注。例如，兒说提出的“白马非马”论，田巴提出的“离坚白”论，曾经“服齐稷下之辩者”[①]，一日服千人。稷下名家学者开创的这些理论命题，经过后来公孙龙和惠氏的进一步阐发，成为中国哲学中名实之辩的滥觞。

5. 兵家

出入稷下学宫的兵家代表现已不可考。但《司马兵法》《子晚子》以及《管子》中的《兵法》《七法》《地图》《参患》《制分》等文章，当属兵家所作。稷下兵家秉承了孙武、孙膑的军事天赋，谈兵论战多有著述。但是，由于他们少有实战经验，故在用兵之道上并无多大创造性，而是在军礼上有不少研究，体现了齐鲁礼义之邦的军事风范。

6. 阴阳家

稷下学宫中阴阳家的代表人物是邹衍和邹奭，二者均为齐国人，尤以邹衍为名。邹衍提出了“大九州说”和“五德终始说”。“大九州说”将中国视为世界的八十一分之一，为赤县神州，赤县神州内又有九州之分。“五德终始说”则认为天地人事的变化受到水、火、土、金、木五行变化的主宰。五行既相生：木生火，火生土，土生

① (清)王先慎集解、姜俊俊校点：《韩非子・外储说左上》，上海古籍出版社 2015 年版，第 325 页。

金，金生水，水生木；同时，又相互克制：金克木，木克土，土克水，水克火，火克金。五行对应着朝代，五行的更替意味着朝代的变更。

除上述诸家外，杂家、墨家、纵横家也在稷下学宫有所发挥，他们争鸣辩驳，共同在稷门之下铸就了一座思想文化的辉煌殿堂。

三、孔子问礼于老子

老子，楚国苦县厉乡曲仁里人，姓李，名耳，字聃，曾做过掌管周王朝藏书室的史官。老子的生卒年不详，一说他活了160多岁，又有说他活了200多岁。老子研修道德，主张隐藏自己的学问和声名。

据《史记·老子韩非列传》记载，孔子曾经到周王朝的国都去向老子请教关于礼的学问。老子说："你所说的主张礼的人，他的身体骨头都已经不存在了，只有他的言论还能听到。君子有好运气时，就驾车去做官，时运不佳时就像蓬草一样随风飘转。我听说，懂经商之道的人，都把货物隐藏起来，好像什么也没有。品德高尚的君子，因为谦逊而看上去很愚笨。您应该去掉您身上的骄傲之气和各种欲望，去掉情态神色和过大的志向，这些都对您的身心无益。我所能忠告于您的，就是这些了。"孔子从老子那里离开后对弟子说："鸟，我知道它能飞；鱼，我知道它能游；兽，我知道它们会跑。对会跑的，可以织网捕获它；对会游的，可制成丝线钓它；对会飞的，可以用箭去射它。至于龙，我真不知道能拿它怎么办，它乘着风云就上天了。我今天所见的老子，就像是龙啊！"

孔子勤学好问，希望从博览群书的老子那里学到更多关于周礼的学问，但是老子却奉劝孔子去掉欲望，清净无为，深藏若虚。这实际上是老子基于自己的道与德的思想而对虚静、无为说的一种阐释，也体现了道家与儒家截然不同的思想主张。正因为此，后世的儒道两家相互排斥，正可谓“道不同不相为谋”也。

第三节 齐鲁军事事件

本节介绍曹刿论战。

春秋时期，在公元前685年，齐国与鲁国在长勺（今山东省莱芜区）发生了一场大战，史称长勺之战。在鲁国大将曹刿的参谋下，鲁国取得该战大捷。

这场战争的发生与齐国君位争夺有关。齐桓公即位之前，曾与兄弟公子纠争夺君位。当时，公子纠在鲁国避难，受到鲁国的庇护和支持。齐桓公即位后，十分仇视鲁国；鲁国也视齐国为敌。两国在乾时（今山东省桓台县）发生战争，鲁国失败。之后，齐国设计迫使鲁国杀掉公子纠，遣返管仲。但齐国依然不肯罢休，又派大军进攻鲁国。为此，鲁庄公积极应战。

在鲁庄公准备出征时，出身于平民的曹刿请求面见鲁庄公。据《左传・庄公十年》记载，乡里人劝他说：“肉食者谋之，又何间焉？”曹刿回答道：“肉食者鄙，未能远谋。”于是他去求见鲁庄公。说服庄公让他与自己同乘一辆车去参加战斗。

齐鲁两军在长勺相遇。刚摆好阵势，庄公就要擂鼓冲锋发动攻击，曹刿制止了他。齐军发动三遍攻击被抵挡之后，曹刿说：“可矣！”鲁军立即发动攻击，将齐军冲垮。庄公见状要下令追击。曹刿又急忙制止。他下车察看了齐军后撤的车辙和溃败情境后，然后才同意追击。鲁军乘胜猛追，一举把齐军赶出鲁国国境，取得重大的胜利。

战争结束后，鲁庄公问曹刿为何战争开始时不让攻击，等到齐军三次进攻后才冲锋？为何齐军败退时不让追击，等到下车查看后才能追击？曹刿回答说："夫战，勇气也。一鼓作气，再而衰，三而竭。彼竭我盈，故克之。夫大国，难测也，惧有伏焉。吾视其辄乱，望其旗靡，故逐之。"

齐鲁长勺之战，因为曹刿的出谋划策而使鲁国以少胜多。曹刿也从一介平民，成为鲁国声名显赫的军事将领。

第四节 齐鲁外交事件

本节介绍晏子使楚。

春秋后期，齐国逐渐失掉了霸主的地位，而晋国却成为强国。齐晋两国多有交往。齐景公即位第二年出访晋国，但是他的态度狂妄引起了晋国君臣的严重不满。不久，晋国派出军队对齐国进行震慑性攻伐。开始时，齐景公并未在意，直到晋国的军队兵临齐国城下，齐景公才意识到问题的严重性，不得不低头。他意识到在齐弱晋强的形势下，齐国必须联合其他大国，才能共同抵抗晋国。于是，他开始与南方的大国楚国修好。在这种历史背景下，晏婴奉命出使楚国。

晏婴是与管仲齐名的齐国政治家，历仕齐灵公、庄公和景公三代。到景公时，晏子被封为齐相。他以节俭爱民、薄敛省刑、忠君直谏为世人所称道，此外还尤以能言善辩、机智敏锐而著称。他曾多次出使楚、鲁、晋、吴等国，在出使各诸侯国的过程中，他纵横捭阖、折冲樽俎，维护了齐国国威，从未有辱使命。

《晏子春秋》记载了他出使楚国的几则故事，充分彰显了晏子的外交家风范和辞令之能。晏子身材矮小，相貌丑陋。楚国君臣有意侮辱他，就在大门的旁边另开一小门让晏子走。晏子不卑不亢地说："使狗国者从狗门入。今臣使楚，不当从此门入。"楚国迎宾的人只好带领晏子从大门通过。与楚王相见后，楚王说："齐无人耶？"晏子说："齐之临淄三百闾，张袂成阴，挥汗成雨，比肩继踵而在，何为无人？"楚王故意说："然则何为使子？"晏子说："齐命使各有所主。其贤者使使贤主，不肖者使使不肖主。婴最不肖，故宜使楚矣。"一席话说得楚王颜面尽失。

还有一次，晏子将要出使楚国，楚王对大臣说："晏婴，齐之习辞者。今方来，吾欲辱之，何以也？"臣下便建议在他到时令人将一个犯了盗窃罪的齐国人押到众人面前，以此贬损晏婴和齐国。

及至晏婴到了楚国，楚王设宴款待。酒酣之时，有小吏二人押来一名犯人。楚王故意问："缚者曷为者也？"小吏回答："齐人也，坐盗。"楚王因此问晏婴："齐人固善盗乎？"晏婴连忙从席间站起来说，"婴闻之，橘生淮南则为橘，生于淮北则为枳，叶徒相似，其实味不同。所以然者何？水土异也。今民生长于齐不盗，入楚则盗，得无楚之水土使民善盗耶？"一席话说得不失体面，又让楚王无言以对。楚王，笑着说："圣人非所与熙也，寡人反取病焉。"

第五节　齐鲁经济事件

本节介绍管仲的"招商引资"。

管仲，春秋时期著名的政治家、军事家、哲学家、教育家和经济学家。管仲任齐相 40 年，其间竭力协助齐桓公治理国家，在实行政治、军事改革上整顿吏治、严肃军队纪律的同时，大力推进一系列经济管理改革，如利用国家和民众的共同力量发展盐铁业生产，采用新技术发展农业生产，合理开发和利用自然资源，在金融、货币、物价等方面进行大刀阔斧的改革。通过这些改革措施，齐国成为春秋时期的强国。在经济管理方面，管仲不仅具有先进的经济管理思想，更重视将这些思想付诸齐国国内的经济管理活动以及对外的经济管理贸易实践，包括与诸侯国之间的经济战争。为此，管仲也被尊为中国经济学家的鼻祖。孔子曾称赞管仲："相桓公，霸诸侯，一匡天下，民到于今受其赐，微管仲吾其被发左衽矣。"又说："桓公九合诸侯，不以兵车，管仲之力也，如其仁，如其仁！"[①]诸葛亮更是把管仲当成自己的偶像和努力目标，在未出山前"每常自比于管仲乐毅"。

管仲的经济管理思想在春秋时期是无人能及的。他在诸多经济管理领域，如分类经济管理、轻重论经济管理、消费经济管理、自然经济管理、技术经济管理、国际经济管理、垄断经济管理、市场经济管理、税收经济管理、金融经济管理等多方面都有原创性的论述，集中体现在《管子》一书中。《管子》一书篇幅宏伟，内容复杂，思想丰富，其中的《轻重》《侈靡》和《治国》等篇是古代典籍中不多见的论述经济管理的内容，在经济管理领域中的生产、分配、交易、消费、财政、货币等均有深刻的研究，是研究我国古代经济管理学的珍贵资料，也是《管子》的精华部分，是管仲为齐国称霸制定的经济方略。管仲学说在中国历史上影响巨大。汉初，司马迁在《史记·管晏列传》中说："吾读管氏《牧民》《山高》《乘马》《轻重》《九府》及《晏子春秋》，详哉其言之也。""至其书，世多有之，是以不论，论其轶事。"桑弘羊在《盐铁论》中亦多次引《管子》之文，刘向亦在校订《管子》后重引司马迁的感慨"详哉其言也"。

周武王灭商称王之后，把姜太公分封到齐地——主要在今天的山东半岛，向外辐射至河北省的东南部、河南省的东部、江苏省的北部、安徽省的淮河以北部分地区，相当于古青州地域。《尚

① 杨伯峻：《论语译注》，中华书局1980年版，第171页。

书·禹贡》说:“海岱惟青州……浮于汶,达于济。”就地理形势而论,齐地处黄河下游,华北平原的东部,南枕泰山,东北、正东和东南三面环海,土地贫瘠,滨海多山。姜太公决定因地制宜,利用这里丰富的鱼、盐、林木和矿藏资源以及水陆交通便利的优势,大力发展工商业。据《史记·齐太公世家》记载:“太公至国……通商工之业,便渔盐之利,而人民多归齐,齐为大国。”可见,太公封齐建国伊始,便把优先发展工商业作为基本国策之一,并且在推行的过程中大见成效,使齐国世受其益,变为令人刮目相看的“东方大国”。而当管仲出任齐相之后,要为雄心勃勃的齐恒公称霸天下而筹措一大笔财富作为资本,而要使天下财富如滚滚河水一样流入齐国,除了继承姜太公重纺织、渔盐的政策外,恐怕非得“招商引资”不可。唯有如此,方能借助天下资本的力量,充实齐国的国库。

管仲首先提出:“士农工商四民者,国之石民也。”《管仲·小匡》载:“令夫工群萃而州处,相良材,审其四时,辨其功苦,权节其用,论比、计制、断器,尚完利。相语以事,相示以功,相陈以巧,相高以智。”“令夫商群萃而州处,观凶饥,审国变,察其四时而监其乡之货,以知其市之贾。负任担荷,服牛轲马,以周四方;料多少,计贵贱,以其所有,易其所无,买贱鬻贵。”这种看似重新组合式的划分,使社会分工专业化,提高了生产效率和水平,发展了制造业,为齐国的富强打下了经济基础。

为了让更多的商人来齐国经商,管仲推出优惠措施。管仲对齐桓公说:“请以令为诸侯之商贾立客舍。一乘者有食,三乘者有刍菽,五乘者有伍养。”意思是说,管仲请求齐桓公下令为各诸侯国的商人们建筑住所。对于带着一辆马车来齐国经商的商人,除了提供住所外,还免费供给食物;对于带着三辆马车来齐国经商的商人,除了提供住所、食物外,还免费提供马的饲料;对于带着五辆马车来齐国经商的商人，除了上述优待外，另外提供仆人为之服务。为什么要根据商人带到齐国的马车数量来确定优惠条件呢？这大概是因为，当时还没产生纸币，人们进行商品交易一般是物物交换，或用青铜铸币，车辆越多，说明商人带的钱币就越多，因此条件就越优惠。管仲还在都城临淄开设多家娱乐场所，以满足"外商"的需求。同时，管仲还在"国道"上每三十里就建立一个招待所，储备食物以保证"外商"生活供应。

管仲是世界上第一个通过"招商引资"达到富国强兵目的的政治家，结果是"天下之商贾归齐若流水"。对于齐国的滞销商品，管仲则采取"天下高我下"的刺激出口政策，让这些商品的价格低于其他诸侯国同类商品的价格，使其由滞销变畅销。在此基础上，管仲还利用市场调控手段，加强宏观调控，如垄断货币发行、实施盐铁专卖制度、控制重要生产资料商品的价格等。管仲要求整个齐国不排斥外来经商人员，要将他们当作齐国本土商人一样对待，凡是能给齐国带来利益的，都是齐国人。他建议在齐国"三十里置遽委焉，有司职之。从诸侯欲通，吏从行者，令一人为负以车，若宿者，令人养其马，食以委。客与有司别契，至国入契。费义数而不当有罪"，确立了接待"外商"的律法，凡是不按规定服务于"外商"的官员，有司便会治其渎职之罪。如此便以制度的形式进一步确立了"招商引资"的国家政策，使所有到齐国经商的商贾均能享受全方位的服务。仅口头宣传并不足以吸引天下商贾来到齐国，作为第一流的理财家和由商而政的"国家首席执行官"，管仲洞悉了商人趋利的秘密，《管仲·禁藏》载："夫凡人之情，见利莫能勿就，见害莫能勿避。其商人通贾，倍道兼行，夜以续日，千里而不远者，利在前也。渔人之入海，海深万仞，就彼逆流，乘危百里，宿夜不出者，利在水也。故利之所在，虽千仞之山，无所不上；深源之下，无所不入焉。”管仲认为，只要提供了足够的利益，即使是关梁之难、盗贼之危，也阻挡不了商人们走上尘土飞扬的赴齐经商之路的脚步。即所谓“天下熙熙，皆为利来；天下攘攘，皆为利往”。尽管当时齐国的关税税率已经非常之低，国内“五十而取一”，“关赋百取一”，但是管仲仍然进一步对齐桓公提出了便利通关和零关税的贸易政策建议。他说：“发伏利，输墆积，修道途，便关市，慎将宿，此谓输之以财。”“关几而不征，市书而不赋。”也就是说，齐国政府不只是要进行基础设施建设，提供良好的贸易生态，当“外商”交易时，他们也仅对交易商品进行登记以备管理，而不征收任何税赋。《管仲·问》中载：“市者天地之财具也，而万人之所和而利也。关者诸侯之陬隧也，而外财之门户也，万人之道行也。明道以重告之：征于关者，勿征于市；征于市者，勿征于关。虚车勿索，徒负勿入，以来远人，十六道同。”齐桓公按照管仲的意见颁布了法令。在充分了解了齐国的“招商引资”政策之后，各国商人们也就嗅到了利润的味道，甚至来不及整理好衣带，就奔着齐都临淄去了，带给齐国巨大的财富。管仲还将便利商旅和减轻商税的经济政策订立到诸侯国会盟的盟约中。比如，在第三次甄会盟中，各诸侯国相互约定关税为市税的一半；在第四次幽会盟中，规定各诸侯国要“修道路，偕度量，一称数”；在恒公三十五年（前 651 年）举行的葵丘会盟中，则订立有“毋忘宾旅”和“无遏籴”的盟约。这些规定便利了商旅的往来，打破了闭关封锁的局面，有利于齐国发展经济贸易。管仲主持制定的政策不仅成就了齐国的霸业，也成就了一个伟大的商业传统，即在《管子·霸言》中所说的“以天下之财，利天下之人”。

中国古代思想家和统治者大多重视农业生产，而抑制发展工商业。但以临淄为都的齐国由一代名相管仲倡导，在注重农业的同时，积极支持和发展工商业，采取了很多积极的政策，吸引工商业者投资及贸易，带动了地方经济的发展，并最终确立了齐国的霸主地位。可以说，现代的改革开放和招商引资在很大程度上也是借鉴了管仲“凡治国之道，必先富民。民富则易治也，民贫则难治也”，“仓廪实则知礼节，衣食足则知荣辱”，“无市，则民乏矣”的思想。

第四章　齐鲁文化典籍

第一节　管仲学派经典

本节介绍《管子》。

管仲学派是中国古代学术发展史上的一个重要流派，它是一个由管仲及推崇其思想的历代学者构成，并受到官方扶持的历史悠久、阵容庞大的学术流派。它根植于齐文化的土壤中，对齐学的形成和发展起了重大作用。《管子》一书是管仲学派思想理论的集中体现。

《管子》是我国古代的重要典籍，是齐鲁文化的代表性著作。正如著名学者罗根泽所说："(《管子》)在先秦诸子，裒为巨帙，远非他书可及。……诚战国秦汉学术之宝藏也。"[①]用现代学科体系来解释的话，这部内容丰富的典籍涉及哲学、政治学、经济学、军事学、管理学和自然科学等多个学科门类。该书早在战国时就已流传开来，以致于《韩非子·五蠹》中记载有："今境内之民皆言治，藏

① 罗根泽：《管子探源》，岳麓书社2010年版，第3～4页。

商、管之法者家有之。”先秦两汉诸子多熟读该书，司马迁在《史记》中也曾列举其部分篇目。

关于《管子》一书的作者问题，目前学术界仍有争论。从已有研究来看，主要有以下几种看法：第一，管仲遗著论。持有该观点的学者认为，整部《管子》皆由管仲所著。在《韩非子》《史记·管晏列传》《管子叙录》《汉书·艺文志》等书中，韩非子、司马迁、刘向、班固等均持此说。第二，部分遗著论。该观点认为《管子》一书中既有管仲的著述，又杂有后人之作。西晋傅玄，唐代杜佑，宋代苏轼、叶适，清代顾炎武等皆持此论。第三，非管仲遗著论。该观点又可归纳为两种意见：一是伪托附会说。持有该观点的学者认为《管子》一书与管仲没有直接著述关系，系后人伪托之作。朱长春的《管子榷序》、黄云眉的《古今伪考补正》等，是此说的坚持者。二是管仲学派作著说。余敦康、王德敏主张此说，认为《管子》是由管仲学派相继完成的集体成果。

从目前学界对《管子》的研究来看，《管子》为管仲学派所著的观点，逐渐受到重视。张岱年曾指出说：“以前很多人不承认《管子》是一家之言，而认为多家言论的杂凑，其实是不理解《管子》学说的综合性和全面性。”“这些依托管仲、以管子名义著书立论的学者，可以称为管子学派。”[①]管仲学派世代沿袭、师承传授及《管子》非一时一人之作的特点，也为《管子》系管仲学派之作一说提供了有力佐证。

关于《管子》断代的问题，亦是众说纷纭。大致说来，主要有春秋说、春秋至战国说、春秋至秦汉说、战国说、战国至秦汉说、汉代说等。其中，除“春秋说”和“汉代说”已鲜有支持者外，其余诸说仍

① 张岱年：《管子学说的历史价值》，《管子学刊》1987年创刊号。

在争论之中。综合各类观点，大多数学者认为，《管子》完成于战国时代，在流传过程中又有所增益。

我们现在见到的《管子》一书，是西汉末年刘向奉命校书时编定而成的。全书共八十六篇，其中十篇有目无文，如果再除去以《史记·封禅书》中相关部分补上的《封禅》篇，实存七十五篇。

刘向按当时的分类方法，将《管子》八十六篇分为八个部分，依次是："经言""外言""内言""短语""区言""杂篇""管子解"和"轻重"。其中：(一)"经言"九篇：自《牧民》第一至《幼官图》第九，是全书最核心的部分，主要讲治国牧民的学说，以《牧民》篇最有代表性；(二)"外言"八篇：自《五辅》第十至《兵法》第十七，多为法家言论，如《法禁》《重令》《法法》等；(三)"内言"九篇：自《大匡》第十八至《戒》第二十六(其中佚亡一篇，有目无文)，多记述管仲辅佐齐桓公成就霸业的事迹，以《大匡》《中匡》《小匡》最为集中；(四)"短语"十八篇：自《地图》第二十七至《九变》第四十四(其中佚亡一篇，有目无文)；(五)"区言"五篇：自《任法》第四十五至《内业》第四十九；(六)"杂篇"十三篇：自《封禅》第五十至《问霸》第六十二(其中佚亡三篇，有目无文)。"短语""区言""杂篇"这三部分内容较杂，其中的《心术上》《心术下》《白心》《内业》被称为"《管子》四篇"，以论述黄老思想为学界所关注；(七)"管子解"五篇：自《牧民解》第六十三至《明法解》第六十七(其中佚亡一篇，有目无文)，是对《牧民》《形势》《立政》篇之"九败"一节、《版法》《明法》等篇章的解说；(八)"轻重"十九篇：自《巨乘马》第六十八至《轻重庚》第八十六(其中佚亡三篇，有目无文)，这是一组阐述"轻重"学说的财政经济论文。

《管子》的八个部分，又由多种不同的体裁组成。综观全书，主要有论文、问答、记述、疏解四类文体。其中，论文体在全书中占大多数，包括"经言""外言""短语""区言"的大部分篇章；其次为问答体，主要为假托桓公与管子问答构成的篇章；记述体集中在“内言”为多，以记载管仲言行为主；“管子解”诸篇和《宙合》等则属疏解体。此外，书中还有格言体（如《弟子职》）和纲目体（如《问》）等。《管子》一书包含如此丰富的体裁，堪称先秦诸子书之冠。

《管子》一书有着深邃的哲学思想。其哲学的最高范畴是“道”。“道”无形无声，因而超越了有形有声的万物，成为贯通万物、统摄一切的绝对存在。这一观点与老子、庄子相同。不仅如此，《管子》还认为，“道”即气，气既内在于身，又外在于天地之间。这是先秦时代许多思想家的共识。《管子》的独特贡献是进而提出了“精气说”。它认为“精”是构成世界万物的元素，而所谓“精”其实就是精气，就是变化多端的气。这是哲学上的一个重要命题。在中国古典哲学中，气是表示物质存在的范畴。“精气说”的一个重要特点是以气来解释道，赋予道以物质的意义，这使我国的本体论哲学水平提高了一个层次。此外，在认识论上，《管子》也有独到的贡献。它提出“所知”与“所以知”的观点，强调要重视认识主体的修养，力求排除主观的好恶，从而达到对于客体的正确认识。

《管子》的哲学贡献还表现在它的“阴阳五行说”的思想体系中。“阴阳说”与“五行说”最初为两个不同的体系，《管子》将二者相互融合，建立了一个以气为本原、以阴阳为“天地之大理”、融“阴阳说”与“五行说”于一体、并配以四时（春、夏、秋、冬）和五方（东、南、中、西、北）的“阴阳五行说”体系。《管子》把“阴阳五行说”与地学、生物学、农学、医学等自然科学紧密结合在一起，用阴阳五行来解释土壤、气候、动物、人体等现象，从而发展了中国古代科学。

《管子》的政治思想融合了儒、法、道特别是儒、法两家的观点，同时又有自己鲜明的特点，提出了兼重德礼与法治的全面治理思想。《管子》认为，为政者既要“公法行”，又要“有礼义”，法礼兼重，才是善为政者。这个学说可谓达到了先秦政治思想的最高水平。《管子》认为，治理的对象有人和物两方面，而人的因素重于物，从而把得人、用人和育人看成是治理好国家的决定因素，主张“以人为本”。《管子》还认为，要贯彻这一原则，最为重要的是顺民心，兴民德，对百姓施仁政，关心民众的疾苦，使其生活无后顾之忧。同时，即使民众的生活有了保障，也还要对全体成员进行道德教育，从精神上保证社会生活的安定。据此，《管子》以礼、义、廉、耻为国之“四维”，强调“四维不张，国乃灭亡”①，肯定道德与政治的统一，把通晓礼、义、廉、耻看成是维系群体生活的支柱。《管子》虽然重视民心，但认为法比民更重要。《管子》之所以重视法、教的统一，是因为其认识到二者对治国有相互补充、相互促进的作用。《管子》的这一关于礼法并用的政治思想，为战国后期的荀子所接受并有所发展，后来一直被历代封建统治者所袭用，作为治理国家的基本模式。

《管子》一书的突出特点是极为注重经济问题。书中对当时出现的几乎所有的经济现象，均进行了探究。全书有三分之二的篇幅涉及经济，三分之一的篇章专论经济问题。这不仅在先秦各学派中是绝无仅有的，即使在整个中国古代经济思想史上，也极为罕见。《管子》首先肯定经济对人们的思想起决定作用，在第一篇《牧民》中就明确提出“仓廪实则知礼节，衣食足则知荣辱”的卓越论断。治理国家必须先从经济入手，《管子》强调要以富民治国为目标，同时把礼、义、廉、耻定为巩固统治的四条原则。《管子》非常重视农业的根本地位，同时认为工商业也是财富的来源，主张大力发

---

① 黎翔凤：《管子校注》(上)，中华书局2004年版，第3页。

展工商。在商品经济方面，《管子》提出了轻重理论，认为货币和商品具有相反的轻重关系。运用商品货币关系来调节商品供求、调整市场价格和充实国家财政，是《管子》轻重论的基本思想。《管子》经济思想最为特殊之处，是其侈靡的消费观。这种消费观认为，国家在出现自然灾害、大量百姓衣食无着的时候，富者侈靡消费，可以让贫困的人有工可做，维持生计；在社会财富有相当积累的时候，要鼓励侈靡消费，以促进生产发展。总之，《管子》在经济思想方面的超前意识，特别是其中不少首创性的见解，使其成为中国经济思想史上一部杰出的著作。

《管子》的军事思想也具有丰富的内涵。在战争观的问题上，《管子》明确认为，“兵”就是“刑”，是一种依靠众力组织起来的暴力，是辅王成霸的工具，是“尊王安国之经”[①]。在“天下不顺”、你争我夺的形势下，军备是不可废除的，但亦不可热衷于扩军备战，必须坚持战争的正义性。同时，用兵必须懂得“道”，要按照战争的客观规律办事，全面考虑战争的利弊得失。战争的胜利虽是敌人的失败，但自己也得付出一定的代价，所以，进行战争必须懂得进退屈伸，不可超越客观规律允许的范围。可见，《管子》既认识到战争是一种实现政治目的的手段，强调军备不可废；又主张坚持战争的正义性，反对穷兵黩武，防止滥用兵力给国家和百姓带来灾难。这是《管子》在战争观上的一个卓见。《管子》极为重视军事谋略，认为“至善不战，其次一之”[②]，就是说两国交战，最好是不需打仗就能取得战争的胜利，其次是打一仗就能决定战争的胜败。而要取得战争的胜利，需要有坚强的经济后盾和良好的国际环境，对内要发

① 黎翔凤：《管子校注》（中），中华书局2004年版，第535页。

② 黎翔凤：《管子校注》（上），中华书局2004年版，第325页。

展生产、增强国力，对外要搞好外交、广结盟友。同时，还要做好战备，掌握敌情，这样才能掌握战争的主动权，甚至无需打仗就会使得敌方降服。

最早的《管子》注释本是唐代尹知章的注本(旧本多题“房玄龄注”)，后来有明朝刘绩的《管子补注》。清朝及近代学者王念孙、王引之、戴望、俞樾、孙诒让、张佩纶、章太炎等人在《管子》校释方面均有著作。20 世纪 50 年代，郭沫若撰成《管子集校》，集《管子》校释之大成。近年来，《管子》的注译本主要有赵守正的《管子注译》《管子通解》，姜涛的《管子新注》，李勉的《管子今注今译》等。

第二节　儒家经典

一、《春秋》

《春秋》是中国现存最早的一部编年体史书。春秋末年，孔子以鲁国历代史官记事之书为本，搜集各国史书，加以编订，定名为《春秋》，教授于学生。该书之所以取名“春秋”，原因有二：一是当时人普遍重视春、秋两季，一些重大事情如诸侯朝会周天子、重要祭祀或聚会等，都集中在此期间。以“春秋”命名史书，表示逐年记载四季之事。二是“春秋”本来是春秋时代各国史书的通称，那时不少诸侯国都有自己按年代记录下的国史，如《墨子·明鬼》就载有“周之《春秋》”“燕之《春秋》”“宋之《春秋》”“齐之《春秋》”等。墨子还曾说过：“吾见百国春秋。”到战国末年，各国史书先后失传，只有鲁国的《春秋》传了下来。今存《春秋》内容以鲁国为主，但又不局限于鲁国，还涉及鲁国以外的其他众多国家，对当时天下大势的演变情势也做了广泛记载。因此，它不是单纯的鲁国史，而更像是整个春秋时代的列国史。

《春秋》记事年代上起鲁隐公元年(前722年),下至鲁哀公十四年(前481年),历鲁国隐、桓、庄、闵、僖、文、宣、成、襄、昭、定、哀十二公,共二百四十二年,历史上把这一时期称为春秋时期。春秋时期是中国历史上社会大动荡、大变革的一个阶段,《春秋》一书既遵循了客观记事的优良传统,也暗含并贯穿了孔子的政治主张,即维护封建等级制度的“君君、臣臣、父父、子子”观念和“尊王攘夷”“大一统”的政治理念。孔子著述《春秋》的这种笔法又被后人称颂为“《春秋》笔法”“微言大义”。

《春秋》记载最多的是政治活动,其中又以各国之间的征战比重最大,占了全书的五分之二。此外,会盟、朝聘各占五分之一,其他则记有各国婚丧、祭祀以及日月食、星变、虫灾、地震、山崩、雨、霜、冰雹、水旱等自然现象,所有这些资料有着重要的史料价值。

《春秋》记事极为简约,每年分若干条,每条最长的不过45字,最短的仅有1字,大多寥寥数言。240多年的历史,记事1800多条,仅用了16000余字。因而没有注解就难以明白,于是孔子后学为之作“传”。《汉书·艺文志》就记载有《左氏传》30卷、《公羊传》11卷、《穀梁传》11卷、《邹氏传》11卷、《夹氏传》11卷。后邹氏、夹氏皆失传,仅存《左氏传》《公羊传》《穀梁传》,被称为“《春秋》三传”。这三传的内容大体相同,最主要的差异是《左氏传》用秦以前的古文写成,《公羊传》和《穀梁传》则用汉代的今文写成;《公羊传》和《穀梁传》两传记事只到鲁哀公十四年,《左氏传》则到鲁哀公十六年(前479年);《公羊传》和《穀梁传》在鲁襄公二十一年(前552年)记了“孔子生”,而《左氏传》中却没有。

《春秋左氏传》相传为鲁国史官左丘明为解《春秋》所作。西汉时称《左氏春秋》,东汉以后改称《春秋左氏传》,简称《左传》。《左传》记事基本以《春秋》所载鲁国十二公为次序，起自鲁隐公元年（前722年），但之前有鲁惠公生鲁隐公及隐公即位的说明，鲁哀公二十七年（前468年）之后，又附录了鲁悼公四年（前464年）至十四年晋国知伯被杀之事。故学界认为，《左传》的成书时间应在战国中期。

《左传》在“传”《春秋》时，一种重要的解释方法就是说明《春秋》的“书法”原则，用显白的语句讲明《春秋》表述的意义所在。《左传》还有大量的内容是用历史事实对《春秋》进行补充和说明，使《春秋》极其简略的记载变得详尽、具体，使人能够了解事情的本末。《左传》中还有大量的所谓“无经之传”，也就是说，《左传》中有不少《春秋》中没有记载的内容，这极大地丰富了春秋时期的历史资料。《左传》全书18万字左右，不仅记载了《春秋》所缺的许多重要史事，还对当时的礼仪规范、典章制度、社会风俗、民族关系、道德观念、天文地理、历时法令、古代文献、神话传说、歌谣言语都做了记述和评论。

《左传》叙事有条不紊，繁而不乱，其中关于战争的描写，历来备受称道。如城濮之战，在晋、楚争霸的背景下，将战争的远因近因、各国关系的组合变化、战前策划、交锋过程及战争影响，以简练严密的文笔，原原本本地交代给读者。同时，《左传》常常以较为细致生动的情节，塑造出栩栩如生的人物形象。这种叙事方法，无论是对后来的历史著作还是文学著作，都具有极为重要的意义。

《左传》强调等级秩序与宗法伦理，重视长幼尊卑之别。如《春秋》记隐公元年开头一句为“元年春王正月”，若依照《春秋》条例，鲁国国君即位元年，应该写“元年春王正月公即位”，而《春秋》中却没写“公即位”三字，《左传》对此解释说“不书即位，摄也”，因为隐公只是代桓公摄政，这种解释也就体现出了“《春秋》笔法”。

西晋杜预将本来分开的《春秋》和《左传》编在一起，加上前人的注释，称为《春秋经传集解》。唐代的孔颖达为杜预注作疏并附上陆德明的《左传音义》，称为《春秋左传正义》，今天我们在清人阮元的《十三经注疏》中看到的就是这个本子。《左传》在唐代被官方列入“十二经”，在宋代被列入“十三经”，一直流传至今。

《春秋公羊传》简称《公羊传》，西汉时亦称《公羊春秋》。《公羊传》的作者一般认为是战国时齐人公羊高，班固在《汉书·艺文志》中所著录的“《公羊传》十一卷”下自注曰：“公羊子，齐人。”唐代颜师古注曰：“名高。”杨士勋在《穀梁传序疏》中也说是公羊高。但因《公羊传》历经数代人的传习，已非一时一人之作，所以关于其作者，学界仍有争议。

《公羊传》除小部分以史实和文字训释来解经外，主要是以一问一答的形式探究《春秋》的微言大义。《公羊传》认为孔子将春秋历史划分为“传闻”“闻”“见”三个阶段，此说后又被阐发为“张三世”，即“据乱世”“升平世”“太平世”，而在政治进化的阶段不同，又有“存三统”(即“新周，故宋，以《春秋》当新王”)和“异外内”(“内其国而外诸夏，内诸夏而外夷狄”)的差别。至于“张三世”“存三统”中又包含了“天下远近大小若一”的“大一统”观念。汉代以董仲舒为代表的儒者结合当时建立封建集权的统一国家的需要，对公羊学思想作了发挥，强调君权神授、天人感应，借用“天不变，道亦不变”的理念，确立了维护封建等级秩序和政治伦理的“三纲五常”。特别是提出了被推崇为“天地之常经，古今之通义”的“大一统”思想，要求政治上推行君主专制的中央集权，经济上实行统一度量衡和赋税，思想上实行“罢黜百家，独尊儒术”等，对于促进和巩固封建国家的统一事业，意义尤为深远。我们现在常说的“小康社会”“大同世界”等观念就是根据《公羊传》提出又加以阐发的。因此,《公羊传》不仅是今文经学的重要经籍,同时还是研究先秦至秦汉儒家思想的重要资料,历代今文经学家也时常用它作为议论政治的工具。

汉代研究《公羊学》的代表学者有董仲舒、公孙弘等。董仲舒的思想代表了汉代公羊学的最高成就。东汉何休废章句之学,合《春秋》经与《公羊学》为一编,撰成《春秋公羊解诂》,后来唐代徐彦在此基础上作疏,著成《春秋公羊传注疏》,该书被定为科举考试的“九经”之一,在宋代又被定为“十三经”之一。

《春秋穀梁传》简称《穀梁传》,亦称《穀梁春秋》,是对《春秋》所做的阐释,为儒家经典之一。传说孔子的弟子子夏将《春秋穀梁传》的内容口头传给鲁国人穀梁赤。据后人考证,《穀梁传》书中曾引用公羊子的话加以辩驳,由此可见,其成书要较《公羊传》为晚,大约是在西汉景帝时候。

《穀梁传》共 20 卷,正文 2.3 万余字,记事起于鲁隐公元年,终于鲁哀公十四年。体裁与《公羊传》相似,多以自问自答的方式,逐层阐述《春秋》经义的“微言大义”,重在释义而不是叙事。这一点与《左传》差异颇大,故前人常称《左传》为史学,《公羊传》《穀梁传》为经学。但《穀梁传》也有一定的史料价值,如有关鲁国“初税亩”的记载,《穀梁传》就比《左传》记得详细些。其他可与《左传》相补充的史实还有不少,诸如《穀梁传》僖公二年(前 658 年)记虞师晋师灭夏阳,僖公十九年(前 641 年)记“梁伯湎于酒,淫于色,心昏,耳目塞”,最后导致梁亡等,是反映春秋时期社会情况的宝贵史料。

《穀梁传》解释《春秋》的用辞和文法,体现出一种准确、凝炼的文风。例如,《穀梁传》庄公七年(前 687 年),对经文“夏四月辛卯,昔,恒星不见”有细致的解释,反映了中国史学史上的优良传统。

《穀梁传》对于史学发展的意义,更重要的是在历史思想方面产生的影响。《穀梁传》主张“著以传著，疑以传疑”，指出史家应遵从忠实记载史实的原则，并能够将这一原则贯彻到自己的著作之中。如书中谴责宋襄公拘守成说，“失民”，“以其不教民战，则是弃其师也”等，均体现了上述忠实于历史的原则。

《穀梁传》用汉隶写成，与《公羊传》同为今文。在《公羊传》被立于学官后，经过穀梁学家的努力，也终于使《穀梁传》被立于学官。然而，《穀梁传》无论在汉朝还是之后，其影响均未超过《公羊传》。但从经学史的角度上，它们同为研究《春秋》学的重要史料，人们往往将《公羊传》《穀梁传》并提，相互参照。晋人范宁撰《春秋穀梁传集解》，唐朝杨士勋作《春秋穀梁传疏》，清朝钟文烝所撰《穀梁补注》是清代学者中注解《春秋穀梁传》的较好注本。

二、《论语》

班固的《汉书・艺文志》说：“《论语》者，孔子应答弟子、时人及弟子相与言而接闻于夫子之语也。当时弟子各有所记。夫子既卒，门人相与辑而论纂，故谓之《论语》。”《文选・辩命论》李善注引《傅子》也说：“昔仲尼既殁，仲尼之徒追论夫子之言，谓之《论语》。”由此可知，“论语”的“论”是“论纂”之意，“语”为语言之意。“论语”就是把“接闻于夫子之语”编纂起来的意思。由此可知，《论语》是记载孔子与其弟子、时人言行的一部语录体著作，成出时即被命名。

《论语》非一时一人之作。《论语》一书，篇幅不大，却出现了不少重复的章节。比如，“巧言令色，鲜矣仁”一章，先见于《学而》第一，又重出于《阳货》第十七；有基本上是重复只是详略不同的，如“君子不重”章，《学而》第一比《子罕》第九多出十一个字；有意思相同文字却有异的，如《里仁》第四说：“不患莫己知，求为可知也。”

《宪问》第十四又说:“不患人之不己知,患其不能也。”《卫灵公》第十五又说:“君子病无能焉,不病人之不己知也。”若加上《学而》第一的“人不知而不愠,不亦君子乎”,便是重复四次。对这种现象比较合理的推论是:孔子的言论,当时弟子各有记载,后来才汇集成书的。所以,《论语》绝不能看成是某一个人的著作。《论语》的作者中有孔子的学生。《子罕》第九记载:“牢曰:‘子云:“吾不试,故艺。”’”“牢”是人名,相传他姓琴,字子开,又字子张。这里不称姓氏只称名的记述方式和《论语》的一般体例不相吻合。因此,可以做这样的推论:这一章是琴牢本人的记载,他即是编辑《论语》的人。又《宪问》第十四之第一章:“宪问耻。子曰:‘邦有道,谷;邦无道,谷,耻也。’”“宪”是原宪,字子思。显然,这也是原宪自己的笔墨。

《论语》中不但有篇章出自孔子的不同学生之手,而且有的篇章还出自他的不同的再传弟子之手。这里面就有不少是曾参的学生的记载。如《泰伯》第八的第三章:“曾子有疾,召门弟子曰:‘启予足!启予手!’《诗》云:‘战战兢兢,如临深渊,如履薄冰。’而今而后,吾知免夫!小子!”这一章是曾参的门弟子的记载。而《先进》第十一“闵子侍侧”一章中,不但闵子骞称“子”,而且列在子路、冉有、子贡三人之前,这是令人难以理解的。以年龄而论,子路最长;以仕宦而论,闵子更赶不上这三人。他凭什么能在这一段记载上居于首位而且还得到“子”的尊称呢?合理的推论是,这也是闵子骞的学生把平日闻于老师之言追记下来而成的。

既然如此,《论语》的著作年代便有先有后。譬如“夫子”一词,早先一般指第三者,相当于“他老人家”,直到战国,才普遍被用来指称对话者,相当于“您老人家”。而《论语》中的“夫子”一般都是指“他老人家”,只有在《阳货》中的两处属于例外。由此可见,《论语》的著笔其间相距或者不止三五十年。《论语》一书的最后编定者，应是曾参的学生。原因有二：其一，《论语》不但对曾参无一处不称“子”，而且记载他的言行较孔子其他弟子为多。《论语》中单独记载曾参言行之处，共有13章。其二，在孔子的弟子中，曾参最年轻，但《论语》中专门有一章记载着曾参将死之前对孟敬子的一段话。孟敬子是鲁国大夫孟武伯的儿子仲孙捷的谥号，这一段记载当为曾子弟子在孟敬子死后所记。《论语》所叙的人物和事迹，没有比这更晚的。因此，《论语》的著笔当开始于春秋末期，而编辑成书则发生在战国初期。

《论语》传到汉朝，出现了三种不同的本子：《鲁论语》（以下简称《鲁论》）20篇；《齐论语》（以下简称《齐论》）22篇，其中有20篇的章句很多和《鲁论》相同，但是多出《问王》和《知道》两篇；《古文论语》21篇，没有《问王》和《知道》两篇，但是把《尧曰篇》的“子张问”另分为一篇，于是有了两个《子张篇》，其篇次和《齐论》《鲁论》不一样，相差400多字。《鲁论》和《齐论》最初各有师传，到西汉末年，安昌侯张禹先学习了《鲁论》，后来又讲习《齐论》，于是把两个本子融合为一，篇目以《鲁论》为根据，号为《张侯论》。张禹是汉成帝的老师，其时极为尊贵，所以他的本子便为当时一般儒生所尊奉。今天我们所用的《论语》，基本上就是《张侯论》。汉灵帝时所刻的《熹平石经》用的就是《张侯论》。《古文论语》是汉景帝时鲁恭王刘余在孔子旧宅壁中发现的，但在当时并没有得到传授。直到东汉末年，大学者郑玄以《张侯论》为依据，参照《齐论》《古论》，作了《论语注》一书。

由于《论语》是直接记载孔子的言行，且具有极大的可靠性，其在儒家文献中的地位自然十分重要。从汉代起，《论语》就被作为经书的辅翼，与“六经”并行。如《汉书·艺文志》“六经略”除著录

“六经”之外，附列的三种书，其中之一便是《论语》。同时，经师治《论语》者也有很多。东汉时《论语》开始被称为“经”，时人将之与《诗经》《尚书》《易经》《仪礼》《春秋》“五经”及《孝经》合称为“七经”。汉朝人所注释的《论语》现在基本上已全部亡佚，今日所残存的，以郑玄注为较多；其他各家，就多半只存于三国时期何晏所著的《论语集解》中。现在《十三经注疏》中的《论语注疏》就是用何晏的《论语集解》和宋人邢昺的《论语注疏》。南宋朱熹作《论语集注》，将《论语》列为“四书”之首，其地位被再度提高。可以说，自汉代以至近代新文化运动之前，在约 2000 年的历史中，《论语》一直是中国人的初学必读之书。《论语》作为孔子及其门人的言行集，内容十分广泛，多半涉及人类社会生活问题，对中华民族的深层心理结构及道德行为产生了重大影响。

《论语》全书共 20 篇、492 章，每一篇均是取第一章中的两三个字命名，篇名并无特殊意义；篇、章的排列也没有内容上的必然联系，各章各节独立成篇。大致内容如下：《学而》第一主要记孔子谈学习、孝道、修身等，有“务本”之意；《为政》第二主要记从政治国的方法和原则；《八佾》第三主要讲礼乐制度，涉及孔子对违反礼乐制度的行为的谴责和鞭挞；《里仁》第四主要讲仁德，重在阐述仁德的内涵以及实行仁德的方法和途径；《公冶长》第五主要是评议人物，其中包括孔门弟子和历史名人；《雍也》第六主要讲孔子对弟子及时人的品评；《述而》第七主要是孔子的自评，也涉及时人及弟子对孔子的品评；《泰伯》第八主要讲对历史人物，如尧、舜、禹等的品评；《子罕》第九主要讲孔子对弟子的劝勉和告诫，时人、弟子对孔子的评价；《乡党》第十主要讲孔子日常生活的种种行为，比如服饰、言语、动作、饮食起居等；《先进》第十一主要讲孔子对弟子的评价，其中既有整体性的评价，又有对个人的品评；《颜渊》第十二主要讲仁德，涉及仁德的本质以及实践仁德的方法等；《子路》第十三主要讲从政治国，侧重于执政者的道德修养、从政方法等；《宪问》第十四主要讲为仁从政的道理和原则，涉及孔子对古今执政者的评价；《卫灵公》第十五主要讲个人提高道德修养的方法和原则；《季氏》第十六主要讲孔子对政治现实的看法，又涉及交友处世的基本原则；《阳货》第十七主要讲孔子自己积极从政的一些经历，也涉及礼乐治国的具体做法；《微子》第十八主要讲隐士，涉及古代的名人，也有当代的无名氏；《子张》第十九主要记录孔门弟子的言行，如子张、子夏、曾子、子贡等；《尧曰》第二十主要讲古代的善政，如尧、舜、禹、汤、文王、武王的言论。

作为一部优秀的语录体散文集，《论语》以言简意赅、含蓄隽永的语言，记述了孔子及其弟子的言论。孔子对弟子循循善诱，谆谆教诲，或简单应答，点到即止；或启发论辩，侃侃而谈，富于变化，娓娓动人。其中，有许多言论至今仍被世人视为至理名言。

《论语》善于通过对神情语态的描写，展示人物形象。孔子是《论语》描述的中心，“夫子风采，溢于格言”[①]。书中不但有关于孔子的仪态举止的静态描写，而且有关于他的个性气质的传神刻画。此外，围绕孔子这一中心，《论语》还成功地刻画了一些孔门弟子的形象。比如，子路的率直鲁莽，颜回的温雅贤良，子贡的聪颖善辩，曾皙的潇洒脱俗……每一个无不个性鲜明，给人留下深刻印象。《论语》中的人物成为中国历史文化中的典型形象，对后世产生了深远的影响。

《论语》是一部反映我国传统文化的重要经典，具有重要的思想价值、文学价值和史料价值。梁启超在《国学入门书要目及其读

① 杨明照：《文心雕龙校注拾遗》，上海古籍出版社1982年版，第12页。

法》之(甲)类修养应用书类中,将《论语》列为第一,称它为“两千年来国人思想之总源”。季羡林曾说:“宋代赵普以半部《论语》治天下,从前年轻的时候我也很怀疑,我说一个人怎么能够以半部《论语》治天下呢?我到了望九之年了,我现在感觉到其实用不着半部《论语》,有几句话就能够治天下。例如像大家举的‘己所不欲,勿施于人’,这个想法,这句话能办到,我看不仅中国大治,世界也大治,世界和平就有了保证。这一句话就够了。”[①]由此足见,《论语》对历史所产生的深远影响及其存在的积极的现实意义。

关于《论语》的书,汗牛充栋,举不胜举。杨伯峻的《论语译注》是目前质量最高、流行较广的《论语》译注本,该书深入浅出,既可供专家作研究之用,又可供一般读者阅读。另外,朱熹的《论语集注》也是重要的参考资料。朱熹从《礼记》中抽出《大学》《中庸》,合《论语》《孟子》为“四书”,自己用很大功力作《集注》。从明朝至清末,科举考试题目都从“四书”中出,考生做文章也不能违背朱熹的见解,而谦称自己“代圣人立言”,可见其影响之大。

三、《大学》《中庸》

《大学》《中庸》均出自《礼记》,原本是《礼记》四十九篇中的第四十二篇和第三十一篇。《礼记》原名《小戴礼记》,又名《小戴记》,为汉宣帝时人戴圣所编,内容源自历史上遗留下来的一批佚名儒家的著作。据史学家班固在“《记》百三十一篇”下自注云“七十子后学者所记也”,他认为《礼记》各篇的成书年代主要分布在战国初期至西汉初期。

宋代程颢、程颐将《诗》《书》《礼》《易》《春秋》称作“大经”,将

① 季羡林:《季羡林谈东西方文化》,当代中国出版社2016年版,第204页。

《大学》《中庸》《论语》《孟子》称作"小经",并继续尊崇儒家经学的正统地位。朱熹将《大学》《中庸》从《礼记》中抽取出来,为之做章句,为《论语》《孟子》做集注,把它们编在一起,作《四书章句集注》,经此,《大学》《中庸》与《论语》《孟子》合称为"四书"。自宋以后,《大学》《中庸》成为科举考试的钦定科目。

至于《大学》和《中庸》的著作者,程颢、程颐认为《大学》是"孔氏之遗言也"。朱熹把《大学》重新编排整理,分为"经"一章,"传"十章,认为:"经一章盖孔子之言,而曾子述之;其传十章,则曾子之意而门人记之也。"就是说,"经"是孔子的话,曾子记录下来;"传"是曾子解释"经"的话,由曾子的学生记录下来。因此,按照传统说法,《大学》的传文是孔子弟子曾参所作,但这种说法与汉代戴德所编著的《大戴礼记》中《曾子立事》等篇所述不符。所以,《大学》的作者到底是谁,至今不明。《中庸》的作者相传是战国时孔子的孙子子思(名伋),汉代司马迁、郑玄均持该观点。至宋代,朱熹认为《中庸》的作者应该是子思及其弟子,但也有学者,如欧阳修,有不同意见。因此,我们只能说《大学》《中庸》成文年代当在秦汉之际,而《中庸》中可能有部分内容不是子思的直接著作。

在"四书"中,朱熹以《大学》《论语》《孟子》《中庸》来排列先后,作为学习儒家思想的"入道之序"。他说:"盖不先乎《大学》,无以提挈纲领而尽《论》《孟》之精微;不参之《论》《孟》,无以融贯会通而极《中庸》之归趣;然不会其极于《中庸》,则又何以建立大本,经纶大经,而读天下之书,论天下之事哉?"[①]在朱熹看来,《大学》是纲领,《中庸》是大本;二者同时又相互贯通。这就是他所谓的"《大学》是通言学之初终,《中庸》是直指本原极致处,巨细相涵,精粗相

---

① 参见(宋)朱熹:《朱子全文》第六册,安徽教育出版社2002年版,第515页。

贯，皆不可阙，非有彼此之异也”[①]。

《大学》在“四书”学中占据首要地位。朱熹对《大学》情有独钟，著有《大学或问》《大学章句》，而且还给“格物致知”一章补传，甚至在去世前几天都还在修改《大学》的注释，他说自己这辈子只读懂了《大学》一本书。《大学》对孔子代表的原始儒家思想做了一种体系化、结构化的概括和描述，以阐明儒家关于学习的内容、目标和为学的次序途径，旨在张扬儒家的君子修德之学和圣王的治政之道。

《大学》经文一章，被概括为“三纲领”“八条目”，强调修己是治人的前提，其目的是为了治国平天下，由此说明治国平天下和个人道德修养的一致性。“三纲领”，即“大学之道，在明明德，在亲民，在止于至善”。所谓“明明德”，就是将人所固有的天赋的光明道德发扬光大。所谓“亲民”，朱熹训为“新民”，意思是砥砺自己的美德，并推己及人，感染和影响他人，使其也做出改变。所谓“止于至善”，就是要达到儒家封建伦理道德的至善境界，即“为人君止于仁，为人臣止于敬，为人子止于孝，为人父止于慈，与国人交止于信”。这是《大学》提出的教育纲领和培养目标。“八条目”，即“古之欲明明德于天下者，先治其国；欲治其国者，先齐其家；欲齐其家者，先修其身；欲修其身者，先正其心；欲正其心者，先诚其意；欲诚其意者，先致其知；致知在格物”。这又可简称为“格物、致知、诚意、正心、修身、齐家、治国、平天下”。这是大学教育的具体步骤和顺序，其中以修身为中心，“自天子以至于庶人，壹是皆以修身为本”。修身是齐家、治国、平天下在逻辑、实践上的前提；同时，修身的要求遍及庶人，因而不仅是领导者的表率，还应成为每个人的义

① 参见（宋）朱熹：《晦庵集·晦庵先生朱文公文集》卷四六《答黄商伯》（四），四部丛刊初编本。

务。以之为本，其后的修行才有基础。“八条目”有时又被称为“内圣外王”，囊括了中国传统士大夫“善其身”与“济天下”两个基本的人生追求，在中国传统文化中有着特别的意义。

“三纲领”“八条目”互为表里，修身之前的格物、致知、诚意、正心是讲砥砺自己美德的过程，就是所谓的“明明德”；修身之后的齐家、治国、平天下是讲通过自己的言行来改变他人的过程，就是所谓的“亲民”。《大学》说“物有本末，事有终始。知所先后，则近道矣”，是指教育的原则和方法有本末、先后次序。其中，“明明德”是本，是起点；“亲民”“止于至善”是末，是终点。只有通过探明事理、诚实无欺、端正心术来改变自己的内心，才可能使自己的家庭和睦有序；只有使一个家庭和睦有序，才可能把一个国家治理得井井有条；只有把一个国家治理得井井有条，才可能使世界（天下）太平。此即《大学》所谓：“物格而后知至，知至而后意诚，意诚而后心正，心正而后身修，身修而后家齐，家齐而后国治，国治而后天下平。”

《大学》传文十章，其中传之首章，释明明德；传之二章，释新民；传之三章，释止于至善；传之四章，释本末；传之五章，盖释格物、致知之义，遗失不见，由朱熹补出；传之六章，释诚意；传之七章，释正心、修身；传之八章，释修身、齐家；传之九章，释齐家、治国；传之十章，释治国、平天下。文章在诠释中突出了《大学》这一理念：求圣人之道的关键是增强完善自我的自觉性。它从四个方面阐发了这一理念的涵义：首先，自我的完善是“自明”。所谓“自明”即“自觉”，就是说“明明德”是自我的觉悟，是内心意识到完善、发展自身的必要性。此外，“自明”的说法还指明了“明明德”不是将一种外在的行为规范强加给一个人，而是人固有的善性的发扬和发展。其次，道德修养是自我的无穷尽的更新过程。“新民”是为教化人民，这是力图更新他人的品质，然而如果引用商汤刻在浴盆之上用以自警的铭文"苟日新，日日新，又日新"来阐明《大学》中"新民"的概念，就可把这个概念定义为自我的更新和发展。这是一种积极的人生观，是鼓励发展和创新的哲学，它为自我创造开辟了新的空间。再次，《大学》指出了自我完善不是个体以冥思求顿悟，而是必须努力学习知识，增进学问，提高认识。同时，还必须通过艰苦的磨练，在实践中不断地增长才干，养成各种优良的品质。经过这样的修养和磨练，才能达到"道盛德至善"的地步。最后，主观意识要始终保持纯正的状态。只有心灵的自慊，才能排除做给别人看的矫饰、虚伪的自欺行为，达到"诚意"的目的，从而从根本上保证有一种自我完善的自觉性。

儒家政治哲学的基本观念是治理国家的根本原则，同治理家庭和对待他人的准则相一致。"治国必先齐其家。"在儒家看来，不能教育好家庭成员就不可能治理好国家的。一般认为在家中都不能实行仁义道德，在国家政治生活中也就不会讲仁义道德。因此，要首先在治家的过程中培育治国所需要的道德品质和才干。《大学》中指出："故君子不出家而成教于国。"另外，统治者通过治理好自己的家，树立一个榜样，整个社会就都来仿效，从而会产生巨大的社会效应。这就是《大学》中所说的："一家仁，一国兴仁；一家让，一国兴让。"反之，则是"一人贪戾，一国作乱"。同时，治国者要把家庭道德运用、推广到国家的政治生活之中，要以对家人的情感对待全社会的人，要在整个世界塑造家庭式的秩序与和谐。

《大学》全文文辞简约，内涵深刻，影响深远。全文主要概括总结了先秦儒家道德修养理论以及关于道德修养的基本原则和方法，对儒家政治哲学也有系统地论述，对人们做人、处事、治国等有深刻的启迪。

《大学》在历代的注本很多，主要有宋代朱熹的《大学章句》、真德秀的《大学衍义》，明代王守仁的《大学问》，清代陈确的《大学辨》、李塨的《大学传注》等。当前的通行本有清代阮元的《十三经注疏》校刻本。

《中庸》全文仅有三千多言，言简意赅。朱熹在整理此书时，将其分为三十三章。清代学者张岱又将每章的前几个字用作章名。全篇文章短小精悍，文笔凝练、犀利，结构严谨。全文的内容可分为两大部分：其一，孔子对中庸的阐释及达到中庸的途径；其二，子思对孔子中庸思想的继承和发展，其核心是“诚”的哲学。

《中庸》一文对于孔子的中庸思想有着重大发展。子思把孔子的“中庸”言论辑录在一起，并加以阐发，使中庸不仅成为道德规范，而且成为观察世界、处理问题的思想方法，甚至成为人们的世界观。《中庸·第一章》记载：“中也者，天下之大本也。和也者，天下之达道也。致中和，天地位焉，万物育焉。”这样中庸就成为宇宙的根本法则。

子思对中庸的含义做了新的解释。他说：“喜怒哀乐之未发，谓之中；发而皆中节，谓之和。”所以，郑玄注《中庸》说：“记中和之为用。”此处的“中”指的是喜怒哀乐未发时的内在潜伏状态，喜怒哀乐尚未发之时，自然不会出现有所偏倚的情形，也就无所谓过与不及，故称“中”。“和”就是“发而中节”，适合一定的度。“度”是指两种或多种不同事物的统一。《中庸》把这种“度”称为“节”。中节也就是标准的意思。

子思对中庸提出“时中”的思想。他说：“君子之中庸也，君子而时中。”朱熹认为“时中”是《中庸》的“大旨”，他说：“《中庸》一书，本只是说随时之中。”所以，“时中”是《中庸》之要旨，也是子思对“中庸”思想的一个重大发展。按照孔子的思想，“中庸”应该“度于礼”，但是以何时之礼为度则不清楚，有子思的“时中”作为补充说明，这个问题就迎刃而解了。既然是“时中”，当然就不是复古。所以，《中庸》认为：“愚而好自用；贱而好自专；生乎今之世，反古之道。如此者，灾及自身者也。”他直斥复古为愚贱，并且断然认为，这样下去会“灾及自身”。《中庸》的“时中”概念，正是对孔子的中庸思想的更加明确地表述和发展。

此外，子思还提出了一个与性、道相联系的“诚”。这涉及我国古代教育的内容与形式。而“诚”为何物呢？《中庸》认为：“诚者，天之道也；诚之者，人之道也。诚者，不勉而中，不思而得，从容中道，圣人也。诚之者，择善而固执之者也。”朱熹注释曰：“诚者，真实而无妄之谓，天理之本然也。”郑玄注释道：“诚者，天性也。诚之者，学而诚之者也。”《中庸》所说的“诚”就是“天道”。这种“天道”对圣人来说乃是“生知”，得之于天性，即所谓“不勉而中，不思而得”，也就是“自诚明”；对一般人来说，则是“学知”，得之于教育，即“自明诚”。由此看来，“诚”就是天赋人性的充分发挥。

《中庸》又说：“诚者，自成也；而道，自道也。诚者，物之终始，不诚无物。”这两句话的主要意思是：“中道”应被贯彻于事物之中，不符合中道，则事物也就不存在了。

子思提出的“中和”概念，其中的“中”字概括了儒家道德的两种含义：一是作为个人的某种主观状态，即含而不露的内在情感要求；二是作为现实中的社会关系，即表现为外部行为的“中节”。此二者是统一的，内心之“中”正是外部行为“中节”的前提，而行为的中于节，则是内心之“中”的外化和对象。

《中庸》一书正是在这样一种内与外的关系上，对儒家的中庸之道进行反复阐明。子思认为，道德修养首先要从人所不见的“慎独”工夫做起，“内省不疚，无恶于志”，达到内心的“诚”。由此出发，就能“微之显”，“暗然而日章”，渐渐外化为行动中的“时中”“中节”。《中庸》又提出要以“三达德”行“五达道”。“三达德”即“智、仁、勇”三个最基本的道德行为，“五达道”是指封建社会的五种伦理关系。以“三达德”行“五达道”，便是说内心道德修养与外部行为中于礼的关系。内心之“中”与外部行“中节”两者的统一，《中庸》称之为“合内外之道”“致中和”，认为这样一来，就可以使天地万物各得其所，君臣父子各得其所，于是便“天地位焉，万物育焉”。

总之，《中庸》一书极大地发展了孔子的中庸思想。第一，率性之谓道。《中庸》的开头三句话：“天命之谓性，率性之谓道，修道之谓教”，对儒家提出的性、道、教做了解说。第二，君子诚之为贵。诚是指真心实意地履行道德的信念。《中庸》讲诚，把诚看成是道德行为的根本，认为性、道、教三者依靠诚的信念才能发扬光大。所以，《中庸》把“诚”视为最高的道德境界和道德实践的动力。第三，君子慎其独。这是说在别人看不见、听不到的时候，在闲居独处的情况下，使自己的行为符合于道。第四，尊德性道问学。这也是讲修养方法问题，从天性至诚到明白了解是基于人的本性，从明白了解到达诚的境界，此之谓后天的教化。第五，极高明而道中庸。以中庸为道德行为的最高准则。

《中庸》的历代注本很多，重要的有宋代程颢的《中庸义》、程颐的《中庸解义》、朱熹的《中庸章句》，清代李塨的《中庸传注》、戴震的《中庸补注》，近代康有为的《中庸注》、马其昶的《中庸谊诂》、胡怀琛的《中庸浅说》等。通行本有清代阮元的《十三经注疏》校刻本。

四、《孟子》

和孔子相似，孟子也曾带领学生游历魏、齐、宋、鲁、滕、薛等国，并一度担任过齐宣王的客卿。由于其政治主张不被重用，所以便回到家乡聚徒讲学，与学生万章等人著书立说，《史记·孟子荀卿列传》记载孟子“序《诗》《书》，述仲尼之意，作《孟子》七篇”。今天我们所见的《孟子》共七篇，每篇分为上下，约三万五千字，一共二百六十章。全书目录为：《梁惠王》上、下；《公孙丑》上、下；《滕文公》上、下；《离娄》上、下；《万章》上、下；《告子》上、下；《尽心》上、下。《孟子》一书主要记载孟子一生的事迹，其所经历的历史事件以及所遇到的历史人物，并翔实地记载了孟子的主要言论，包括在政治、经济、哲学、教育等各方面的思想。但《汉书·艺文志》著录的是《孟子》十一篇，比现存的《孟子》多出四篇。东汉的经学家赵岐在为《孟子》作注时，对十一篇进行了鉴别，认为七篇为真，七篇以外的四篇为伪篇。东汉以后，这四篇便相继亡佚了。

关于《孟子》一书的作者，学界向来争论颇多，目前共有三种说法：一是孟子独著说，认为《孟子》乃是孟轲自己所著，东汉赵岐便持有此观点。此后亦有不少学者，如宋代朱熹赞同此说，并提供了一些证据。二是孟子弟子编定说，认为《孟子》实际上是孟子的门徒于其死后所共同记述整理而成的。最初提出这一观点的是唐代的韩愈和柳宗元，此后，宋代的晁说之、清代的崔述等人也都力主这个说法。三是师徒合著说，即司马迁在《史记·孟子荀卿列传》中所说的“(孟子)退而与万章之徒序《诗》《书》，述仲尼之意，作《孟子》七篇”。该观点认定《孟子》一书主要是孟子本人所写，但是其弟子也参与了《孟子》的最后修订和整理。这一观点在学术界得到较为普遍的认同。

赵岐在《孟子题辞》中把《孟子》与《论语》相比，认为《孟子》是“拟圣而作”。所以，尽管《汉书·文艺志》仅仅把《孟子》放在诸子略中，视其为子书，但实际上在汉代人的心目中已经把它看作为辅助“经书”的“传”书了。汉文帝把《论语》《孝经》《孟子》《尔雅》各置博士，统称“传记博士”。到五代后蜀时，后蜀主孟昶命人楷书“十一经”刻石，其中包括了《孟子》，这可能是《孟子》列入“经书”的开始。后来，宋太宗又翻刻了这“十一经”。到南宋孝宗时，朱熹在将《孟子》列入“四书”之中，做《四书章句集注》，正式把《孟子》提到了较高的地位。元仁宗皇庆二年(1312)规定科举考试必须在“四书”内出题，而且议论必须依照朱注。这样，《四书章句集注》便成为所有读书人的必读书目，《孟子》一书的影响也就非其他诸子百家可以同日而语了。

孟子所生活的战国中期较孔子生活的春秋末期更为混乱，社会更加动荡不安，思想也更加活跃。孟子一方面继承了孔子的思想，另一方面又有所发展，形成了自己的政治和学术思想。在政治思想方面，孟子明确主张“仁政”。他认为最理想的政治是“仁政”。孟子说：“先王有不忍人之心，斯有不忍人之政矣。”[①]所谓“不忍人之心”是一种同情仁爱之心，而“仁政”就是建立在在位者这种同情仁爱之心基础上的政治。这种政治要求君主将自己的同情心、自己的仁德推广，所谓“老吾老，以及人之老；幼吾幼，以及人之幼”[②]，由爱护自己的家人到爱护国民。孟子认为，只有这种政治才是真正理想的政治，唯有这种政治才能得到人民的真心拥护，才可以无敌于天下。基于此，孟子强调所谓“王道”政治和“霸道”政治的区别，他认为王道政治是以仁义统一天下，天下人自然归服，而霸道则是以武力取天下，终将失去人心。

孟子进而指出，要践行“仁政”，首先，君主或在位者要不断提升自己的道德修养。所以他讲：“惟仁者宜在高位。不仁而在高

① 万丽华、蓝勇译注：《孟子》，中华书局 2006 年版，第 69 页。

② 万丽华、蓝勇译注：《孟子》，中华书局 2006 年版，第 14 页。

位，是播其恶于众也。”[1]若君主仁德，在其影响下，天下百姓才会归于仁，才能实现大治。其次，实行仁政要做到亲民、富民。孟子认为，君主要实行“仁政”，要做到与民同乐。他说：“乐民之乐者，民亦乐其乐；忧民之忧者，民亦忧其忧。”[2]只有与百姓同甘苦才会得到他们的拥护。再次，实行“仁政”还须做到“尊贤使能，俊杰在位”[3]，这样才能保证“仁政”的实现。

孟子对君臣关系、君民关系的理解是独到的甚至革命性的。孟子明确讲：“民为贵，社稷次之，君为轻。”[4]他认为，君主应以爱护人民为先，为政者要保障人民权益，这在当时是一种很难得的民本思想。不仅如此，孟子甚至认为，如果君主无道，人民有权推翻政权。所以对于武王伐纣，孟子的评论是“闻诛一夫纣矣，未闻弑君也”[5]。这一思想是革命性的，他在当时能提出这种思想是值得称赞的。在君臣关系上，孟子一改臣子在君主面前唯唯诺诺的形象，旗帜鲜明地主张“君之视臣如手足，则臣视君如腹心；君之视臣如犬马，则臣视君如国人；君之视臣如土芥，则臣视君如寇仇”[6]。这一思想在当时也是绝无仅有的。正因如此，明朝朱元璋称帝后，对《孟子》一书中的很多思想极为不满，认为孟子的不少言论“非臣子所宜言”，故而命人删减《孟子》原文，并试图将孟子逐出文庙。

孟子在政治观念上表现得可谓是铮铮铁骨，他用自己的生命展现着知识分子的良知。孟子强调在权贵面前的“勇”，认为只要自己的想法和行为合乎理，即使是面对君主也可以毫不退缩。孟

---

① 万丽华、蓝勇译注：《孟子》，中华书局2006年版，第145页。

② 万丽华、蓝勇译注：《孟子》，中华书局2006年版，第29页。

③ 万丽华、蓝勇译注：《孟子》，中华书局2006年版，第67页。

④ 万丽华、蓝勇译注：《孟子》，中华书局2006年版，第324页。

⑤ 万丽华、蓝勇译注：《孟子》，中华书局2006年版，第38页。

⑥ 万丽华、蓝勇译注：《孟子》，中华书局2006年版，第171页。

子的“以德抗位”展现了儒者“勇”的一面，勇于为民请命的一面，因为在他看来，真正的大丈夫能做到“富贵不能淫，贫贱不能移，威武不能屈”[①]。

与“仁政”的政治哲学相对应，在人生哲学上，孟子持“性善论”的观点。所谓“性善论”，是说人性是善的，就像水自然往低处流一样。孟子认为，人生来都有最基本的天赋本性：“不忍人之心”“羞恶之心”“辞让之心”“是非之心”。这四种心就是仁、义、礼、智的萌芽，每个人都有这四种心（或称“四端”“良知良能”），因此孟子认为人性本善。当然，孟子主张的人性本善并不是说人自然就是善的，而是说这“四种心”只能作为萌芽或“善端”，人需要通过修养将其培养成为仁、义、礼、智之德。人如果能够积极培育这些“善端”或善的萌芽，也就是做好修养的工夫，就能成为有德之人；如果不能积极培育这四种心，则与禽兽无异。

孟子说：“我善养吾浩然之气。”[②]，其行文也是气势凌人。韩愈在《答李翊书》中说：“气，水也；言，浮物也。水大而物之浮者大小毕浮，气之与言犹是也。气盛则言之短长与声之高下者皆宜。”苏辙的《上枢密韩太尉书》讲得更明白：“文者气之所形；然文不可以学而能，气可以养而致。孟子曰：‘我善养吾浩然之气。’今观其文章，宽厚宏博，充塞乎天地之间，称其气之小大。”

历代均有人为《孟子》作注释，比较重要的有东汉赵岐的《孟子章句》和宋代朱熹的《孟子集注》。清代的焦循总结了前人的研究成果，撰成《孟子正义》一书，这是一部集大成的著作。今人杨伯峻的《孟子译注》是较好的入门读本。

---

① 万丽华、蓝勇译注：《孟子》，中华书局2006年版，第125页。

② 万丽华、蓝勇译注：《孟子》，中华书局2006年版，第57页。

五、《荀子》

荀子是百家争鸣的总结者，是先秦诸子学说的集大成者，其思想在先秦学术史上达到了一个崭新的高度。稷下学宫是荀子思想发展的舞台，作为稷下儒家的代表，他又是稷下学宫的“祭酒”，在齐国居住了数十年。荀子能够成为中国古代杰出的思想家，在哲学、经济、政治、伦理等多方面提出了许多著名的论断，这和他身处稷下学宫这个文化中心有关。荀子正是借助于稷下学宫而融会百家学说，形成了以儒家而又兼收其他各派精华的思想体系，从而成为集大成者。

荀子是一位百科全书式的学者，他的著作——《荀子》一书千百年来一直被人们所传诵和研究。在《荀子》一书中，荀子继续了对人性问题的思考，在孟子“人性善”的思想基础上，提出了“人性恶”的观点，从而为人性问题的讨论开辟了新的途径。荀子继续了天人关系问题的思考，认为“庄子蔽于天而不知人”[1]，提出“天人相分”“天行有常”“天命可制”等较为系统的天人关系观，从而奠定了中国古代“天人相分”说的基础。荀子同时继续了墨家关于逻辑问题的讨论，对“名”之的必要性、“名”之同异的根据、制名的基本原则等问题进行了深入地探讨，丰富和发展了先秦逻辑理论。荀子继续了关于礼的讨论，对礼的来源、礼的功用、礼的意义、礼的推行等问题进行了较深入地讨论，从而使先秦儒家对于礼的认识更加深入，进一步完善了关于礼的理论。荀子继承了孔子关于“儒”分类的思想，孔子曾有“君子儒”“小人儒”之说，荀子则把“儒”分为大儒、小儒、雅儒、俗儒等种类，凸显“大儒”乃是欲成为儒者之人的当

---

① (清)王先谦:《荀子集解》,中华书局 1988 年版,第 393 页。

然选择。荀子总结了先古时期的治国经验，提出了一系列富民强国的主张和策略，为丰富和发展中国古代政治思想做出了突出贡献。荀子继承了孔子的教育思想，提出了至今仍有现实价值的为学之法。总之，荀子思想涉及天人关系的处理、身心修养之方、治国安民之道、认识思维之法、为人处世智慧等诸多方面的形成。

《荀子》一书早期以单篇抄录的形式流传，共三百余篇，时名《孙卿书》。经西汉刘向整理校定，定著三十二篇，名《孙卿新书》。《汉书·艺文志》著录名《孙卿子》，即《荀子》。此三十二篇可分为三类：一类是荀子自著的二十二篇；一类是荀子的弟子所记录的荀子言行，共五篇；一类是荀子及其弟子所引用的材料，共五篇。全书目录如下：《劝学》第一、《修身》第二、《不苟》第三、《荣辱》第四、《非相》第五、《非十二子》第六、《仲尼》第七、《儒效》第八、《王制》第九、《富国》第十、《王霸》第十一、《君道》第十二、《臣道》第十三、《致士》第十四、《议兵》第十五、《强国》第十六、《天论》第十七、《正论》第十八、《礼论》第十九、《乐论》第二十、《解蔽》第二十一、《正名》第二十二、《性恶》第二十三、《君子》第二十四、《成相》第二十五、《赋》第二十六、《大略》第二十七、《宥坐》第二十八、《子道》第二十九、《法行》第三十、《哀公》第三十一、《尧问》第三十二。

《荀子》一书仿《论语》体例，始于《劝学》，终于《尧问》。其中，集中阐述自然观的有《天论》；阐述认识论、逻辑思想的有《解蔽》《正名》；阐述人性论的有《性恶》；阐述教育理论的有《劝学》《修身》；阐述军事理论的有《议兵》；阐述社会政治思想的有《礼论》《王制》《王霸》《富国》等；《非十二子》以是否符合封建统一原则为标准，对先秦诸子进行了政治性批判；《成相》以北方民歌的形式写就，运用说唱形式来表达为君、治国之道。

《荀子》是战国后期儒家学派最重要的著作，该对哲学、伦理、政治、经济、军事、教育乃至语言学、文学皆有精论，对中国社会影响深远。东汉王充的《论衡·自然》中“天地合气”“万物自生”的思想，唐代柳宗元《天说》中“功者自功，祸者自祸”的思想，刘禹锡的《天论》中“天与人交相胜”的思想，清初王夫之《张子正蒙注·太和》的“圣人之志在胜天”的思想等，无一不能从中看到荀子的“天人之分”“人定胜天”自然观的影子。此外，后世一大批文学家也从荀子的散文中汲取了丰富的营养。汉初政论家贾谊、晁错的政论散文明显受到了荀子的影响，唐代的柳宗元、刘禹锡和宋代的王安石等人的文章也都带有荀子的散文的风格。

郭沫若曾以孟子、庄子、荀子、韩非子为先秦散文的“四大台柱”，他指出：“孟文的犀利，庄文的恣肆，荀文的浑厚，韩文的峻峭，单拿文章来讲，实在是各有千秋。”[①]在艺术方面，荀子也取得了很高的成就。荀子首先是一个出色的散文家。他主张写文章要有文采，讲究语言的锤炼，注重文质并茂。荀子强调“言必当理”，语言文字一定要符合礼义，由此成为后世文学批评“文以明道”的滥觞。荀子的散文不但继承了《墨子》论说文逻辑性强、结构严密的特点，还在体制上、技巧上做了新的探索，把孔孟的语录体散文发展成了独立的长篇巨制式的专题议论文，对先秦诸子散文的发展做出了重要的贡献。荀子的散文脉络分明，长于议论，论证严密，气势磅礴，善用譬喻，言辞优美。善于用比，是荀子的散文最显著的特色之一。如《劝学》一篇，开头便一连用了五个比喻展开论证，说明后天学习的重要性，形象生动而又富有逻辑；后面论述学习专心致志的重要性，连用八个比喻，并与对比手法相结合，从正、反两面反复论证，层层剖析，极富感染力。像这样的取譬设喻，引物连类，在荀

---

① 郭沫若：《十批判书》，科学出版社1956年版，第186页。

文中比比皆是。此外,荀子还经常运用排比、对偶等修辞手法,使文章气势磅礴,富有节奏感和韵律美。

荀子又是一位优秀的辞赋家。其创作的《成相》和《赋》篇,已经是严格意义上的纯文学作品,在文学史上具有重要的地位。《成相》是荀子以民间通俗文学的形式,表达其政治思想的韵文,是抒写其内心愤懑的政治抒情诗。所谓“相”,是指古时的一种击打乐器,“成相”就是一边击乐,一边演唱的一种样式文本。其句式整齐而富有变化,以三字句、四字句和七字句为主,每节押韵,读起来朗朗上口,有人认为其是后世弹词之祖。《成相》一文直接影响了后来七言诗的出现,其长短句式对后代散文的发展也有重要的影响。荀子的《赋》篇是最早以“赋”命篇的文章,在赋体的发展史上占有重要的地位。《赋》篇语言质朴、平实雅正,描写生动形象,开后代咏物小赋之先河。其体物言志、托物以讽的写法,对后代赋家有很大的启示。

关于《荀子》一书,初经汉代刘向整理校定,名《孙卿新书》,凡三十二篇。唐中叶杨倞把三十二篇分为二十卷,对各篇次序也更新编排,并作《荀子注》,形成今本《荀子》的基本构架。经宋、明两代注家增补校订,至清代王先谦作《荀子集解》而集其大成。今有北京大学《荀子》注释组以王氏《集解》为底本,并吸取前人和现代人的研究成果,作《荀子新注》,可资参阅。另外,梁启雄的《荀子简释》、章诗同的《荀子简注》、张觉的《荀子译注》等均各具特色,也不失为了解荀子思想的较好注本。

第三节 墨家经典

《墨子》是阐述墨家思想的著作,是研究墨家学派的主要典籍,一般认为是由墨子的弟子及后学记录、整理、编纂而成。《墨子》所蕴含的思想内容丰富，是中国思想发展史上具有重要学术地位的著作。《墨子》的思想代表了广大劳动人民的利益和要求，也是劳动人民智慧的结晶。

墨家学派产生于春秋战国之际。当时诸侯割据，各霸一方，统治者奢侈淫靡，残酷地剥削和压制人民，致使国家混乱，民不聊生。随着地主阶级的兴起，阶级关系发生了重大变化，不同阶级出身的知识分子纷纷要求参与政治。各国的君主也都礼贤下士，招揽人才，知识分子阶层逐步扩大，由此墨家学派得以产生。当时的墨家弟子遍布天下，他们大多来自社会下层，过着极为俭朴的生活。

《汉书·艺文志》云："《墨子》七十一篇。"现存五十三篇，其余的十八篇，有的只见篇目，有的连篇目也已失传。《墨子》是一部墨家著作总集，但非一人一时之作。①

《墨子》全书按其篇目性质可以分为五部分：

第一，记载墨子主要思想的二十三篇。《鲁问》记载，墨子曾告诉弟子魏越说："凡入国，必择务而从事焉。国家昏乱，则语之尚贤、尚同。国家贫，则语之节用、节葬。国家意音湛湎，则语之非乐、非命；国家淫僻无礼，则语之尊天、事鬼。国家务夺侵凌，即语之兼爱、非攻。故曰，择务而从事焉。"墨子提出的这十大主张：尚贤、尚同、节用、节葬、非乐、非命、尊天、事鬼、兼爱、非攻，既是其针对当时不同国家弊病灵活运用的政治主张，又是其思想体系的主要组成部分。《墨子》一书中的这十大主张各为一章，原来都各有上、中、下三篇，今缺七篇，存二十三篇。从今所存有上、中、下的各

① 参见白寿彝主编：《中国通史》第三卷下册，上海人民出版社2015年版，第935页。

篇来看，文义大同小异，当系墨子的三个弟子记录并分别整理而汇编在一起的。

第二，记载墨子言行的十二篇。《耕柱》《贵义》《公孟》《鲁问》《公输》五篇，体裁跟儒家的《论语》相似，当为墨子弟子记载墨子言行之书，是研究墨子思想的重要史料。《法仪》《七患》《辞过》《三辩》四篇，亦记墨子之言，但记纂成篇的时间，当晚于上述五篇。至于《亲士》《修身》《所染》三篇，过去有不少治"墨子"的学者认为是儒家的伪窜，理由是"与儒言相近"。这一说法的根据只是这些篇中某些话好像是儒家的言词，而没有从思想体系上进行证明，因而很难服众。儒墨两家的时代相近，所使用的语言虽有时相同而含义却是各异。正如《韩非子·显学》所说："孔子墨子俱道尧舜，而取舍不同。"

第三，记载墨子后学诋斥儒家的《非儒》一篇。战国时期，儒墨两家齐名，但在一些重要论点上是相对立的。孔墨的后学亦互相诟毁。孟子为孔子的后学，以"能言距杨墨"为"圣人之徒"，是"闲先圣之道"。[1] 墨子的后学，也可能将非儒者作为墨子之徒，认为是在捍卫墨子之道。有人认为，《非儒》篇中没有"子墨子曰"，当不是记墨子之言；又"篇中所诋者为孔子及其弟子，而对反墨家最力的《孟子》却未提到，就认为《非儒》的成书可能早于《孟子》。这个说法的理由还不能算是充分。

第四，关于逻辑学、认识论和自然科学知识的记述有六篇：《经上》《经下》《经说上》《经说下》《大取》《小取》，收录于《墨辩》一书中。它们的基本思想具有墨家学派的传统，却又扬弃了"天志""明鬼"等一类宗教唯心主义的杂质。该六篇的内容涉及战国中期以

---

① 万丽华、蓝勇译注：《孟子》，中华书局2006年版，第138页。

后出现的问题，例如，对惠施、公孙龙一些观点的批判等。《墨辩》当是后期墨家的作品。

第五，《墨子》最后专门记述了守御之法，从《备城门》到《杂守》共有十一篇。墨子以善守御著称。这十一篇可能是墨家师徒关于这方面知识的汇编。

《墨子》一书具有很强的逻辑性，作者甚至建立并阐述了系统的逻辑思想，这也让此书成为先秦时期逻辑思想史的开山之作。当然。除了逻辑思想之外，此书还阐述了诸多思想，包括政治、伦理、哲学和军事等思想，具有极其重要的学术地位。

关于政治思想方面，《墨子》主张“用人唯贤”，坚决反对“用人唯亲”，这主要体现在《尚贤》《尚同》《非攻》《节用》《节葬》《非乐》等篇。在墨子看来，统治阶层应该为被统治阶层服务，因而从最高位置的君主到最底层的官职，都必须从下往上推举贤人来担任。对于各国之间的战争，墨子进行了严格的正义与非正义的界定，对于正义的战争坚决维护，对于非正义的战争则坚决抵制。此外，对于统治者奢靡的物质生活，墨子也提出了严厉批判，尤其是反对统治者为修建陵寝而大兴土木。

关于伦理思想方面，墨子主张兼爱、互利，即人不分高低贵贱，都要互利互爱，坚决反对恃强凌弱和以智诈愚等不良现象，这主要体现在《兼爱》《亲士》和《修身》等篇。比如，国君要爱护贤臣，慈父要爱护孝子；一个人在贫困的时候要独善其身，在富有的时候则要兼济天下，这样社会就会走向大同。应该说，墨子的伦理思想抹杀了阶级限制，说出了广大底层民众的心声。但是，这一思想基本脱离了社会现实，带有一定的空谈主义色彩。

关于哲学思想方面，墨子提出了“认识论”的概念，主张把知识分为“闻知”“说知”和“亲知”三个阶段，这主要体现在《非命》《贵义》《尚同》《天志》《明鬼》和《墨经》诸篇。其中，“闻知”是书本和老师讲述的知识，“说知”是学习者通过分析思考得到的理论知识，“亲知”是学习者通过实践得到的应用经验。

关于军事思想方面，墨子提出了“兼爱”和“非攻”等观念，即人人互爱互利和戒除相互攻击，这主要体现在《备城门》《备高临》《备梯》和《备水》等篇。由于墨子反对侵略战争，同时又不得不防备别国的攻击，所以他的军事理论以积极防御为主。这虽然契合了广大底层民众对战争的厌恶以及对和平的渴望的心理，但是从客观事实上来讲，未免显得有些片面，其结果往往给底层民众带来更加深重的苦难。

关于逻辑思想方面，墨子提出了“辩”“类”“故”等概念，同时这也是墨家学派后期的主要思想，这主要体现在《经》上、下，《经说》上、下，《大取》和《小取》等篇。墨家学派建立了极为严谨的逻辑理论，在我国逻辑思想发展史上具有开天辟地的意义，直到今天仍然是人们学习中国逻辑思想史的重要材料。

总而言之，《墨子》一书蕴含的思想极其丰富，是我国思想发展史上不可替代的学术巨著。时至今日，当我们运用现代的分析方法审视此书时，它仍然经得起反复推敲，同时给予我们许多的智慧和启发。

墨家学派主要反映了“农与工肆之人”，即公社农民的思想，受到了当时统治阶级的歧视，所以在《史记》中没被立传，只是在《史记·孟子荀卿列传》中，附带提到了他的名字。直到西晋时鲁胜才给《墨子》作注，时人称其注为《墨辩》。后来宋代乐台也给《墨子》作注，不过他所见到的《墨子》只有十三篇，即自《亲士》到《尚同》篇。鲁胜和乐台的注解，现已佚失。道教经典《道藏》收录了非儒家的先秦著作，其中就有《墨子》。由于经过一两千年的湮没,《墨子》一书错简脱简很多,煞是难读。清代的毕沅(实际上是孙星衍)首次对《墨子》全书做了一番整理和校勘工作。在此基础上,孙诒让作《墨子间诂》,疏证文字,颇为精详,流传也广。近人吴毓江校注的《墨子校注》,为《墨子间诂》作了不少补充,更便于阅读。

第四节　道家经典

《庄子》又名《南华经》,与《周易》《老子》合称"三玄"。唐代,《庄子》与《老子》《文子》《列子》并列为道教四部经典。《庄子》的完成,标志着先秦散文的语录体已经发展到了成熟阶段,也标志着先秦散文的最高成就。

《庄子》约成书于先秦时期,分内、外、杂篇,原有五十二篇,由战国中晚期逐步流传、揉杂、附益,至西汉时大致成型,然而当时流传的版本,今已失传。现仅存三十三篇,已经郭象整理,篇目章节与汉代亦有不同,其中内篇七篇、外篇十五篇、杂篇十一篇。全书以"寓言""重言""卮言"为主要表现形式,继承了老子学说而倡导相对主义,蔑视礼法权贵而倡言逍遥自由,内篇的《齐物论》《逍遥游》和《大宗师》集中反映了此种批判的哲学思想。行文汪洋恣肆,瑰丽诡谲,意出尘外。《庄子》全书以超越精神、博物审美、批判思维为特色,唐代成玄英云:"《庄子》内篇明于理本,外篇语其事迹,杂篇明于理事。内篇虽明理本,不无事迹;外篇虽明事迹,甚有妙理。"[①]故王叔岷先生认为,研习庄子当"破除内、外、杂篇观念"。

《庄子》一书的内篇有七,一般认为应是庄子所著,是庄子思想

① (晋)郭象注,成云英疏,曹础茎、黄兰发点校:《庄子注疏》,中华书局2011年版,第1页。

核心。该七篇可构成完整的理论体系，内七篇的篇目都为三字，与外、杂篇取各篇篇首两字为题不同，内篇篇目皆标明题旨。以下对内篇中各篇内容做简要概述：

《庄子·内篇·逍遥游第一》：本篇主要讲述上古时期的宇宙观以及上古时期的天文和历法。建立在这个基础上的作为《逍遥游》宇宙生成总论的鲲鹏变化寓言，深刻寄寓了作者关于万物皆有所待的思想。《逍遥游》作为庄子哲学的总纲，展现了庄子思想的境界与理想。

《庄子·内篇·齐物论第二》：《齐物论》有两种意涵，有学者认为是"齐物"之"论"，也有人认为是指"齐"诸"物论"。历来学者皆认为本篇是《庄子》思想最丰富而精微的一篇，因而也最难掌握，历代对于《齐物论》的注释、说解在庄学之中最为可观。庄子透过《齐物论》意图消解人类对于世俗价值的盲从与执着，解开了"儒墨之是非"等各种是非对立的学说论辨。

《庄子·内篇·养生主第三》：这是一篇谈养生之道的文章。"养生主"意思就是养生的要领。庄子认为，养生之道重在顺应自然，忘却情感，不为外物所滞。

《庄子·内篇·人间世第四》：本篇主要说人要有慈悲心和责任感。庄子以为人要有慈悲心和责任感，而又能"乘物以游心，托不得已以养中"。

《庄子·内篇·德充符第五》：本篇的"道德内全之无形符显"就是庄子所说的"德充符"，即认为人修道主要是修心，与身体健全与否没有太大关系，"道不在五形或肉身"。

《庄子·内篇·大宗师第六》：本篇讲的是道德与能力都达到顶点的真人或师者的心境，"若然者，其心志，其容寂，其颡頯，凄然似秋，暖然似春，喜怒通四时，与物有宜，而莫知其极"。

《庄子·内篇·应帝王第七》:本篇谈的是君主治理国家应该采用的方法,“正而后行,确乎能其事者而已矣”,“功盖天下而似不自己,化贷万物而民弗恃,有莫举名,使物自喜,立乎不测,而游于无有者也”,“游心于淡,合气于漠,顺物自然,而无容私焉,而天下治矣”。

外篇与杂篇被认为是后人托名所作,其目录包括:《外篇·骈拇》《外篇·马蹄》《外篇·胠箧》《外篇·在宥》《外篇·天地》《外篇·天道》《外篇·天运》《外篇·刻意》《外篇·缮性》《外篇·秋水》《外篇·至乐》《外篇·达生》《外篇·山木》《外篇·田子方》《外篇·知北游》《杂篇·庚桑楚》《杂篇·徐无鬼》《杂篇·则阳》《杂篇·外物》《杂篇·寓言》《杂篇·让王》《杂篇·盗跖》《杂篇·说剑》《杂篇·渔父》《杂篇·列御寇》《杂篇·天下》。

《庄子》继承了《道德经》的“道”说,并发扬光大,形成一套上究天道、下关人生的系统的哲学体系,其内容博大精深、包罗万象。无论从理论的思辨、体系的完备以及文采的瑰丽方面,庄子都超过道家哲学的创始人老子,也为其他诸子所望尘莫及。但《庄子》在先秦时期并没有多大影响,以致荀子批评庄子“蔽于天而不知人”。从魏晋开始,《庄子》开始渐渐走进中国知识分子甚至普通人的生活,人们在《庄子》中寻求超脱放达的人生态度,为谈玄偕隐的生活方式找到了理论根据。《庄子》中的美和思想也逐渐被人们认可,历代君臣都从中研修帝王之术、用兵之道、谋略之学,后人齐家修身也多能从中获得深刻的启示。《庄子》逐渐成为每个中国人心灵深处的安乐园,每一代人都会根据社会和自身需要对《庄子》进行不同形式的解读。对此闻一多可谓一语中的:“中国人的文化上永远留着庄子的烙印。”[①]

在某种程度上说，《庄子》的文学价值甚至超过其哲学价值。《杂篇·天下》中自称其创作方法是“以卮言为曼衍，以重言为真，以寓言为广”，《庄子》大都是用“三言”笔法，其中寓言是最主要的表现方式。庄子较少直接发表自己的观点，他将寓言连缀成篇，让读者从寓言故事中体味其中的哲理，如《逍遥游》《人间世》《德充符》《秋水》等篇。《庄子》中的寓言不仅数量多，而且表现出了超常的想象力，构成了奇特的形象世界，如魍魉可以问影，骷髅能够论道，蝶与庄子互化，木鸡以德全而胜等，具有散文诗般的艺术效果。在《庄子》之后的诸子散文中，几乎没有一部著作中没有寓言。同时，《庄子》的文字如行云流水，汪洋恣肆，变化无端，善于运用各种修辞手法，比喻、夸张、拟人、排比、对偶等层出不穷，形成一种自然流畅、瑰丽华美、跌宕变化、摇曳多姿的语言风格，极具浪漫主义的艺术风格，对后世的诗歌、散文、赋、小说的创作都产生了巨大的影响。唐代大诗人李白的诗作中常有《庄子》中的题材，如其《大鹏赋》中即取材于庄子的《逍遥游》；唐代古文运动的发起人韩愈与柳宗元，在提倡学习先秦两汉古文的同时，极力推崇《庄子》，主张“博取兼资”的浪漫主义表达技巧。尤其值得一提的是，郑板桥的美学思想和艺术追求与《庄子》的浪漫主义一脉相承，他的诗词书画，无不闪烁着《庄子》中的浪漫主义的奔腾不羁，正是这种艺术特征成就了郑板桥独特的风格。[②]

---

① 《闻一多全集》第二卷，三联书店 1982 年版，第 280 页。

② 参见娥满等：《阅古拾珍——大学生必读的 36 部国学经典》，云南大学出版社 2016 年版，第 17 页。

第五节　兵家经典

一、《六韬》

《六韬》是中国古代著名的兵书，宋代颁定的“武经”之一，旧题周吕尚撰。吕尚，姓姜，字子牙，周人称之为师尚父或太公望，为周初军事家、谋略家。然而，“古未尝有著述之事也”，[①]就是说，周初尚未出现个人著述，所以《隋书·经籍志》题“周文王师吕望撰”，显系托名。它的真正作者已不可详考，但根据《汉书·艺文志》将其列于道家类，而“道家者流，盖出于史官。历记成败、存亡、祸福、古今之道，然后知秉要执本”[②]，以及其内容“规模阔大，本末兼该”[③]而又多史实记述等方面推测，该书很可能出自后世史官们的手笔。

关于《六韬》的篇目，《汉书·艺文志》著录为八十五篇，今存宋刻“武经七书”本只六十篇，分为六卷，包括《文韬》《武韬》《龙韬》《虎韬》《豹韬》《犬韬》，各卷具体情况如下：

《文韬》：该卷包括《文师》第一、《盈虚》第二、《国务》第三、《大礼》第四、《明传》第五、《六守》第六、《守土》第七、《守国》第八、《上贤》第九、《举贤》第十、《赏罚》第十一，主要讲述治国用人的政治战略。

《武韬》：该卷包括《发启》第十二、《文启》第十三、《文伐》第十四、《顺启》第十五、《兵道》第十六、《三疑》第十七，着重论述如何用

---

① (清)章学诚：《文史通义》，古籍出版社 1956 年版，第 18 页。

② (汉)班固：《汉书》，中华书局 1962 年版，第 333 页。

③ 中国兵书集成编委会编：《中国兵书集成·武经七书汇解》，解放军出版社 1992 年版，第 3 页。

兵的军事战略。

《龙韬》:该卷包括《王翼》第十八、《论将》第十九、《选将》第二十、《主将》第二十一、《将威》第二十二、《励军》第二十三、《阴符》第二十四、《阴书》第二十五、《军势》第二十六、《奇兵》第二十七、《五音》第二十八、《兵徵》第二十九、《农器》第三十,主要阐述军队的组织和奖惩、将帅的选拔和修养、军事秘密通讯、奇兵的运用、侦伺敌军的方法以及兵农合一的思想。

《虎韬》:该卷包括《军用》第三十一、《三阵》第三十二、《疾战》第三十三、《必出》第三十四、《军略》第三十五、《临境》第三十六、《动静》第三十七、《金鼓》第三十八、《绝道》第三十九、《略地》第四十、《火战》第四十一、《垒虚》第四十二,主要讲述各种特殊天候、地形及其他不利条件情况下的进攻和防御战术,并记述了古代武器装备的种类、形制、配制、作用和一般布阵原则。

《豹韬》:该卷包括《林战》第四十三、《突战》第四十四、《敌强》第四十五、《敌武》第四十六、《乌云山兵》第四十七、《乌云泽兵》第四十八、《少众》第四十九、《分险》第五十,主要讲述森林、山地、河流、险隘地区作战和防敌突袭、夜袭以及遭遇战的战术。

《犬韬》:该卷包括《分合》第五十一、《武锋》第五十二、《练士》第五十三、《教战》第五十四、《均兵》第五十五、《武车士》第五十六、《武骑士》第五十七、《战车》第五十八、《战骑》第五十九、《战步》第六十,主要论述军队的指挥调动、击敌时机、练兵方法、步车骑兵的组织协调和各自的战法等。

《六韬》既继承了以前的兵家的优秀思想,又兼采诸子之长,所以思想内容很丰富。《六韬》在政治战略思想方面主张“同天下”“天下同利”,反复强调“天下非一人之天下,乃天下人之天下”,“同天下之利者则得天下。擅天下之利者则失天下”;主张“重民”“利民”，认为天下是属于民众的，因此“取天下”必须得到民众的拥护，强调“国之大务”在于“爱民”，要使“万民富乐而无饥寒之色”；强调“善于不争”，“削心约志”，其实质是轻徭薄赋，要求君主清静寡欲，不与民争利，“无取民者，民利之”，最后达到“取民”的目的；认为“上贤，下不肖”是治国之要道，具体阐述了举贤的标准和方法。《六韬》中明确提出了不能重用的十三种奸人，即“六贼七害”；认为“凡用赏者贵信，用罚者贵必”，提出了“杀贵大，赏贵小”的重要原则。

在军事方面，《六韬》主张“伐乱禁暴”，“上战无与战”，强调“知己知彼”，“密察敌人之机”，“形人而我无形”，“先见弱于敌”。《六韬》要求战争指导者能依据实际情况，灵活运用战术，打击敌人。《六韬》重视客观环境对战术的影响，特别是地形、天候对战术的影响。它总结了各兵种的特点，具体指导他们采取有效的战略战术；重视对兵器的使用，取其所长，避其所短，真正做到人尽其才，物尽其用。对于秘密通讯，《六韬》也做了详细的说明，对将帅也提出了一定的要求，并提出了考察将帅的八条方法，即所谓的“八征”。

《六韬》是宋代颁定的“武经七书”之一，是先秦兵书中的集大成之作，受到历代兵家的重视。它不仅文武齐备，在政治和军事理论方面往往发前人所未发，而且保存了丰富的古代军事史资料，如编制、兵器和通讯方式等，具有重要的理论价值和史料价值。

《六韬》在国外亦颇受重视。日本战国时代的足利学校（武将顾问资格的养成所）就曾把《六韬》与《三略》定为该校的主要教科书。据有关书目记载，日本仅研究译解《六韬》的著作就有三十多种。西方首次翻译的中国兵书共四种，合称《中国军事艺术》，该书于1772年在法国巴黎出版，《六韬》就是其中一种。此外，朝鲜、越南等邻国也相继翻译和出版了《六韬》。

二、《孙子兵法》

《孙子兵法》，又称《孙武兵法》，先秦兵家代表作。作者孙武，字长卿，齐国乐安（今山东惠民）人，春秋末期杰出的军事学家，因擅长用兵作战，并著有军事论著《孙子兵法》而被后人尊为“兵圣”。《孙子兵法》至今已有 2500 年历史，是中国现存最早的兵书，也是世界上最早的军事著作，被誉为“兵学圣典”。

《孙子兵法》全书十三篇，其内容主要包括：

《孙子兵法》的第一部分讲的是战略运筹，包括第一至第三篇。《始计篇》第一，讲的是庙算，即出兵前在庙堂上比较敌我的各种条件，估算战事胜负的可能性，并制订作战计划。《始计篇》也可简称为《计篇》，是《孙子兵法》的第一篇。“计”的本义是计算、估计，在这里指战前的战略谋划。作为《孙子兵法》的首篇，其在一定程度上可以被视为对孙子卓越军事思想的高度浓缩和精辟概括，它从宏观上对决定战争胜负的政治、军事等各项基本条件进行了比较、分析和研究，并对战争的发展进程和最终结局进行了预测，尤其强调用兵前的周密谋划对战争胜负的决定作用。其中，“慎战”是孙子指导战争实践的基本主张，“五事七计”是他用以预测战争胜负的基本要素。“兵者，诡道也”则指出了用兵的要领，须运用智谋。“慎战”“五事七计”“诡道十二术”等都是我国古代最早的战略概念，属庙算的具体内容。《作战篇》第二，讲的是庙算后的战争动员及取用于敌，胜敌益强。“作”是“制造”“兴起”之意。“作战”在这里不是指战争，而是指战争前的准备和筹划，属于“未战而庙算”的范畴。本篇继《计篇》之后，在“慎战论”思想的指导下，着重分析了战争与经济的关系，战争依赖于经济，但会对经济造成一定程度的破坏。《谋攻篇》第三，讲的是以智谋攻城，即不专用武力，而是采用各种手段使守敌投降。

《孙子兵法》的第二部分为作战指挥，包括第四至第六篇。《军形篇》第四，讲的是具有客观、稳定、易见等性质的因素，如战斗力的强弱、战争的物质准备。《兵势篇》第五，讲的是指主观、易变、带有偶然性的因素，如兵力的配置、士气的勇怯。《虚实篇》第六，讲的是如何通过分散集结、包围迂回，造成预定会战地点上的我强敌劣，以多胜少。

《孙子兵法》的第三部分为战场机变，包括第七至第九篇。《军争篇》第七，讲的是如何"以迂为直""以患为利"，夺取会战的先机之利。《九变篇》第八，讲的是将军根据不同情况采取不同的战略战术。《行军篇》第九，讲的是如何在行军中宿营和观察敌情。

《孙子兵法》第四部分为军事地理的内容，包括第十到第十一篇。《地形篇》第十，讲的是六种不同的作战地形及相应的战术要求。《九地篇》第十一，讲的是依"主客"形势和深入敌方的程度等划分的九种作战环境及相应的战术要求。以上两篇是军事地理。

《孙子兵法》的第五部分主要讲述了特殊战法，包括第十二、第十三篇。《火攻篇》第十二，讲的是以火助攻与"慎战"思想。《用间篇》第十三，讲的是五种间谍的配合使用。

《孙子兵法》曾被誉为"前孙子者，孙子不遗；后孙子者，不遗孙子"。它所阐述的谋略思想和哲学思想，被广泛地运用于军事、政治、经济等各领域中。其内容博大精深，思想精邃富赡，逻辑缜密严谨。《孙子兵法》有丰富的辩证法思想，书中探讨了与战争有关的一系列矛盾的对立和转化，如敌我、主客、众寡、强弱、攻守、胜败、利害等。《孙子兵法》正是在研究种种矛盾及其转化条件的基础上，提出其战争的战略和战术的。这当中体现的辩证思想，在中国辩证思维发展史中占有重要地位。《孙子兵法》以其谈兵论战，集“韬略”“诡道”之大成，被历代军事家广为援用，《孙子兵法》以其缜密的军事、哲学思想体系，深远的哲理和变化无穷的战略战术，常读常新的探讨韵味，在世界军事思想领域也拥有广泛的影响，享有极高的声誉。

《孙子兵法》是美国西点军校和哈佛商学院高级管理人才培训必读教材，深深影响了包括亚洲、美洲、欧洲等在内的世界知名人士，成为其人生成功的重要法宝。该书被翻译成英、俄、德、日等20多种语言，全世界发行有数千种关于《孙子兵法》的刊印本。

三、《孙膑兵法》

《孙膑兵法》是战国时期兵家的代表作，孙膑撰。孙膑，战国时齐国阿、鄄之间（今山东省阳谷县东南）人，为孙武的后世子孙。孙武死后百余年而孙膑生，孙膑的生卒年不可详考，约与商鞅、孟轲同时期。他是中国古代著名的军事家和兵法家。“尝与庞涓俱学兵法。”[①]孙膑聪慧好学，深得先祖孙武在兵法上的真传。故遭到魏国将军庞涓的嫉妒，孙武被骗至魏国惨遭陷害，“断其两足而黥之”[②]，成为“刑残之人”。后逃回齐国，经田忌推荐，受到齐威王的重用，被任为军师。他帮助齐国打胜了著名的桂陵之战和马陵之战，“以此名显天下，世传其兵法”[③]。之后，便不知所终。

《孙膑兵法》又称《齐孙子》。《史记》称“世传其兵法”，“孙子膑脚，而论兵法”。《汉书·艺文志》著录有“《齐孙子》八十九篇，图四卷”。《汉书·陈汤传》引有《孙膑兵法》的“客倍而主人半，然后敌”，说明西汉时《孙膑兵法》尚在流行。但因历史上的种种原因，

---

① （汉）司马迁：《史记》，线装书局2006年版，第288页。
② （汉）司马迁：《史记》，线装书局2006年版，第288页。
③ （汉）司马迁：《史记》，线装书局2006年版，第288页。

东汉以后便已失传了，引起后世的种种猜测。有的说孙膑即孙武，有的说《孙膑兵法》即《孙子兵法》。总之，多数观点是否定两个孙子和两部兵法的同时存在，否定《汉志》著录的"《齐孙子》八十九篇，图四卷"。直至1972年，《孙膑兵法》与《孙子兵法》及其它先秦兵书同时从山东临沂银雀山西汉前期墓葬中被发现，才解决了历史上这一悬案。[①]

银雀山汉墓出土的竹简《孙膑兵法》，由于年代久远和发掘上的原因，已经残缺不全，不能见其全貌。经过考古学家们的精心整理，共得残简三百六十四枚，一万一千余字，三十篇，为上、下两编，其内容为：

上编：(1)《擒庞涓》，记述孙膑在"围魏救赵"之战中，用避实击虚，"攻其必救"等战法，于桂陵大破魏军，俘获庞涓的事迹；阐述孙膑战略战术思想。(2)《见威王》，记载有孙膑初见齐威王时，陈述自己对战争的看法。(3)《威王问》，记载有孙膑与齐威王、田忌关于用兵问题的问答，讨论了在敌我兵力对比不同的情况下的用兵原则和方法，提出兵之急为"必攻不守"。(4)《陈忌问垒》，记田忌与孙膑的问答，主要追述了马陵之战的战略战术部署。(5)《篡卒》，即《选卒》，主要讨论关系战争胜负的有关重要因素。(6)《月战》，讨论日、月、星辰与战争胜败的关系，强调"间于天地之间，莫贵于人"。(7)《八阵》，提出了选将的条件，论述了用"八阵"作战的原则和方法。(8)《地葆》，从军事上论述各种地形的优劣。(9)《势备》，用形象的比喻说明了阵、势、变、权四者在军事上的重要作用。(10)《兵情》，说明卒、将、主在战争中各有各的作用，缺一不能制胜。(11)《行篡》，论述怎样使士卒和民众在战争中各尽其

① 参见许保林：《中国兵书通览》，解放军出版社2016年版，第90页。

力。(12)《杀士》,仅残存两简,意为信赏必罚,激励士卒拼死作战。(13)《延气》,论述激励士气、鼓舞斗志的重要性。(14)《官一》,主要论述各种军事措施及阵法的作用或适用的场合。(15)《强兵》,记述了齐威王与孙膑之间关于富国强兵的问答。

下编:(16)《十阵》,论述了十种阵法的特点、作用和布列方法。(17)《十问》,讨论了敌我双方兵力对比的各种不同情况及如何实施不同的作战方法。(18)《略甲》,简文残缺严重,主要内容已无法辨识。(19)《客主人分》,论述兵多、粮足、武器精良不足恃,只有掌握了战争规律和战争指导规律,即"知道",才能保证自己取得战争的胜利。(20)《善者》,主要说明善战者在作战时能使自己处于主动而陷敌于被动。(21)《五名五恭》,论述用不同的战法对付不同的敌军和军队,在进入敌方境内时,"恭""暴"两种手段要交替使用。(22)《兵失》,分析作战失利的各种因素,变不利为有利。(23)《将义》,提出将帅要具备义、仁、德、信等品质。(24)《将德》,论述将帅要具有爱兵、敬兵、秉公与赏罚分明等品德。(25)《将败》,列举将帅身上易导致战争失败的二十种缺点。(26)《将失》,列举分析了造成将帅作战失利的三十二种情况。(27)《雄牝城》,论述攻城的难易及其在地形上的特点。(28)《五度九夺》,论述如何避免作战时的不利条件,争取有利条件。(29)《积疏》,主要论述积疏、盈虚、众寡等矛盾的辩证关系。(30)《奇正》,阐述奇正的相互关系和变化以及如何运用奇正的原则来制胜。

《孙膑兵法》在继承《孙子兵法》的前提下,总结以前的战争经验,结合战国中期的战争特点,提出了很多有价值的军事理论。书中认为,解决战争的方法是不能依靠和平手段的,要想制止战争,就必须通过战争的手段,只有在取得胜利的情况下,才能获得和平。在战略战术上,书中强调对战争规律的认识和掌握,主张要根据客观条件的不同来使用不同的战术，作战时应主要攻击对方防守薄弱的部分。此外，书中还十分强调“人”的作用。《孙膑兵法》一书具有极高的军事学术研究价值，书中在阐发其军事理论时，也对古代的很多战争有所记载，因此具有很高的史料研究价值。

第六节　其他经典

一、《晏子春秋》

《晏子春秋》是一部记述春秋后期齐国著名政治家、思想家晏子的言行事迹的古典文献，是研究其本人以及当时社会历史的重要资料。晏子，名婴，字平仲，夷维（今山东高密）人，先后事齐国的灵公、庄公，相景公，前后五十余年。《晏子春秋》所记载的事情主要发生在齐景公时期。

《晏子春秋》共八卷，分为内篇和外篇两个部分，内篇六卷，即刘向所谓的“义理可法，皆合《六经》之义”者，有《谏上》《谏下》《问上》《问下》《杂上》《杂下》等卷；外篇二卷，即刘向所谓的“复重，文辞颇异”及“颇不合经术，似非晏子言，疑后世辩士所为者”[①]各一篇。全书共二百一十五章，各章长者数百字，短者几十字。这些篇章既有历史上真实的晏子的言论和事迹，又杂合了大量民间传说，记载了晏子的思想言行，塑造了晏子这位为政贤明、堪称楷模的杰出政治家形象。

《晏子春秋》一书的作者及成书年代，自古以来颇多争论。唐代以前，一般都认为《晏子春秋》是晏婴自著。自从柳宗元提出怀

① 严可均辑：《全上古三代秦汉三国六朝文》第1册，中华书局1958年版，第602页。

疑后，历代学者对于《晏子春秋》的作者问题各抒己见，概括起来大致有以下五种看法：一是晏子即晏婴说。《别录》《七略》《汉书·艺文志》《隋书·经籍志》《通志·艺文略》《旧唐书·经籍志》《新唐书·艺文志》《崇文总目·儒家类》《直斋书录解题·儒家类》等历代目录学著作都持有此观点。二是齐国墨子之徒说。唐代柳宗元认为："司马迁读《晏子春秋》，高之，而莫知其所以为书。或曰晏子为之而人接焉，或曰晏子之后为之，皆非也。吾疑其墨子之徒有齐人者为之，……盖非齐人不能具其事，非墨子之徒则其言不若是。"①三是齐国或久住齐国之人说。高亨认为："作者当是齐国人，或久住齐国的人。当时齐国有自己的史书，而民间和士大夫间，有许多关于晏婴的传说。作者大概是根据传说及史书而写成的。"②四是秦博士淳于越说。吴则虞提出："《晏子春秋》的成书，极有可能就是淳于越之类的齐人在秦国编写的。"③董治安的《与吴则虞先生谈〈晏子春秋〉的时代》、谭家健的《〈晏子春秋〉简论——兼评〈晏子春秋集释·前言〉》等论文均已详辩其误。五是六朝后人伪造说。清代学者管同认为："吾谓汉人所言《晏子春秋》不传久矣，世所有者，后人伪为者耳。……其文浅薄过甚，其诸六朝后人为之者与？"④山东临沂银雀山汉简的出土已经证明其误。在此问题上，笔者认为高亨的观点较为中肯。从《晏子春秋》反映的信息完全可得出作者熟习齐地情况这一结论，我们虽然无法确知该书的作者到底是谁，但可推知作者是西汉初期齐地人或久居齐地的人。大概正因如此，《晏子春秋》撰成后在齐鲁地区广泛传播，山东临沂银雀

① (唐)柳宗元：《柳河东集》(上)，上海古籍出版社 2008 年版，第 70～71 页。

② 高亨：《文史述林》，中华书局 1980 年版，第 397～398 页。

③ 刘文斌：《〈晏子春秋〉研究史》，人民文学出版社 2015 年版，第 120 页。

④ 刘文斌：《〈晏子春秋〉研究史》，人民文学出版社 2015 年版，第 53 页。

山西汉墓中《晏子》的出土可以为证。

《晏子春秋》是研究晏子思想的重要著作。晏子作为一位政治家，提出了一系列关于政治、经济、哲学、法律、军事、外交等方面的重要主张，形成了较为全面的思想体系和治国方略，其主要思想包括以下三个方面：

(1)重民思想。重民爱民，轻徭薄赋。晏子认为“君民者，岂以陵民？社稷是主”[①]，“意莫高于爱民，行莫厚于乐民”[②]，“不以饮食之辟害民之财，不以宫室之侈劳人之力”[③]。

(2)政治思想。第一，举贤任能，反对谗佞。晏子认为“举贤官能，则民与若矣”[④]，而如果奸佞谗媚的人留在君主身边，则会为国家的长治久安带来祸患。第二，廉洁节俭，克己奉公。晏子认为“廉者，政之本也；让者，德之主也”，“廉之谓公正，让之谓保德”[⑤]。第三，以礼治国，依法行政。晏子认为礼是所有人都要遵守的纲纪，如果纲纪乱了，百姓就会背离，国家就会陷入危险，因此应“诛不避贵，赏不遗贱”“刑罚中于法，废罪顺于民”[⑥]。

(3)哲学思想。第一，尊重自然，轻视鬼神。春秋时期迷信鬼神盛行一时，景公出猎时曾遇见虎蛇，以为不祥，晏子则认为：“今上山见虎，虎之室也；下泽遇蛇，蛇之穴也。如虎之室，如蛇之穴而见之，曷为不祥也？”[⑦]第二，遵循规律，天人相分。对于盛衰生死，晏子认为生死、盛衰是不以人的意志为转移的自然规律，有新

① 陈涛译注：《晏子春秋》，中华书局 2007 年版，第 229 页。
② 陈涛译注：《晏子春秋》，中华书局 2007 年版，第 215 页。
③ 陈涛译注：《晏子春秋》，中华书局 2007 年版，第 132 页。
④ 陈涛译注：《晏子春秋》，中华书局 2007 年版，第 146 页。
⑤ 陈涛译注：《晏子春秋》，中华书局 2007 年版，第 303 页。
⑥ 陈涛译注：《晏子春秋》，中华书局 2007 年版，第 142 页。
⑦ 陈涛译注：《晏子春秋》，中华书局 2007 年版，第 92 页。

生必然有死亡，任何事物的变化都有其内在的根本原因，这是自古以来就存在的规律。

《晏子春秋》中具有爱民、任贤、尚俭、重礼等特质的晏子形象，基本符合历史的事实。晏子主张爱护百姓，廉洁节俭，减赋省刑，反对穷奢极欲，横征暴敛，滥施酷刑，这些观点既具有儒家思想，又含有墨家思想。晏子从齐国国情出发，制定了一系列的内外施政方针，其保国安民的政治主张在当时无疑是有其进步意义的。

《晏子春秋》在文学史上也有一定的价值。该书以人物为中心，一事一记，各事之间既有联系又各自独立，形成一个一个的小故事，以表现晏子的思想品德，可谓是晏子的言论及佚事汇编。此书的第一个突出的文学特点是故事生动，情节曲折，具有很强的可读性。例如，《谏下》中“二桃杀三士”的故事，事件的缘起、发展、高潮、结局都十分清晰，极富戏剧性。此书另一个突出的文学特点是人物形象栩栩如生，性格、个性鲜明突出。《晏子春秋》运用了细节描写、个性化的语言和行动、对比等手法来突出晏子的正面形象，将其塑造得有血有肉，具体可感。在《晏子春秋》中，晏子不仅是仁人，也是智者，不仅思想道德崇高，堪称表率，而且具有鲜明的个性。

由于其思想非儒非道，《晏子春秋》一书自古以来并不太被人重视。但是，一旦深入其中，细心阅读，就会有不少收获。

二、《考工记》

《考工记》是中国目前年代最早的手工业技术文献，原书未注明作者及成书年代，一般认为是春秋战国时代出于齐人之手。由于原书一度散佚，西汉时重新问世后，《汉书・艺文志》的《周官经六篇》即对其著录，其时已有阙文，几经整理，以致各工种条文详略不等，叙述次序有所更动，有六个工种仅存名目，且衍出“𫐐人为𫐐”条。所以，今本《考工记》约七千一百字，实际上只记述了二十五个工种的具体内容。书中所阐述的科学道理含有力学、声学和热学等方面的物理知识。这部著作记述了齐国官营手工业的各个工种的设计规范和制造工艺，保留有先秦时期大量的手工业生产技术、工艺美术资料，记载了一系列的生产管理和营建制度，一定程度上反映了当时的思想观念。该书在中国科技史、工艺美术史和文化史上都占有重要地位。

春秋战国是我国古代社会大变革的重要阶段，农业、手工业、商业、科学技术此时都有了很大的发展。在手工业中，一方面是原有的操作工艺更为纯熟；另一方面又产生了许多新的工艺，分工亦更为精细。春秋以前，“工商食官”的格局被打破，除了官府手工业外，此时还出现了许多私营的个体手工业。这一时期礼乐崩坏，学术思想上呈现了“百家争鸣”的局面。许多士人都比较重视实践，关心社会的进步和生产技术的发展，鲁班、墨子、李冰这样一些杰出的学者、技术发明家便是这一时期产生的。为了便于进一步组织和指导生产，人们亟需对已获得的生产经验和技术思想进行总结，《考工记》便是在这一社会大背景下产生出来的。

《考工记》一书包括两个部分：第一部分约与总目、总论相当，主要述说了“百工”的含义，它在古代社会生活中的地位，获得优良产品的自然技术条件。第二部分述说了“百工”中各工种的职能及其实际的“理想化”了的工艺规范。书中指出国有六职，即王公、士大夫、百工、商旅、农夫、妇功。百工系六职之一，它又包括了六类三十个工种，分别是：攻木之工、攻金之工、攻皮之工、设色之工、刮摩之工和抟埴之工。

《考工记》十分重视生产工具的制造和改进,体现了重视发展生产力的思想。镈是锄田器,是春秋时期一种重要的农具。斧、斤、凿、曲刀、量器等则是手工业生产中不可缺少的工具。《考工记》从青铜手工业的冶铸技术角度对这类器具的制作工艺进行了总结,“攻金之工,筑氏执下齐,冶氏执上齐,凫氏为声,栗氏为量,段氏为镈器,桃氏为刃”。“五分其金,而锡居一,谓之斧斤之齐”一语,则指出“斧斤之齐”和包括镈器在内的生产工具所需铜和锡的比例是五比一。车辆在春秋时期不仅是重要的战争工具,也是常见的交通运输工具。《考工记》对车的制作甚为重视,它提出只有把车轮制成正圆,才能使轮与地面的接触面“微至”,从而减小阻力,以保证车辆行驶“戚速”。它还规定制造行平地的“大车”和行山地的“柏车”的毂长(两轮间横木长度)和辐长(连接轴心和轮圈的木条长度)各有一定尺寸,认为“行泽者欲短毂,行山者欲长毂。短毂则利,长毂则安”。这种工艺也是按照不同地势条件以求达到较大的行驶效率。《考工记》还十分重视水利灌溉工程的规划和兴修,记述了包括“浍”(大沟)、“洫”(中沟)、“遂”(小沟)在内的当时的沟渠系统,并指出要因地势水势修筑沟渠堤防,或使水畅流,或使水蓄积以便利用。对于堤防的工程要求和建筑堤防的施工经验,该书也做了详细的记述。

《考工记》将制作精工产品的规定为手工业生产的目标,而将天时、地气、材美和工巧以及四者的结合,看作是必备的条件和重要的生产方法。书中认为,天时节令的变化会影响原材料的质量,进而影响制成品的质量,所以强调“弓人为弓,取六材必以其时”。重视地气是由于某些地方生产的某种原材料质量较优,或者有制造某种工艺的优良传统。“郑之刀,宋之斤,鲁之削,吴粤(越)之剑,迁乎其地而不能为良,地气然也。”至于工巧,书中认为是与分工有关。《考工记》所记述的手工业，分工细密，攻木之工有七种，攻金之工有六种，攻皮之工有五种，设色之工有五种，刮摩之工（玉石之工）有五种，搏埴之工（陶工）有两种。分工细密，人尽其能，则有助于工匠技艺专精。该书对“工”的见解尤为卓越。书中指出，“知者创物，巧者述之，守之，世谓之工”，这是对不断创新，提高工效，保持优良传统工艺的歌颂。在生产经营上，为了使制成品合乎规格，保证良好的效益，需设工师专管。《考工记》对此也做了记述：“凡试梓饮器，乡衡而实不尽，梓师罪之。”工师检验梓人所制的饮器，如平爵向口，爵中还留有余沥，便不合标准，梓人就要受到处罚。《考工记》还指出，在市场上用于交换的手工业制品也必须符合规格，为买者乐于接受，残次品不能上市。

为了提高效益，必须精于算计。《考工记》以修筑沟防为例，提出“凡沟防，必一日先深之以为式，里为式，然后可以傅众力”。就是说，在沟防修筑中，应以劳工一天完成的进度作为标准，以完成一里地的劳力和日数来计算整个工程所需的人力。

《考工记》开宗明义地指出说：“国有六职，百工与居一焉。”这一方面是强调“百工”的重要性，另一方面也说明“百工”是属于官府手工业。郑玄作注“百工司空事官之属”，“监百工者，唐虞已上曰共工”。虽然《考工记》所记都是官工，但有些诸侯国对于有些产品，并没有设官工制造。其原因是：“粤（越）之无镈也，非无镈也，夫人而能为镈也。燕之无函也，非无函也，夫人而能为函也。秦之无庐也，非无庐也，夫人而能为庐也。胡之无弓车也，非无弓车也，夫人而能为弓车也。”这是说，这些诸侯国和有的地区，或由于山出铜锡，或由于地处边区，所以民间都能制造这些产品，而不必专门设官。《考工记》对于民间手工业的肯定态度是与春秋时期的社会改革相一致的，也与其认为“工”是“知者创物”等的见解相符合。

《考工记》一书自被汉代人发掘出来,并被拼入《周礼》后,一直受到世人推崇,历代知识分子多以之为必读之物,其在国内外都产生众多积极的影响。因该书文字古奥艰深,且有一些错简、漏简,故历代学者对其进行了许多注释,尤以元、明、清三代为盛。在元明时期,这种专门的注释本便有近 20 种,其中大家比较熟悉的有徐光启的《考工记解》(2 卷)等。清代,相关专著便达 20 余种,散篇则在 40 种以上,专著有戴震的《考工记图》(2 卷)、程瑶田的《考工创物小记》(8 卷)等。现今最为通行的是汉代郑玄注本、唐代贾公彦疏本、清代孙诒让正义本。汉代《考工记》隶订本大约有 7000 余字,清正义本则有 10 万字之巨。《考工记》如此受人重视,这在我国古代典籍中是为数不多的。大约在唐代,《周礼》便传到了日本;19 世纪 50 年代,《周礼》又被译成了法文,《考工记》亦随之传到了日本和西方。现在,《考工记》已受到了更多国外学者的注意和重视。

第五章　齐鲁重要文化遗存

早在四五十万年前，我们的先祖沂源猿人就生活在山东这片土地上，他们居住、劳动、生息，点燃了文明之火。新石器时代之后，土著东夷人在这里创造了灿烂的北辛文化、大汶口文化、龙山文化、岳石文化、青铜文化，成为我国原始农耕文明的代表。周代以降，作为中国传统文化源头也作为山东文化源头的齐、鲁文化在这里产生、成长、融合，产生了独具特色的地域文化。齐鲁文化走过了悠久灿烂的历史，为现代人留下了丰富的文化遗存。透过这些文化遗存，当代人可以窥见山东文化昔日的辉煌，感受齐鲁文化源远流长的历史魅力。

第一节　齐国的重要文化遗存

齐国是我国历史上一个重要的东方大国，历经西周、春秋、战国三个主要历史阶段。西周初年，周武王为奖赏功勋，大行封邦建国，充当周朝统治中心的屏障，即所谓“封建亲戚，以藩屏周”。《史记·齐太公世家》云：“武王已平商而王天下，封师尚父于齐营丘。”

也就是说，姜子牙因帮助周武王灭商立有大功，被首封于齐地营丘（今淄博市临淄区）建立齐国，以稳定东方。姜太公到了营丘之后，击退来犯的莱国，平息了内部对抗，摒弃了周朝“尊尊亲亲”的宗法传统，采用“尊贤尚功”的政治文化理念，打破宗法制度在用人上的限制，广泛吸纳人才共同治理国家，又“因其礼，简其俗”，延袭当地人长久以来形成的风俗习惯，简化束缚人们思想和行动的礼仪制度，塑造了宽松的社会环境，很快出现了政通人和、社会稳定的局面。同时，因地制宜，大力发展工商业，利用当地的鱼盐之利获取财富。齐国还崇力尚武，注重赏罚分明，明法慎罚，各种治理措施齐下，致使人口大增，富甲一方，兵甲数万。到齐桓公时，齐国已经是濒临大海的大国，并迅速成为春秋五霸之首。齐康公在位时，被大夫田和软禁在临海的海岛上，“食一城，以奉其先祀”。[①] 田和自立为国君，仍沿用齐国名号，世人称之为“田齐”，以区别于姜姓齐国，史称“田氏代齐”。田齐是“战国七雄”之一。

先秦时期特别是战国时期，齐国是工商业极为发达、人民富裕的诸侯国。《史记·齐太公世家》誉之为“洋洋哉，固大国之风也”。到西汉时，作为诸侯王国的齐国赢得了“天下膏腴之地，莫盛于齐者”的美誉。齐国历经吕尚创国、桓公称霸、战国称雄等阶段，创造了丰富多彩的物质财富和精神财富，留下的重要文化遗存对后世山东文化传统有着重要的影响。

一、齐国故都临淄

临淄是齐国故都，是齐文化的发祥地。自姜太公封齐建国至秦并六国，临淄作为春秋五霸、战国七雄的齐国的故都长达 800 多

① 杨宽：《战国史料编年辑证》上册，上海人民出版社 2016 年版，第 256 页。

年。西汉时，汉高祖刘邦封他的庶长子刘肥为齐悼惠王，都临淄，传多代至西汉末。35 年，东汉光武帝刘秀封刘璋为齐王，都临淄，传数代至 206 年。临淄作为"三齐故都，两汉王城"，在中国历史上声名显赫，有着极其重要的历史地位。春秋战国时，依靠临海有渔盐之利和丝织品贸易的优势，在多任齐国国君的治理下，齐国都城临淄成为周至西汉时期中国最大的工商业都市，是中国长期的冶金、制车业、制陶业、铸造业中心以及海盐、丝绸两大商品的集散地。发达的经济推动了临淄的文化发展，当时的稷下学宫是全国的思想学术中心；齐国乐舞文体活动风行一时。《史记·苏秦列传》载："临淄甚富而实，其民无不吹竽鼓瑟，弹琴击筑，斗鸡走狗，六博蹋鞠者。临淄之途，车毂击，人肩摩，连衽成帷，举袂成幕，挥汗成雨，家殷人足，志高气扬。"由此可以想象当时临淄的繁华。据《史记》记载，到西汉初年，临淄就有 10 万户，人口逾 100 万。

千年沧桑巨变，昔日繁华不再，空余城墙残垣。坐落于山东省淄博市临淄区齐都镇（旧临淄县城）西面和北面，东临淄河，西依古系水的齐国都城遗址，总面积达 20 余平方千米，在众多的先秦国都遗址中，这是规模最大、保存最完整的遗址之一。宏伟华丽的宫室台榭已经不复存在，只留下夯筑痕迹、城门、道路、作坊、桓公台、排水道口、东周墓殉马坑、孔子闻韶处、晏婴墓、稷下学宫、营丘故城等遗址。据考证，这里分布着 150 多座大型千年古墓，300 余处古文化遗址，出土的鎏金编钟、燕王剑、齐瓦当、青铜器等重点文物数以万计，堪称是庞大的"地下博物馆"，是研究我国古代历史的重要资料。1961 年，齐国都城遗址被国务院定位为全国重点文物保护单位。1994 年 1 月 4 日，因其鲜明而独特的价值被国务院公布为"国家历史文化名城"。2006 年 12 月 15 日，临淄齐国故都与齐王陵作为山东省唯一的单列项目入选《中国世界文化遗产预备名单》。

(一)故城建筑布局

1.注重整体规划和建筑布局设计

齐都古城东临淄河,西依系水,东西两面城墙以两道河岸为基础起建,淄河与系水就是其两道天然的护城河。南、北城墙外挖有人工护城壕沟,与淄河、系水相互沟通,构成了碧水绕城的外部排水护城网。城郭并列,呈连环形式。城内干道纵横,交通便利。

2.大城咬小城的格局

齐国故城包括大城和小城两部分。大城南北近4.5千米,东西3.5千米余,是官吏、平民及商人居住的郭城。小城南北近2千米,东西1.5千米,是国君居住的宫城。两城总面积达16平方千米,正所谓"三里之城,七里之郭","筑城以卫君,造郭以守民"。[①]小城在大城的西南方,东北部嵌入大城。大、小城呈咬合状,且大城西墙被压在小城北墙之下,表明大城的建造年代早于小城。据推算,小城建筑年代为战国时期,很可能是田氏代齐后始建的新宫城。小城墙基一般在20～30米宽,最宽处达60米;大城墙基宽分20、25、30、34、43米不等。[②] 城墙都是用土夯筑而成,夯层分3～7厘米不等。东、西城墙沿河而建,故出现城墙拐角24处,仅沿淄河东墙就有14处。如今,城墙遗址还保留着小城北墙西段,大城北墙东段、南墙东段、西墙南段。其中,有的城墙高达5～6米。

史书记载,齐城有门13座,现已探明11座,其中小城城门五座:南门两座,东、西、北门各一座。大城城门六座:南、北门各两座,东、西门各一座。按交通干道的走向和城门的布局,还有西门一座,约在今齐都镇永顺村北,排水道口以南,民间传说叫"三圣

① 张国硕:《中原先秦城市防御文化研究》,社会科学文献出版社2014年版,第177页。

② 参见中共临淄区委、区人民政府编:《齐国故都临淄》(上),齐鲁书社2011年版,第166页。

门”。另一座是东门，在河崖头村南，或葛家庄以北。各门道都有东西、南北干道连接，宽可并列六辆兵车同时行驶。

（二）宫殿建筑遗址

临淄齐国故城的宫殿区在小城西北部，地下分布有大面积的夯土基址。现有的宫殿建筑遗址主要有桓公台和“金銮殿”。桓公台俗称梳洗楼、梳妆台，秦汉时称环台，魏晋时称营丘，唐长庆年间（821～824）建齐桓公和管子庙于其上，又名桓公台。台顶部有3层，现高14米，南北宽86米，东西长77米。[①] 桓公台是宫殿区的中心建筑，是整个齐国故城的制高点。相传，齐桓公在称霸天下之后，经常在这里会见诸侯和检阅兵马。1981年，政府出资对桓公台进行了维修，立有同济大学陈从周教授书写的“桓公台建筑遗址”石碑于台前。

桓公台向东约1000米处，是“金銮殿”建筑基址，占地约6000平方米。这里曾出土过铺地花纹砖、脊砖和各种纹饰的全、半瓦当，据此可以想象当年齐王宫室的宏伟与华丽。

小城外西南方一公里远的地方有遄台，是齐威王与田忌赛马、景公与晏子论和同之处；还有稷下学宫遗址，世界最早的官办学府就设在此处。大城东门外有雪宫台，无盐女钟离春在这儿进谏齐宣王，孟子在此觐见齐宣王，论“与民同乐”。西北十公里处是梧台，屈原来齐国时曾下榻于此。

（三）交通干道

故城大、小城内已探明的干道有10条，其中小城内有3条，大城内有7条。小城内的干道有：东侧门大道，现保存约1200米，宽8米；西门大道，长约650米、宽17米；北门大道，尚存长1430米，

① 参见解维俊主编：《齐都之最》，百花文艺出版社2006年版，第8页。

宽 6～8 米。大城内的干道有：东部南北干道，自南墙东门通向东北，全长 3300 余米，宽 20 米；中部南北干道，全长 4400 米，宽 20 米；北部东西干道，自东门西行偏西北，直至西墙，长约 3600 米，宽 15 米左右；北墙西门大道，南伸，与北部东西干道相接，现存 650 米，宽约 6 米；中部东西干道，长 2500 多米，宽 17 米左右；西门大道，向东延伸约 1000 米，宽 10～20 米。此外，在离南墙 200～300 米处有一条与南墙平行的道路，长约 1900 米，宽 4～6 米；西墙附近与西墙平行的南北道路，南通小城北门，宽 4～6 米。[①]除后两条和小城北门干道可能是晚期的道路外，其余均为故城早期的主要交通干道。这些道路多十字交叉，把城内划分为若干街区。大城的两条南北大道与两条东西大道在东北部交叉，形成"井"字形，这一带应是都城中最繁华的市井中心。

(四)排水系统

故城有设计科学的排水系统。淄河和系水是故城东西两面的天然护城河，大城南北城墙外挖有护城壕沟，长达 6140 米，小城的东、北、南和西墙南段(接系水)也有人工挖掘的护城壕沟，约有 5780 米长，与淄河、系水相连；城内根据南高北低的自然地势，开多处沟渠。大城西部有一条南北干渠，南与小城东北角的城壕相接，北部分为两支，分别出北墙注入北护城河和出西墙注入系水。东北部也有水渠分别注入北护城河和淄河。小城有曲尺形水渠，经宫殿区穿过西城墙注入系水。这样，人工排水沟、护城壕与天然河道紧密相连，构成一个完整的排水系统。

1979 年，文物考古部门对大城西墙北部的排水道口进行了发掘清理，发现此段城墙墙基宽 40 米，排水道口建在城墙下，呈东西

① 参见陈桥驿：《中国都城辞典》，江西教育出版社 1999 年版，第 404 页。

向，用青石垒砌构筑，总长42米，宽7～10.5米，由进水道、过水道、出水道三部分构成。[①] 过水道用石块构筑出15个方形小过水孔，水孔分上、中、下三层，每层五孔，水经石隙而过，但人不能通过；进水道为排水道口的东段，东段略超出城墙，与城内排水沟连接，呈西窄东宽的喇叭口形。南北两侧全用石块垒砌，南侧比北侧略短，这是因为水流自东南方向而来，直冲水道北壁，以石块砌壁是为了应对水流的冲刷。出水道的形状和结构与进水道大体相似，内部石块交错排列组成网状，水可以分层从孔内石块间隙中流出，外面的人却不能从水孔中进入城内。在枯水期时，下层排水口就可以满足需要，在丰水期时，中上两层排水孔会随着水势涨落发挥调节作用。

齐国国都排水道口使用了近两千年，排水与防御功能兼备，显示了齐人非凡的智慧和高超的建筑技术水平，堪称世界同期排水建筑史上的杰作。

（五）手工作坊遗址

冶铁、炼铜、制漆、铸币、铸镜、制陶等各种手工作坊遗址在大城内密集分布，足以证明当时齐国手工业的繁荣、发达。

1.冶铁遗址。小城内有两处和大城内四处，共有六处冶铁遗址。齐国是先秦诸国中最早生产和使用铁器的国家，临淄是著名的冶铁中心之一，冶铁遗址多，出土铁器数量多、种类齐全。在小城东门以东、韶院村西、刘家寨村南的大片地区都有冶铁遗迹存在，但中心地区似在大城南墙西门以内、大道的两侧，面积约40万平方米，也是六处冶铁遗迹中规模最大、遗迹最丰富的一处。遗址北部有许多夯土基址，曾在此发现过汉"齐铁官丞""齐采铁印"等

---

① 参见张慧芝编著：《文明史迹：中国古代的历史遗迹》，希望出版社2012年版，第223页。

封泥,应当是汉代的"铁官"所在。

2.铸币遗址。齐国冶炼业的发达还体现在造币技术上。春秋战国时期,齐国铸造的流通货币是齐刀币。据考证,春秋时期的齐桓公已开始在国都临淄或其他重要的城市指派官方铸造货币。临淄地区目前已出土六种面文不同的刀币,这些刀币做工精细,铸造难度大,没有相当成熟的技术是不可能完成的。考古发现,齐故城内有两处铸币遗址,一处在安合村南,曾出土过"齐法化"刀币和铸范;另一处在阚家寨村南,为西汉"半两"钱铸址。由此可以推断,当时的铸币规模很大,作为都城的临淄应当是齐国境内的铸币中心。

3.炼铜遗址。炼铜遗址坐落在小城南部和大城东北部。西周时期,齐国的制铜业相当发达,《管子·地数篇》载,齐地"出铜之山四百六十七山",表明当时铜器的冶炼、使用已相当广泛。临淄齐都镇河崖头村出土的大铜盂,是已经发现的山东境内最大的青铜器,重达71斤,是此时期的精品。临淄敬仲镇白兔丘村出土的高子戈,是春秋时期齐国制铜业的代表铜器。1982年7月17日,临淄闻韶街道办事处商王村出土了战国金银错镶嵌铜牺尊(见图1),重约13斤,仿牛形,通体错金银丝镶嵌,眼睛用墨晶石镶嵌,头顶、鼻梁、眉毛用孔雀石和绿松石铺填,能装三斤酒,代表了战国时期手工业的最高水平。

图1 战国金银错镶嵌铜牺尊

4.漆器遗址。齐国漆器的生产起源较早，西周时期就已经将漆器生产运用到制车方面。春秋战国之际，齐国漆器业达到了极高的水平。临淄郎家庄一号东周墓出土的一批春秋时期齐国的漆木器残片，图案严谨规矩，有几何形和写实形两类九种，用笔一丝不苟，线条纯熟流畅，描绘生动活泼，充分显示了齐国漆器制作工艺的精湛。在2000年中国十大考古发现之一的济南章丘洛庄汉墓中，发现了几百件北方地区比较罕见的、色彩鲜艳的漆器，据考证，这些漆器都是临淄制造的。如果说成都是长江流域的漆器制造中心，那么洛庄汉墓发掘的资料表明：临淄是漆器制造的东方中心。

5.铸镜遗址。当前已经发现的铸镜遗址有两个，分别位于刘家寨村东和苏家庙村西。稷下街道商王村出土的战国嵌金银镶绿松石大铜镜直径29.8厘米，厚0.7厘米[①]；窝托汉齐王墓出土的西汉龙凤纹矩形大铜镜长115.1厘米，宽57.7厘米，厚1.2厘米，重56.5千克[②]，都属国内罕见文物。故城内共出土78件镜范，同一个地方出土数量如此众多、种类如此丰富的镜范，在全国范围内少见，足以证明战国、西汉时期临淄的铸镜业是十分发达的。

6.制陶作坊遗址。在大城西，长胡村、督府巷村等地发现了多处陶窑遗址，出土了大量瓦当。春秋战国时期，齐国的陶器产量高，制作精美，陶窑规模大，陶器使用广泛。临淄郎家庄1号墓中出土的陶俑，齐国故城内出土的大量钱范、瓮棺、瓦当、陶管，充分证明齐国陶器向娱乐品、规范物、葬器、建筑构件、农田水利设施等

---

① 参见解维俊主编：《齐都之最》，百花文艺出版社2006年版，第138页。

② 参见段国强主编：《中国文物收藏百科全书·青铜器卷》，山东美术出版社2016年版，第162页。

发展,这在诸侯各国中也是不多见的。战国时期,临淄制陶业盛况空前,有十多个乡、五十多个里从事制陶业,出现了官窑和私窑,从业者数百人。现在,我们从临淄出土的数以万计、近千余种、纹饰多以树木纹为主的齐瓦当上面,仍可约略看到当年临淄制陶业的辉煌。

(六)墓葬遗址

在故城的城内及周围,曾发现并清理了上千座春秋、战国时期的墓葬。大城内发现两处墓地:一处在桓公台,已探出大中型墓20余座,有的大墓墓口面积约40平方米,有南北墓道,出土的随葬品中有不少精美的青铜器,均属西周和春秋时期,应当是姜齐的公墓地;另一处在大城南部,属于中型墓,是东周时期的墓地。在南城外约500米的郎家庄发掘出一座战国早期的人殉墓,椁室周围埋有17个女性殉葬人,年龄最小的15岁,皆有墓坑和棺椁,陪葬者均有丰富的随葬品。临淄故城南约10千米的牛山一带,今犹存高大的封土堆10余座,包括“四王冢”与“二王冢”,应当是田齐时的王陵。

二、田齐王陵

田齐王陵分布在故城东南八千米处的齐陵镇和青州东高镇一带,南有稷山,北临淄水,西靠牛山,东枕鼎足山。由田齐太公田和冢、二王冢(见图2)和四王冢(见图3)以及附近的几十座小墓冢组成的齐王陵墓群,是目前中国现存规模最大的先秦诸侯王陵古墓群,是战国王陵的典型代表,被誉为“东方金字塔”。

图 2　二王冢

图 3　四王冢

二王冢，俗称“二王坟”，又称“齐王冢”，为战国田齐第二代国君田侯剡和齐威王的父亲齐桓公午之墓，位于齐陵镇南的鼎足山上。鼎足山因紫金山、牛首岗、菟头山三足鼎立而得名。二王冢坐落于三山之间，因而民间有“齐王埋在三山口，临淄永世不为京”的传说。两座坟墓东西向并列，均为方基圆顶，西边的长约 190 米，似有三层，逐层收缩，圆坟顶高约 12 米，而东冢则较为低矮。

四王冢，又名“四豪冢”，俗称“四女坟”。顾炎武在《亭林文集・齐四王冢记》中写道：“郦道元《水经注》曰：‘水南山下，有四冢方墓圆坟，咸高六尺，东西直列，是田氏四王冢也。’余考田氏之称王者五，而王建迁于共以死，所谓四王，则威、宣、湣、襄是矣。”按照自西向东的顺序，最西边的首先是齐威王墓，高 30 米，周长 140 米；其次是齐宣王墓，高 34 米，周长 157 米；再次是齐湣王墓，高 22 米，周长 190 米；最东边的是齐襄王墓，高 23 米，周长 130 米。四墓相间，第一个墓和第二个墓相隔 130 米，第二个墓和第三个墓间距为 105 米，第三个墓和第四个墓相距 160 米。四墓总长 541 米，如群峰连绵，气势恢弘。[①]

① 参见解维俊主编：《齐都之最》，百花文艺出版社 2006 年版，第 23 页。

在二王冢和四王冢的周围，分布着大墓104座，小型墓葬300余座。大型墓葬的个体面积一般在400平方米左右，最大者有2000平方米。墓葬形制以“甲”形居多。四王冢正北方圆600米范围内就探出大墓25座，且分布有序。田齐王陵与这些置于陵前的墓葬高低错落，大小相衬，凸显着君临天下的气派和威严。田齐政权共历八代君王，而安息在“东方金字塔”下的威、宣、湣、襄四位国君，正是田齐由平庸而强盛、再由强盛到衰败过程的经历者，这巍峨的四王冢也成了田齐政权兴衰的见证。1988年，中华人民共和国国务院公布其为全国重点文物保护单位。2006年临淄齐国故都与齐王陵入选《中国世界文化遗产预备名单》。

三、齐长城遗址

齐长城又名长城岭、大横岭，建于春秋初期，距今已有2500多年的历史，比欧洲在公元前459年修建的79千米长的雅典壁垒早200余年，比秦始皇的万里长城早470多年，堪称“中国长城之父”“世界壁垒之最”。它西起孝里镇广里村（今山东省长清区）北，横跨泰山，绵地千里，于小珠山北于家河村（今青岛市黄岛区）东北达黄海，全长约618893米，史称“千里齐长城”，是目前国内年代最久远、规模最大的古建筑遗址。现存的遗址占总长度的64.3%，分为肥城段遗址、泰安段遗址、莱芜段遗址、临朐段遗址、五莲段遗址、胶南段遗址，其中保存最好的是齐国莱芜段，长约57832米。

齐长城并非一蹴而就，而是在春秋后期的姜齐灵公至战国中期的田齐宣王长达400余年的时间里分期逐段完成的。齐国位于泰沂山脉以北，西面、北面是奔流不息的济水和黄河，东面是烟波浩渺的渤海和黄海，大海、河道和山脉构成了它的天然屏障，可谓是易守难攻，故而有“四塞之国”之称。公元前555年，齐灵公在位时，齐军与鲁、晋国军队发生了平阴会战，为阻挡鲁、晋等国的进攻，齐军在平阴城南的堤防外侧挖了一条长长的堑壕，西引济水与湄湖水为护城河，用从堑壕中挖出的泥土加固堤防，这道堤防就是齐长城最早的一段。齐桓公时，为防止敌人从南面进攻，扼守中原诸国进攻齐国的咽喉之地，齐国在出入泰山的陆地大道两侧修筑关隘阻挡战车。战国初，齐国更加强盛，南面的鲁国衰弱，楚、越乘机扩张势力，特别是楚国，不断地北征至海岱地区，先后灭掉了郛、杞、莒等国，把越国势力也从琅琊一带驱赶出去，直接危及齐国安全，齐国被迫修建了东段长城。到战国中期，楚国灭掉了越国，更加危及齐国，而且以山代城的传统格局已不适应骑兵战的新形势，于是齐威王修建了中段长城。尔后，“齐宣王乘山岭之上筑长城，东至海，西至济州千余里，以备楚”[①]。齐滑王时期对长城进行了全面整修，明、清、民国时期对莱芜段的齐长城又进行过修缮。

齐长城城墙就地取材，充分利用地形构筑而成。在平原和矮丘地带，黄土、黄粘土、沙土、砂砾都被用来构筑城墙，用盐水搅拌这些建筑材料，进行板筑，夯层为10～25厘米不等，筑成宽十二三米、高七八米的土城墙，如岭子头处城墙南侧虽然在整修“大寨田”时被挖掉一半，现遗址底部宽度仍达5.2米，高仅剩2.5米。又如，穆陵关西大岘山上坍塌后的遗址底宽达15米，高5米。在山岭地带，块石、条石、片石，花岗岩、石灰岩、沉积岩等都被用来垒砌城墙。这种城墙经得起风吹日晒，在有些地段，沿山脊砌成宽5～7米双面城墙，更多的是在山脊南侧砌成宽1～2米的单面石墙，墙北填土石，形成阳面高6～7米，阴侧高仅1～2米的城墙，造成居

① （汉）司马迁：《史记·楚世家》，中华书局1963年版，第1730页。

高临下、易守难攻之势。有的地方还充分利用几十米高的悬崖峭壁，充当防御的城墙。这些城墙短的有数十米、几百米，长的达千余米，如泰山段长城的城墙只修筑到泰山西北的钉头崖，以东的老鸹尖、摩天岭、高山尖子、牛山口一带长达15千米。利用海拔八九百米的高山险峰代替城墙，并以海拔1545米的泰山主峰为屏障，来防御步兵车阵，不但节省了大量的人力、物力，还减轻了老百姓的劳役之苦。

除城墙外，齐长城还建有关隘、烽火台和团城。关隘全部建在山口要道上，烽火台则建在大关隘的山顶上，用来传递敌情；团城建在关隘两侧的高山顶上，用以屯兵和观察敌情，全线共有50多处团城。山岭地带的墙底一般厚约三米，但关隘处厚4～8米，南半部分的外墙平均高约4米，关隘处的外墙最高达8米；北半部分是站墙，厚1米，高1米左右，便于瞭望、巡逻、隐蔽和作战。在城墙的阴面，建有横向的小石墙，有的墙内垒有泄水沟，以防雨水冲坏城墙。

穆陵关是齐长城最为著名的关隘，位于临朐与沂水交界处的大岘山上，是齐国通往南方的门户。遗址面积有2600平方米，残墙高3～5米。南临深谷，陡不可攀；北侧较为平缓，以平顶山为依托，进可攻，退可守。关东、西200米处各有一高台，北面与长城平齐，南面凸出约2米，为关隘的军事附属设施。关北有两重城墙并列，说明齐国在通往都城的咽喉处设重关以防。今台下有战国时期的碎瓦片和明代重修石碑一块。

说起齐长城，就不能不提青石关。青石关位于和庄乡青石关村，关城堡建在东丰山和西小山之间的山坯上，长宽各百余米，原有南、北、西三座城门楼。北门上方原来建有玄帝阁，阁基东西长10.5米，柱石今仍保存完好。南门外上方镶嵌着“青石关”三个阴刻楷书大字石匾(见图 4)。南北门有大路相通,路西原来有座店铺,是曾国藩去博山时的中途住所,有两间大门、三间北屋、两间西屋,石墙瓦屋,风格古朴,南门外路边立有“奕世流芳”和“曾国藩所其处”的石碑。青石关以其特有的军事、地理、商旅、建筑等方面的魅力,并且因和齐鲁古道的关联,曾引得无数文人墨客到此观瞻,留下许多轶文趣事,演绎出无数的动人篇章。清代文学家蒲松龄,31 岁离乡出青石关南去时,留下了这样的诗篇:“身在瓮盎中,仰看飞鸟渡。南山北山云,千株万株树。但见山中人,不见山中路。樵者指以柯,扪萝自兹去。勾曲上层霄,马蹄无稳步。忽然闻犬吠,烟火数家聚。挽辔眺来处,茫茫积翠雾。”青石关南 19 千米处的望夫山,因哭倒长城的孟姜女北眺丈夫而得名。传说住在山下的孟姜女,结婚不到三天,丈夫就被抓去修长城,一去几年杳无音信。孟姜女日日提着装有馒头的篮子和面汤罐子,伫立山头向北遥望,日复一日,年复一年,不见夫归,久而久之,立化为石,至今仍屹立于山顶。

图 4　齐长城遗址青石关

孟姜女哭长城是中国四大民间传说之一。据研究,孟姜女哭的长城应该不是秦长城,而是齐长城。孟姜女的原型是齐人杞梁之妻。《左传》中有记载:齐庄公五年(前 549 年),庄公为报六年前平阴战役之仇,亲率大军远道偷袭晋国,因晋国有所防范,无功而返。回军途中,又偷袭莒国,杞梁为先锋战死于莒国城下。庄公回来,在临淄郊外遇见杞梁之妻,想就地祭吊杞梁,杞梁之妻不同意,坚持认为庄公不能在郊外祭吊杞梁，庄公不得已，只好到她家里吊唁。所以，在齐长城沿线流传着许多孟姜女的传说，并存留了许多与孟姜女传说有关的遗迹，如长清区万德镇长城村的孟姜庙、历城区西营镇王家庄以南的孟姜女庙、历城区西营镇藕池村东的孟姜女庙、齐长城莱芜段锦阳关的娘娘庙、章丘黄石关孟姜女庙以及平阴洪范的姜女阁，以及距离姜女阁不远的浪溪河畔的姜女坟等。

齐长城是重要的历史文化载体。它体现了齐人“修政于境内而远方慕其德，制胜于未战而诸侯服其威”[①]的政治理想，展现了齐国科技的整体水平和实力以及齐国社会崇尚和平的精神风貌。1987 年，齐长城被联合国教科文组织列入《世界文化遗产名录》。

四、殉马坑

故城东北部河崖头村一带，已探明 30 余座大中型墓葬和 3 个殉马坑。1972 年发掘的五号墓，是一座“甲”字形土坑积石木椁墓。墓室的东、西、北有三面相连的殉马坑，成“冂”形，东西各长 70 米，北面为 75 米，全长约 215 米，宽 5 米左右。[②] 该墓早年遭数次盗掘，随葬品已荡然无存，唯有殉马坑保留完好。

1964 年和 1972 年分别发掘了殉马坑北面 54 米和西面南端 30 米的部分，共清理殉马 228 匹。按殉马排列密度推算，坑内殉马总数不下 600 匹，数量之多，规模之大，前所未有。据考证，殉马均是六七岁的壮年马，被麻醉处死后，按顺时针方向分两列埋葬，马头朝外，昂首侧卧作行进状。排列在前的 5 匹马，颈系铜铃，呈临战姿态，气势颇为雄伟。

---

① （汉）刘安：《淮南子·兵略训》，上海古籍出版社 2016 年版，第 328 页。

② 建设部城乡规划司、国家文物局编：《中国国家历史文化名城》，中国青年出版社 2002 年版，第 864 页。

从填土出土遗物分析，该墓年代约在春秋晚期。经考证，墓主是齐景公。齐景公名杵臼，是姜齐第 25 代国君，在晏婴的辅佐下，在位 58 年，是齐国执政最长的一位国君。他在位后期“好治宫室，聚狗马，奢侈，厚赋重刑”①。《论语·季氏》也有“齐景公曾有马千驷”的记载。从庞大的殉马葬式可以看出齐景公的奢华，也从另一侧面反映了齐国当时强盛的国力。

马是古代重要的交通工具和战略物资，也是奴隶主贵族的重要财富。考古发现，在距今四五千年的原始社会晚期的城子崖龙山文化地层里就有少量的马骨，研究证明是被驯养的家马。至夏朝，马成为重要的驾车工具。春秋战国时期，王室衰败，诸侯称霸，战争连绵不断，马又成为重要的战略物资。据史料记载，马被用于战争大约是在赵国的“胡服骑射”时期。之前，战车是军队的主体，战斗开始，甲兵纵横，驰骋冲击，以决胜负，步兵跟在车后，只起辅助作用，所以马匹的多寡，是国力强弱的重要标志之一。当时的战车由四马驾挽，两服两骖（古代用四匹马牵引的车驾，中间夹着车辕的两马称为”两服”，在外侧的两匹马称”两骖”），每辆车配有甲士三名，称为一乘。春秋时期，“千乘之国”即为大国，六百匹马可装备一百五十乘，相当于或超过一般小诸侯国的实力。之后，在赵国，车战被改为骑战，骑兵得到了大发展，骑兵驰骋疆场，所向披靡，助力赵国成为“战国七雄”之一。据东岳石遗址中齐墓出土的骑马和胡俑推测，在战国早期，骑兵已在齐国出现。

商周至春秋战国时期，齐国与其他诸侯国的殉马主要有两种形式：一是马随车殉，二是单坑殉马。齐国延续了东夷的风俗，有厚葬和杀殉的葬制。除了齐景公墓的大型殉马坑之外，1990 年，在

① 孔子：《论语全鉴》，北京联合出版公司 2015 年版，第 342 页。

临淄齐陵镇后李村西北、淄河东崖还发掘了两座大型车马坑，共发掘殉马 30 多匹；同年，在田齐王陵发掘战国时期的陪葬大墓，发掘殉马 69 匹；2001 年，在临淄齐故都城南的中轩集团工地上发掘战国时代殉马 4 匹。在 1978 年 11 月至 1980 年 11 月，在齐故城西南大武张窝托村西汉齐王墓发现车马坑一座，内殉车 4 辆，殉马 13 匹，狗 2 条。齐国殉马的盛行，不但说明马资源丰富、国君的个人喜好，更重要的是反映了社会经济的繁荣和人民生活的富足。

第二节　鲁国的重要文化遗存

鲁国是西周和春秋时期重要的诸侯国。西周初年，周公辅佐天子周成王东征，灭掉了伙同武庚叛乱的奄国，受封于奄国故土。由于周公要留在镐京辅佐周成王，于是让自己的长子伯禽代为赴任，建立鲁国，国都为曲阜。由于周公旦的巨大贡献，在受封时受到了周王朝的特殊恩宠，除了封土授民以外，还得到了一批典章文物及享有立文庙和郊祀等天子礼仪的赏赐，地位比其他诸侯国显贵。《史记·鲁周公世家》记载，在鲁建国后，"启以商政，疆以周索"[①]，"变其俗，革其礼"，积极推行周礼，"周礼尽在鲁矣"。孔子也把鲁国视为通往理想治国模式的途径，《论语·雍也》中记载曰："齐一变至于鲁，鲁一变至于道。"因此，鲁国是西周和春秋时期比较典型的一个诸侯国，对鲁国的重要文化遗存的研究，有助于更深层次地研究鲁国以及春秋时期的历史文化。

① 宣兆琦、王雁、张杰：《海岱地区古代文明的起源与发展》，齐鲁书社 2014 年版，第 42 页。

一、鲁国故城曲阜

鲁国故城曲阜(见图 5)是周代鲁国都城遗址,位于今天的山东省曲阜市区及其东、北一带。从成王时周公之子伯禽代父就封于鲁并建都于此,到鲁顷公二十四年(前 249 年)鲁亡于楚,共历三十四代,历时 873 年,是周王朝各诸侯国中沿用时间最长的都城之一。在西汉的三百余年间,这里依旧是鲁国的封地,后为县治。宋代迁县治于寿丘,故城逐渐毁废。中华人民共和国成立后,山东省文物管理处多次进行调查。1958 年,山东省文物干部训练班对遗址进行钻探和试掘。1977～1978 年山东省博物馆作了详细勘察和发掘。1961 年,中华人民共和国国务院公布其为全国重点文物保护单位。2014 年,鲁国故城入选国家考古遗址公园。

图 5　鲁国故城曲阜

(一)建筑形制

鲁国故城是一个扁方形的城郭,南北宽 2.5 千米,东西长 3.5 千米,周围城垣 11.77 千米,总面积约 7 平方千米。现在的曲阜城位于鲁故城内的西南角,约占鲁故城的七分之一。鲁城四周有宽 30 米左右的城壕,现存城垣建于西周末至西汉时期,后经多次增筑、修补,今残存最高处约 10 米。鲁国故城共有城门 11 座,东、西、北三面各有 3 座门,南面有 2 座门,门宽 7～15 米。南面两座门的外侧有夹门的墩台,门内的左边还有戍卫营房的遗迹。每座城门都有直通城内的大道,现已发现的大道有 10 条。

鲁国故城的中心是一片高地，是鲁国宫殿建筑遗址，为国君居住的宫城。宫城前面有主干大道通向南门，门外设有祭坛。宫城、南门和祭坛构成了鲁城的一条中轴线，这是我国城市建筑史上出现最早的一条中轴线。在宫城的东侧有宗庙，西侧有社稷坛，后面有大规模的市肆。这与《周礼·考工记》“左坛右社，面朝后市”的记载相符，可见鲁城城内建筑是循周礼布局的。这在当时列国国都建筑布局中是具有代表性的，换句话说，它不愧是以“礼义之邦”著称于世的鲁国都城。到了汉代，著名的灵光殿就建筑在宫城旧址上。现在遗址南部存有唐宋时所建的周公庙。

宫城周围的地面上，周、汉两代的陶片、砖瓦碎片俯拾皆是。在鲁故城的中心，除宫殿区之外，还有商业区和其他官僚机构的住区。在城北有冶铜遗迹和炼铁遗迹；城西有烧陶器的窑业和制造骨器的作坊和几片大面积的墓葬区；城东除有同样的炼铁遗址和骨器作坊外，还有练兵场和军营。城内的民宅大都集中在东、西、北三处城角内。

(二)古台遗址

台，原是祭天的处所，后演变为地位和权力的象征。据1956年文物普查统计，鲁故城内的台有10多处：有舞雩台(原名雩坛，后因孔子率弟子到沂河洗澡，经常在此乘凉歌咏，故易名“舞雩台”)、望父台(又称伯禽台，因伯禽每年在此望、祀其父而得名)、斗鸡台(原有三处斗鸡台，是鲁昭公、鲁庄公、季氏、邱氏等斗鸡处)、钓鱼台(原名书云台，是晒书处，后因鲁僖公在此钓鱼而易名)、鲁王郊台、鲁庄公台、鲁昭公台、鲁襄仲台、季武子台、春秋台等。现在地面上仍存有三处古台。

(三)手工作坊遗迹

故城的北部和西部是冶铜、冶铁、制骨、烧陶等手工业作坊的遗址，排列十分密集。西部还有墓葬区，现已发掘了100余座周代的墓葬，出土了许多青铜、陶、骨、蚌等器物。这些随葬品带有商、周文化的共同特征，也证明了周代鲁文化是综合了商文化和周文化等因素发展而形成的。

1.冶铁遗址两处。一处在曲阜城北关一带，东西约450米，南北约120米。考古发现了不少的硫渣、红烧土和铁块等物。遗址西部边缘有一片夯筑基址，南北约30米，东西约25米，发现许多战国西汉的瓦片和陶片，是战国至汉代时鲁国内城的一处重要的冶铁遗址。另一处位于圣果寺村的东南，西距周公庙宫殿区约100米。遗址东西约250米，南北约200米，是故城里保存最好的一处冶铁作坊遗址，发现有大量的铁渣、铁块、炭灰和红烧土，还发现了多处圆形的炼炉以及三处夯土建筑基址。据考证，这也是战国和西汉早中期的冶铁遗址。

2.冶铜遗址两处。一处位于鲁国故城北部盛果寺村的西北，东西约350米，南北约250米。发现有红烧土和铜硫渣，据考证，这是西周到春秋时期的一个冶铜遗址。另一处遗址位于鲁城的西北部，这里同时也发现了居住和墓葬遗址。冶铜遗址南北约200米，东西约70米，属于西周后期的手工作坊遗址。

3.制陶作坊遗址三处。第一处位于鲁国故城西部的房上村西。东西、南北各约400米长。考古发现了大量的战国和汉代时期的陶瓦片，并有春秋中晚期的烧变形的陶器口沿和豆盘、红烧土、硫渣以及圆形陶窑。据考证，这是春秋时期的大型陶器作坊所在地。第二处在鲁国故城西北部。遗址南北约300米，东西约150米。考古发现有比较密集的圆形窑址、灰坑陶片以及红烧土，是西周前期的一个窑址。第三处在鲁国故城东北，南张阳村东南约1000米处，面积约150平方米。此处的窑址和陶片极为丰富，是西周中晚期到春秋晚期的一个重要制陶遗址。

(四)墓葬遗迹

大城西部分布着 6 处西周和东周的墓地。1977 年以来共发掘 200 余座,墓葬有小型陶器墓,也有大中型铜器墓。大型的东周墓,墓室面积达一二百平方米。西周、春秋墓的铜器组合和器形与中原地区一致。墓葬出土的陶器表明鲁文化是融合了周文化和商代文化等而形成的。

出土遗物以陶器为主。器形主要有鬲、甑、盆、豆、罐、瓮、钵、盂、盘、鼎、釜、洗、折腹盘等。春秋时期出现盘、盖豆、鼎、釜;战国时期出现洗和折腹盘。西周、春秋陶器普遍饰绳纹,流行凹弦纹,春秋时出现暗纹。战国时期,绳纹逐渐衰退,暗纹、瓦纹流行。此外,还发现少量的西周的筒瓦、板瓦和大量的东周、汉代瓦。汉代瓦当多为卷云纹图瓦当。

“不求人”也叫“痒痒挠”。据考证,早在 2000 多年前的战国时代,就已经有“痒痒挠”了。1977 年,山东考古工作者对曲阜鲁国故城遗址进行了钻探试掘,在两座战国时代的大型墓葬中,各发现了一件“痒痒挠”。这两件“痒痒挠”都用象牙雕刻而成,长约 40 厘米,前部雕成人手形状,拇指竖直,其余四指并拢弯曲。四指指甲平齐,正好用来挠痒。其柄尾端还雕成兽头状,整件“痒痒挠”做工十分精致,既实用又美观,从中可窥见古人生活的一个侧面。

二、周公庙

位于曲阜城东北数百米远的周公庙,是全国三大周公庙之一,全称为“文宪王庙”,亦称元圣庙,是祭祀西周初期伟大的思想家、政治家周公的庙宇。周公,姓姬名旦,亦称叔旦,周文王姬昌的第四子,武王之弟。他辅佐武王东征伐纣,为西周制定了各种典章制度。因后世帝王曾封周公为“元圣”，故周公庙又被称为元圣庙。

按周朝实行的宗法制度，周公被分封于鲁。因其留佐成王，故其长子伯禽就封，建鲁国。因周公佐周之殊功，特许伯禽于鲁设立太庙，以祀远祖。周公逝后，一并祭祀。1008 年，周公被追封为文宪王，在太庙旧址重建新庙。经宋、元、明、清等朝的多次修建，形成了今天的规模。周公庙现占地 28000 平方米，有三进院落，有殿、堂、庑、亭、门、坊等明清建筑 13 座 57 间，历代古碑 30 余通，有桧、柏、楷、槐等古树庇荫。

周公庙大门额题“棂星门”，为灰瓦覆盖下的四层斗拱的牌楼式木坊。门内左右各立石坊一座，东坊额刻“经天纬地”，赞扬周公能以天地为法度，经管天下，拨乱反正；西坊额刻“制礼作乐”，赞扬周公制定了治理国家的礼乐典章制度，为历代封建王朝以礼治国奠定了基础。承德门是周公庙的第二道大门，门内为第二进院落。甬道东侧建有碑亭，内立清康熙二十六年(1687)玄烨祭周公庙的巨碑一通，雕镂技法严谨精细，盘龙回旋飞舞，龟趺昂首怒目，神态生动。御碑亭之后的达孝门是周公庙的第三道大门。进入达孝门，即为第三进院落，也是周公庙的中心院落，正中大殿名为元圣殿，是周公庙的主体建筑。殿为单檐歇山顶，高 11.4 米，面阔 5 间，进深 3 间，6 梁 24 柱，斗拱层叠，顶覆绿瓦，里外门窗透雕，红漆贴金彩绘。殿内正中枋檀上，高悬着“明德勤施”的雕龙金字巨匾。左、右两旁抱柱悬挂有巨幅木雕金字对联，均为清乾隆皇帝御书。殿内明间正中的石雕须弥座上，置雕龙贴金神龛一座，龛内端坐着红颜白须的周公塑像，双目炯炯，神态安详。东旁梢间，有鲁公伯禽塑像端坐在须弥座上，面向西，无神龛，面白乌须，冠冕章服，姿态恭谨。元圣殿前，建有宽阔的露台，是当年为祭祀周公而举行乐舞的地方。露台左、右建东、西庑各3间，祀鲁国33位国君。元圣殿后，原建有“定鼎堂”等建筑，现仅有殿基。元圣殿东、西各有跨院，东院曾有“问礼堂”，是清康熙二十五年(1686)所建，于清末倒塌，现殿基上仅存乾隆皇帝亲书《谒元圣词》石碑一通。

周公庙于1997年被公布为山东省省级重点文物保护单位。2013年5月，被国务院公布为第七批全国重点文物保护单位。

三、曲阜“三孔”

孔庙、孔林、孔府合称为“三孔”，位于山东省曲阜市中部，总占地面积约2.4平方千米，是在孔子故居的基础上包括孔子及其后裔的宗庙、墓地和宅邸在内，逐步发展起来的一组具有东方建筑色彩和格调、丰富文物珍藏、气势雄伟壮丽的庞大古代建筑群。1994年12月，“三孔”入选《世界遗产名录》。

(一)孔府

孔府即为衍圣公府，为孔子嫡长孙的衙署。汉高祖刘邦以太牢之礼祭祀孔子，并封孔子九世孙世为奉祀君，代表国家祭祀孔子。后历代不断加封，至宋代封为衍圣公。明洪武十年(1377)建成衍圣公府。随着衍圣公官位的升迁和爵位的提高，孔府建筑的规模不断扩大，成为中国仅次于明清皇帝宫室的最大府第。孔府占地约7.4公顷，有古建筑480间，分前后九进院落，中、东、西三路布局。东路，即东学，建有一贯堂、慕恩堂、孔氏家庙及作坊等；西路即西学，有红萼轩、忠恕堂、安怀堂及花厅等；孔府的主体部分在中路，前为官衙，有三堂六厅，后为内宅，有前上房、前后堂楼、配楼、后六间等，最后为花园。

阁老凳　在孔府大堂与二堂相连的通廊里有一长条红漆凳，

称“阁老凳”，据传明代权臣严嵩被弹劾后，到孔府请其孙女婿衍圣公向皇帝说情被拒绝。此凳就是当年严阁老坐候之物。

石流　在孔府内宅门西侧有一个露出墙外的特制水槽，叫作石流。这样的设置是因为孔府规定挑水夫不得进入内宅，所以只能把水倒入“石流”，隔墙流入，供内宅使用。内宅院有乾隆皇帝所赐的虎尾棍、燕翅镗、金头玉棍三对仪仗，排列于门前的两边，有不遵令擅入者严惩不贷。

（二）孔庙

孔庙位于曲阜市中心鼓楼西侧300米处，是祭祀中国古代著名思想家和教育家孔子的祠庙。孔庙始建于孔子逝后的第二年，即公元前478年，孔子的弟子们将其生前“故所居堂”立为庙，“岁时奉祀”。当时只有“庙屋三间”，内藏孔子生前所用的“衣、冠、琴、车、书”。其后，历代王朝不断加以扩建。到清代，雍正皇帝下令大修扩建，终于形成了目前的宏大规模。

孔庙的建筑仿皇宫之制，共分九进庭院，贯穿在一条南北中轴线上，左右作对称排列。整个建筑群包括五殿、一阁、一坛、两庑、两堂、17座碑亭，共466间，分别建于金、元、明、清和民国时期。孔庙占地约0.2平方千米，南北长达1千米。四周围以高墙，配以门坊、角楼。黄瓦红垣，雕梁画栋，碑碣如林，古木参天。整个庙宇气势恢宏，布局严谨，是我国现存规模最大的三大古建筑群之一。1994年，孔庙被联合国教科文组织列为“世界文化遗产”。

金声玉振坊　金声玉振坊建于明嘉靖十七年（1538），是三间四柱式石坊，石鼓夹抱，四根八角石柱顶上饰有莲花宝座，宝座上各蹲踞着一个雕刻古朴的独角怪兽“辟天邪”，俗称“朝天吼”。两侧坊额浅雕云龙戏珠，明间坊额填色四个大字“金声玉振”石刻。孟子对孔子有过这样的评价：“孔子之谓集大成。集大成者，金声而玉振之也。金声也者，始条理也；玉振之也者，终条理也。”（《孟子·万章下》）“金声”“玉振”表示奏乐的全过程，以击钟（金声）开始，以击磬（玉振）告终。以此象征孔子思想集古圣先贤之大成，赞颂孔子对文化的巨大贡献。因此，后人把孔庙门前的第一座石坊命名为“金声玉振坊”。

奎文阁　奎文阁即为孔庙的藏书楼，始建于宋天禧二年（1018），起名“藏书楼”。金章宗在明昌二年（1191）重修时改名为“奎文阁”，清乾隆皇帝重新题匾。“奎”是星名，二十八宿之一，为西方白虎之首，由16颗星组成，“屈曲相钩，似文字之画”[①]，后奎（魁）星被演化为文官之首。后代封建帝王为赞颂孔子，遂将孔庙藏书楼命名为奎文阁。

奎文阁高23.35米，阔30.1米，深17.62米，黄瓦歇山顶，三重飞檐，四层斗栱。内部两层，中夹暗层，呈层叠式架构。奎文阁结构合理，坚固异常，自明弘治十七年（1504）重修以来，经受了几百年风雨的侵袭和多次地震的摇撼，仍然屹立不倒，为我国著名的古代木结构建筑之一。阁前廊下有石碑二通，东为“奎文阁赋”，系明代著名诗人李东阳撰文，著名书法家乔宗书写；西为“奎文阁重置书籍记”，记载明代正德间皇帝命礼部重修赐书庋藏的情况。

十三碑亭　十三碑亭是为保存封建皇帝御制石碑而专门建立的，称为“御碑亭”，因南八北五，东西排列，又称十三碑亭。形制大同小异，重檐歇山，黄琉璃瓦顶，平面呈方形，三间见方，明间开敞，稍间砌墙。亭内存从唐代至民国历代的石碑55块。其中，有金代碑亭两座，约建于金明昌二年至六年（1191—1195）的大修工程中，是孔庙现存最古老的建筑；有元代碑亭两座，分别建于元大德六年

① 王星魁：《朝圣孔子》，齐鲁书社2012年版，第45页。

(1320)和元至元五年(1339);有清代碑亭九座,其中御制碑亭五座,遣官致祭碑亭四座,分别建于康熙、雍正、乾隆年间。

各亭石碑多以似龟非龟的动物为趺,名曰赑屃。传说龙生九子,各有所能,赑屃擅长负重,故用以驮碑。碑亭中最早的是两通唐碑,一通是立于唐高宗总章元年(668)的“大唐赠泰师鲁先圣孔宣尼碑”,一通是立于唐玄宗开元七年(719)的“鲁孔夫子庙碑”,皆位于南排东起第六座金代碑亭中。最大的一通石碑是清康熙二十五年(1686)所立,重 35 吨,加上碑下的赑屃、水盘,约重 65 吨。这块石头采自北京的西山,在当时的技术条件下,能将此碑安然运抵千里之外的曲阜,不能不令人惊叹。

杏坛　杏坛相传是孔子讲学的地方。有关孔子杏坛设教的记载最早见于《庄子·渔父篇》:“孔子游乎缁帷之林,休坐乎杏坛之上,弟子读书,孔子弦歌鼓琴。”但是原址在哪里却无记载。宋天禧二年(1018),孔子四十五代孙孔道辅监修孔庙,将正殿后移,除地为坛,环植以杏,名曰“杏坛”。金代始于坛上建亭,由当时著名文人党怀英篆书“杏坛”二字。杏坛的建筑结构别致,全国范围内并不多见。它四面悬山,十字结脊,巨角重檐,黄瓦朱栏,雕梁画栋,精美华丽,从四面观看形状一致,建筑风格独特。亭子周围有方正石栏,亭前立水波花纹石雕香炉,相传为金代遗物。(见图 6)

图 6　杏坛

图 7 大成殿

大成殿 从杏坛北望，在双层石栏的台基上，一座金黄色的大殿突兀凌空，双重飞檐中海兰色的竖匾上木刻贴金的群龙紧紧团护着三个金色大字“大成殿”。（见图 7）此三字字径 1 米，是清雍正皇帝的手书。

大成殿是孔庙的核心建筑，是祭祀孔子的中心场所。现在的大成殿是清雍正时期火灾后重建。大成殿面阔九间，进深五间，主殿东西宽 45.78 米，南北深 24.89 米，高 24.8 米，重檐九脊，周绕回廊，雕梁画栋。顶端檐吻有一人之高，前檐下为十根浮透雕水磨大石柱，柱高 5.98 米，直径 0.81 米，每柱都有二龙对翔，盘绕升腾，中刻宝珠，四绕云焰，下饰莲花石座。从底到上，云龙腾起如飞，神态各异。大成殿两侧回廊和后面回廊下的 18 根石柱为八棱八面柱，上有浅雕云龙戏珠，每一面为九龙戏珠，每根柱上都有 72 条龙。

大成殿内正中供奉着孔子的塑像，坐高 3.35 米，头戴十二旒冠冕，身穿十二章纹（十二章纹包括：日、月、星辰、山、龙、华虫、宗彝、藻、火、粉米、黼、黻）王服，手捧镇圭，一如古代天子礼制。两侧为四配，东位西向的是复圣颜回和述圣孔伋，西位东向的是宗圣曾参和亚圣孟轲。再外为十二哲，东位西向的是闵损、冉雍、端木赐、仲由、卜商、有若，西位东向的是冉耕、宰予、冉求、言偃、颛孙师、朱熹。四配塑像坐高 2.6 米，十二哲塑像坐高 2 米，均头戴九旒冠，身穿九章公服，手执躬圭，一如古代上公礼制。塑像都置于木制贴金神龛内，孔子像单龛，施十三踩斗栱，龛前两柱各雕一条降龙，绕柱盘旋，姿态生动，雕刻玲珑，异常精美。四配与十二哲两位一龛，各施九踩斗栱。龛前都有供桌、香案，摆满祭祀时使用的笾、簋、豆、爵等礼器。殿内还陈列着祭祀孔子时的韶乐乐器和舞具。殿外悬有十块匾额、三副对联，门外正中是清雍正皇帝题书的“生民未有”的匾额，殿内正中是康熙皇帝题书的“万世师表”和光绪皇帝题书的“斯文在兹”的匾额，南面悬挂着乾隆皇帝题书的“时中立极”等匾额。每块匾额长 6 米多，高约 2.6 米，雕龙贴金，精美华丽。

圣迹殿　圣迹殿是以保存记载孔子一生事迹的石刻连环画《圣迹图》而得名的大殿，位于寝殿之后，独成一院。此殿系明万历二十年(1529)巡按御史何出光主持修建。他建议把孔庙原有反映孔子事迹的木刻图画改为石刻，由杨芝作画、章卿刻石，嵌在殿内壁上，即为“圣迹图”，共 120 幅，每幅宽 38 厘米，长 60 厘米。从孔母“祷于尼山”生孔子到孔子去世，《圣迹图》描绘了孔子一生的主要活动，包括求学、访乐问礼、为政、周游列国，收徒教学、著述“六经”等，并附有汉高祖刘邦、宋真宗赵恒以太牢祀孔子的两幅图画。《圣迹图》是我国第一本有完整人物故事的连环画，具有很高的历史价值和艺术价值。

圣迹殿内，迎面是清康熙皇帝手书的“万世师表”的石刻。字下正中为唐代大画家吴道子画的“孔子为鲁司寇像”，左边是晋代画家顾恺之画的“先圣画像”，也称“夫子小影”。据说，“小影”在孔子像中最真，最接近孔子原貌。右边是吴道子画的“孔子凭几坐像”，孔子按几而坐，弟子分侍左右。在这些画像上，有宋太祖、宋真宗等皇帝的御赞，有宋代绍圣、政和等年号和题跋。殿内还有宋代书法家米芾篆书的“大哉孔子赞”，有清康熙、乾隆皇帝的御制碑等。

(三)孔林

孔林位于曲阜城北,是孔子及其家族的专用墓地,也是目前世界上存在时间最久、面积最大的氏族墓地。孔子卒于鲁哀公十六年(前 479 年)四月乙丑,葬于鲁城北泗水之上,其后代从其冢而葬,形成了今天的孔林。从子贡为孔子庐墓植树起,孔林内古树已达万余株。自汉代以降,历代统治者重修、增修孔林 13 次,逐渐形成了今天的规模。孔林周围垣墙长达 7.25 千米,墙高 3 米多,厚约 5 米,总面积为 2 平方千米,比曲阜城要大得多。孔林作为一处氏族墓地,两千多年来从未间断使用。在这里既可考春秋之葬、证秦汉之墓,又可研究我国历代政治、经济、文化的发展和丧葬风俗的演变。1961 年,国务院公布其为第一批全国重点文物保护单位。

孔子墓　孔子墓是孔林的中心。孔子墓看上去像是隆起的马背,又称马鬣封。墓周环以红色垣墙,周长 500 米左右。墓前立一块篆字石碑,上面写着“大成至圣文宣王墓”八个字,是明正统八年(1443)黄养正所书。墓前的石台起初为汉代修建,唐时改由泰山封禅石筑砌,清乾隆时扩建。孔子墓东为其子孔鲤墓,南为其孙孔伋墓,这种墓葬布局名为携子抱孙。

子贡庐墓处　孔子墓西的三间屋为子贡庐墓处。孔子死后,相传子贡奔丧来后,将一棵楷树苗栽于其师墓旁,后长成大树,清康熙年间遭雷火后干枯,后人将枯干图像刻于石上,置于“楷亭”内,流传至今。众弟子守墓三年,相诀而去,独子贡在此又守了三年。后人为纪念此事,建屋三间,立碑一座,题为“子贡庐墓处”。

孔尚任墓　在孔林东北方向有一巨碑,上写“奉直大夫户部广东清吏司员外郎东塘先生之墓”,这是孔子六十四代孙孔尚任的坟墓。孔尚任(1648～1718),字聘之,号东塘,曲阜孔氏旁系子孙,清初文学家。他出身于书香门第,后入孔、颜、曾、孟四氏学就读,屡次应试不中，愤而入石门山隐居。1684 年，康熙皇帝至曲阜祭祀孔子，孔府推荐孔尚任为引驾官，负责给皇帝讲经，深得皇帝赏识，被破格任命为国子监博士，累迁户部主事、员外郎等职。1699 年，他写成传奇剧本《桃花扇》，与《长生殿》作者洪升有“南洪北孔”之称。后因此剧作遭到清廷迫害，免官家居，终老于乡里。其墓前石碑为清雍正十三年(1735)所立，其墓在近代有多次修葺，并于墓前植有桃树，以志纪念。

四、邹城“三孟”

邹城“三孟”，指孟府、孟庙和孟林。邹城在曲阜南 20 千米处，为古代著名思想家孟子的诞生地。孟子继承并发扬了孔子的思想，成为仅次于孔子的一代儒家宗师，对后世中国文化的影响全面而巨大，是中国古代著名思想家、教育家，战国时期儒家代表人物。“三孟”是记录孟子生平与历史影响的重要文化遗存。

(一)孟庙

孟庙，又称亚圣庙，为历代祭祀孟子的场所。孟子庙奉祀，始于宋景祐四年(1037)。孟庙初建于邹城东北、距城 13 千米的四基山西南麓的孟轲陵墓之前，为孔子第四十五代孙孔道辅所建。后因距城较远，瞻仰祭祀等诸多不便，又别建孟庙于邹城东郊，此为邹城有庙之始，但其具体位置、规模和建庙的确切年代，今天已不能得知。宋宣和三年(1121)复建孟庙于现在的位置，历经金、元、明、清数十次的重修、扩建，形成现在的规模。现今的孟庙坐落在邹城城区南部，东倚文贤岗，西濒京沪铁路，北枕因利渠，南临邹济公路。庙内古木参天，碑碣林立，庙的周围绕以红色垣墙。孟庙南北长约 458 米，东西长约 95 米，占地总面积约为 4.35 公顷。孟庙是一处长方形、五进院落的古代建筑群，以方体建筑亚圣殿为中心，南北为一条中轴线，左右作对称式配列。可谓是院院不同、各具格局。

亚圣殿　亚圣殿(见图8)为孟庙的主体建筑，殿高17米，进深20.48米，横宽27.7米。大殿始建于宋宣和三年，据殿内碑文记载为徐钹、朱缶所创建，历经金、元、明、清各代，中间多次维修。清康熙七年(1668)鲁南地区发生大地震，原殿倒塌，现存大殿系清康熙十一年(1672)所建。现在的亚圣殿为一座金碧辉煌、雕梁画栋、重檐飞翘、歇山转角的宫殿式建筑。殿的四周有擎檐的巨型石柱，都饰以浅浮雕，门侧四柱正南面刻云中翱翔之翼龙，栩栩如生。其余各面刻宝相牡丹或西番莲花纹。梁坊藻井饰有金箔贴制的云龙图案。大殿正面重檐之间高悬一匾，上书“亚圣殿”，乃是楷书贴金大字。正中门额上挂“道阐尼山”横匾一块。殿内承以八根巨型朱漆木柱，迎门正面有两柱挂一副巨型抱柱对联：“尊王言必称尧舜，忧世心同切禹颜。”对联和门匾都是清代乾隆皇帝手书。殿内正中雕龙贴金的神龛内供奉着衮冕九旒九章(指礼服)的孟子塑像，东侧神龛内放置着雍正皇帝手书“守先待后”金匾一块。这座大殿除了用于纪念孟子之外，还是一处集建筑、雕刻、铸造、绘画的古代艺术博物馆，与曲阜孔庙的大成殿遥相辉映。

图8　亚圣殿

孟庙碑刻　在孟庙，称著于世的不仅是古老的建筑物，还有秦、汉、晋、唐、宋、金、元、明各代的270余块碑刻。这些碑刻书体精美，隶、篆、草、楷各体具备，虽历经千年，大多仍完好，为历代文人学者所重视。其中，汉代新莽天凤三年(16)《莱子侯刻石》、东汉《石墙村刻石》、西晋《刘宝墓志铭》、元代仿刻秦李斯小篆《峄山刻石》等，都是世所罕见的珍品。此外，庙内还存放着100多块汉墓画像石、汉代石人和石兽、元代的盘龙浮雕石柱等。这些文物既给人们以美的享受，也为孟庙增添了光彩。

(二)孟府

孟府位于邹县南关，与孟庙毗邻，是孟轲嫡系后裔居住的宅第。元至顺二年(1331)，文宗皇帝封孟轲为"邹国亚圣公"，此后，孟府被称为亚圣府。孟府的始建年代不详，有人推测是在宋宣和四年(1122)。孟府坐落在孟庙西侧，平面呈长方形，南北长226米，东西宽99米，面积约4万平方米。孟府前后共有七进院落，楼、堂、阁、室148间。以主体建筑大堂为界，前为官衙，后为内宅。孟府二门内东侧墙壁间镶嵌着一块明万历三十七年(1609)《为恳恩照例优免以杜攀扰事》碑。碑文中记述了明皇朝钦赐的庙户、礼生、佃户、洒扫户、差役等，责令不得滋意攀扰等事。另外，孟府第四层院落中的赐书楼是典型的明代建筑，据此可证实孟府在明代就有相当大的规模。孟府内现在还保存着封建帝王所赐的朝服、龙袍、圣旨、诰封、家族档案、印书木刻和书籍字画等大量珍贵文物，为研究中国古代社会的政治、经济、文化等提供了宝贵的资料。

(三)孟林

孟林是孟子及其后代子孙的墓地，位于邹城东北12千米的四基山西南麓，南面凫峄，北拱岱岳，是一处保存时间长、较为完整的家族墓地。据孟林享殿内现存的宋景祐五年(1038)《新建孟子庙记》碑载：孔子的四十五代孙孔道辅任兖州知州时，访得孟子墓，并在墓旁创立了孟庙(后迁往县城)。宋元丰七年(1084)，朝廷赐库钱30万，增修墓庙，购置祭田，广植柏桧。元代至元十四年

(1277),山东提刑霍天祥在孟子墓前立碑,题“先师邹国公墓”,此碑现已无存。后又经明、清两代不断增修扩建。据《重纂三迁志·林墓》记载:清康熙二十二年(1683)山东巡抚移文衍圣公查明亚圣墓田为七顷三十亩四分。孟林内植有桧、柏、榆、槐、楷、楸等各类树木10000余株,多为宋、金、元、明、清各代所植。孟林享殿大门坐北朝南,经神道、御桥即可达门前。院内现存的享殿基本保持了原来的面貌,只是左右厢房在早年倾圮后未再修建。享殿内现存石碑6通,其中有北宋景祐五年(1038)所竖《新建孟子庙记》石碑,碑文为北宋孙复(992～1057年)撰写,距今已有900多年的历史,是现存有关邹县“三孟”的史料中最早的一块碑刻,对研究孟子史迹有重要参考价值。享殿后是高大的孟子墓,墓前有巨碑一通,上刻“亚圣孟子墓”五字。孟子墓西北约300米处有高大的古冢三座,相传为孟孙、季孙、叔孙之墓。

五、尼山书院

位于山东曲阜县城东南30千米处的尼山原名尼丘山,因避孔子讳而改名为尼山。尼山海拔340多米,山顶五峰连峙,中峰为尼丘。据《史记·孔子世家》记载:孔子父母“祷于尼丘得孔子”,故尼山名扬遐迩。尼山的中峰东麓有孔子庙和尼山书院等建筑物;另有五老峰、鲁源林、智源溪、坤灵洞、观川亭、中和壑、文德林、白云洞等,被称为“尼山八景”。

尼山孔庙在尼山中峰东麓。《曲阜县志》记载“周显德(951～960年)中,兖州赵某以尼山为孔子发祥地,始创庙祀”,距今已一千多年。尼山书院位于尼山孔庙以北,又名尼山诞育书院。元至元二年(1336),中书左丞王懋德奏请在尼山创建书院,并保举彭璠为山长,获准。彭璠上任后不久,即修建尼山书院。据《阙里文献考·周伯琦撰释奠宣圣庙记》记载，修建此书院时，“凡齐鲁之境贤卿大夫，士民之好事者，出钱而劝成之。择木于山，陶甓于野，庸僦致远，牵车牛，服力役，连畛载途，饮饷相望”。元朝末年，尼山书院败落，至明永乐十五年(1417)由五十九代衍圣公孔彦缙发起重修。弘治七年(1494)，六十一代衍圣公孔弘绪、四氏学录孔公璜又用修建孔庙的余资再次修建。

现在的尼山书院是清道光二十七年(1847)重建，中华人民共和国成立后又多次拨款修葺的格局。当年孔子真正讲学的地方，是尼山孔庙大成殿后的一处小院。小院正堂里供奉着孔子的画像，画像左右是孔子后人书写的对联。东、西厢房里陈列着书院的藏书文献和尼山砚石、楷木雕刻和敕立碑帖。

六、颜庙

颜庙，又名复圣庙，位于曲阜陋巷街北首，是祭祀颜回的庙宇。颜回，字子渊，是孔子的弟子。据说，颜回独自一人住在陋巷中，过着极其简朴的生活，孔子夸赞他对物质生活的要求很低，“一箪食、一瓢饮足以”，但他对德行有着很高的要求。在《论语》中有不少关于颜回的记载，他是孔门七十二贤之首。

颜庙的始建年代不详。原建于曲阜城东北3千米的五泉庄附近。元初重建，工程持续了十年才竣工。元大德末，旧庙毁坏。元延祐四年(1317)迁至陋巷故址。明万历二十二年(1594)修建，奠定现在的规模。2001年，颜庙被国务院列入为第五批全国重点文物保护单位。2006年12月，又被国家文物局列为世界文化遗产“三孔”的扩展项目，进入《中国世界文化遗产预备名单》。

颜庙占地24000平方米，庙基南宽北窄，有元、明、清时期的建筑共24座159间、碑刻53块、古树500余株。颜庙为三路布局，五进院落。正殿复圣殿供奉颜子塑像，两庑礼颜氏名人颜之推、颜师古、颜真卿、颜杲卿等。西路奉祀颜回之父颜路，主殿礼国公殿为元代建筑。中路从南到北依次为陋巷坊、圣域坊、卓冠贤科坊、复圣庙坊、复圣门、陋巷井亭、归仁门、明碑亭、仰圣门、乐亭、复圣殿、两庑、寝殿；东路为克己门、祭器库、见进门、退思堂、家庙基址；西路有复礼门、杞国公殿、杞国公寝殿。

颜庙内共有碑碣 60 余通。元朝所立的大元敕赐先师兖国复圣公新庙碑和大元加封颜子父母制词碑是其中的两块，用古蒙古文与汉文对照刻成，记述了当时加封颜回及其父母的情形，这对于研究古文字学有一定的价值。

第三节 其他重要文化遗存

一、泰山

位于山东省中部、方圆 426 平方千米、主峰玉皇顶海拔高度 1545 米的泰山，自古就有“五岳独尊”“天下第一山”的美誉。泰山的文化内涵丰富，是世界自然文化遗产。现存古遗址 42 处、古墓葬 13 处、古建筑 58 处、碑碣 1239 块、摩崖刻石 1277 处、近现代文物 12 处，文物藏品有万余件[①]。其中，城子崖遗址、四门塔、大汶口遗址、灵岩寺、岱庙、千佛崖石窟造像、龙虎塔、九顶塔、冯玉祥墓等先后被国务院公布为国家重点文物保护单位。

（一）泰山古文化遗址

位于泰山南麓新泰市刘杜乌珠台村南丘陵山区、凤凰山与玉

① 杨洲、张栋编著：《文明中国书典·锦绣中国》，山西教育出版社 2012 年版，第 105 页。

皇山之间的沟壑中的乌珠台智人牙齿化石遗址，是山东地区首次发现的古人类化石，填补了古人类化石地理分布上的一个空白。位于泰安城南30千米处的大汶河畔的大汶口遗址，为距今四五千年的新石器时代晚期父系氏族遗址，有墓葬、房址等遗存，出土文物有造型美观的背壶、钵型鼎、镂孔豆、高柄杯、彩陶豆以及磨制精细的石斧、石锛、石铲、石凿、骨器等，是山东龙山文化的源头。

（二）齐长城泰安段遗址

齐长城泰安段遗址位于泰安市郊区、泰山区境北泰山山区分水岭上。西自窗户岭入郊区道朗乡黄巢寨山，沿山脊折向东北，再入长清境内，自界首北顶山又入泰安境，沿岱阴泰历边界线崇山峻岭，经摩天岭、牛山口西北、马跑泉村北、讲书堂北、大药乡北、长城岭、水泉子村、西门台、天马顶、梯子山、南天门，至四界首与泰安、章丘分界线长城岭相接，长82千米，残垣断壁处处可见。其中东段最清晰，自大津口经黄前镇水泉子村西北的济泰公路山口，至下港乡谷山村一带，绵延不断，长34千米，高2～4米，底宽6～10米，顶宽2～4米，石筑，间以夯土。[①] 泰安段长城未经过泰山主峰，而是自泰山西北，经泰山之阴迤逦东去，但城墙只修筑到泰山西北的钉头崖，其以东的老鸹尖、摩天岭、高山尖子、牛山口一带的"泰山北岗"，长达15千米没有修筑城墙，而是利用海拔八九百米的高山险峰代替长城墙，并以海拔1545米的泰山主峰为屏障，来阻挡步兵车阵，充分体现了"因地形，用险制塞"的军事思想，是我国古代人民的智慧结晶。

（三）古建筑遗址

泰山古建筑是泰山人文景观的重要组成部分。从通天街到泰

---

① 泰安市地方史志编纂委员会编：《泰安历史文化遗迹志》，方志出版社2011年版，第248页。

山极顶，这条长达十几千米的南北中轴线上，古建筑星罗棋布，从山下到山上，110 余处的宫、观、祠、亭、坊、楼、阁、塔、桥等各式建筑，因地制宜，巧妙借用自然地势加强和美化自然景观，利用南坡陡峭之势，造成登泰山如登天的意境。这在中国的名山大川中是绝无仅有的，同时也是世界文明建筑史上的一大奇迹。山下的岱庙，是中国三大宫殿式建筑之一。宋天贶殿是岱庙的主体建筑，与北京故宫太和殿、曲阜孔庙大成殿并称为海内三大宫殿式建筑。而天贶殿所具有的千年历史，则是其他两大宫殿望尘莫及的。如果说太和殿象征的是至高无上的皇权，大成殿象征的是经世安邦的儒学，天贶殿象征的则是上苍对国泰民安的赐予和庇护。

(四)石刻

泰山石刻大部分为自然石刻，少量为碑碣。泰山碑刻题名之多，冠中国名山之首，涵括了整个中国的书法史，展示了中国书法艺术形变神异、一脉相承的发展脉络，具有很高的艺术和史料价值。泰山石刻的种类繁多，从细目上分不下 30 余种，但从形制上分，大致可分为石碣、石阙、碑刻、摩崖石刻、墓志、经幢、造像记及石造像、画像石和题名题诗题记等九种。

泰山岱庙先后收存经幢七座，其中一座无文字，不知建于何代，今存岱庙天贶殿前西侧。另一座为唐广明二年(881)建，刻赞语、尊胜陀罗尼经序和咒语等，原立于肥城市幽栖寺，1977 年收存于岱庙，今存岱庙碑廊。其他五座皆五代时物，经文多剥蚀，原在资福寺，今收存岱庙汉柏院。经幢之制，始于隋，盛于唐，至宋元逐步衰落。泰山经幢是研究佛教文化的宝贵资料。

泰山现存的石刻中，摩崖石刻占 57%以上，共 800 余处。其中比较重要的如唐《纪泰山铭》摩崖石刻、经石峪《金刚经》摩崖石刻、《宋摩崖》和元《天门铭》摩崖石刻等，其他刻于自然石上的题名、题记、题诗，几乎遍布泰山上下。经石峪的北齐摩崖刻石是所知的中国最大的佛教经典刻石，被金石学家誉为“大字鼻祖”“榜书之宗”。

泰山现存碑刻500余座。著名的有秦泰山刻石、汉衡方碑、张迁碑、晋孙夫人碑、南北朝经石峪金刚经、唐纪泰山铭、宋青帝碑、元天门铭、明洪武碑、清摩崖碑等。这其中既有龙飞凤舞的行草，也有古拙若痴的隶篆，是中外首屈一指的天然书法博物馆。秦代的泰山刻石是中国“书同文”的见证，被视为稀世之宝。唐高宗与武则天的《双束碑》，两石并立，寓意高宗与武则天共掌天下，碑文中还有武则天自己创造的文字，被称为“碑中一绝”。唐玄宗的《纪泰山铭》刻石，以其巨大的形制，成为中国最大的帝王摩崖刻石。

（五）封禅遗迹

位于云步桥北侧五松亭旁的“五大夫松”，是秦始皇封禅泰山时给这组松树的封号。据《史记》记载，秦始皇登封泰山，中途遇雨，避于一棵大树之下。因护驾有功，该树被封为“五大夫”爵位，后世讹为五株。明代万历年间，古松被雷雨所毁。清雍正年间，钦差丁皂保奉敕重修泰山时，补植五株松树，现存二株，虬枝拳曲，苍劲古拙，被誉为“秦松挺秀”，为泰安古八景之一。五松亭旁有乾隆皇帝御制的《咏五大夫松》摩刻。该树现已被列入泰山世界文化与自然双遗产名录。

在岱庙的汉柏院内，有五株汉柏，树形奇特，扭结上耸，若虬蟠旋，苍古葱郁。据汉《郡国志》载，此汉柏为汉武帝登封泰山时所植。乾隆南巡时，曾御绘《汉柏图》并赋《题汉柏作》一诗刻于石。“汉柏凌寒”为泰安八景之一。

这些遗迹见证了独一无二的封禅祭祀文化。泰山封禅意味着受命于天，昭示着国家统一，彰显着国泰民安。《史记》中就有七十二王封禅泰山的史传。远古时期的神农氏、炎帝、黄帝、尧、舜、禹等，无不来泰山祭祀天地。我国最早的历史文献《尚书》说：舜在春季的二月登上泰山，在山巅烧火祭祀。泰山封禅是一个王者成功后取得最高祭祀权的标志，是帝王权力的象征。秦始皇一统天下，成为中国历史上第一个中央集权的封建帝王。他即位后的一件大事，就是泰山封禅。雄才大略的汉武帝，则把封禅作为治国安邦、修身养性的第一要务，前后八次登封泰山。此后的汉文帝、汉章帝、汉安帝、隋文帝、唐高宗、武则天、唐玄宗、宋真宗、清康熙、清乾隆等，都以不同的形式祭祀过泰山。泰山封禅这一旷世大典，在中国执着地演绎了数千年。

在中国乃至世界，还没有一座山像泰山一样，在数千年持续不断的历史发展中，始终维系着一个古老民族国泰民安的信念与对和平、统一的企盼。泰山已成为一种象征，在人们生生不息的活动中，它寄托着每一个华夏儿女对生活和谐、平安的期盼与向往。

二、东夷文化等文化遗存

（一）东夷文化

“夷”的名称，约产生于夏代，与“华”“夏”并称，目的是为了进行华夷、夏夷之辨。到了《礼记·曲礼下》，“夷”才开始有“东方之人”之义。《王制》篇说：“东方曰夷。”东汉许慎《说文解字》记载：“夷，东方之人也。”东夷族的发源地和聚居地是今山东省，但东夷文化绝非仅仅局限在山东，还传播到了北起辽东半岛，南到苏北、淮河以北，西起陕西、河南，东到山东半岛最东端的广大地区。东夷文化从距今 8300 年前的后李文化起，历经北辛文化（距今约 7300 年）、大汶口文化（距今约 6500 年）、龙山文化（距今约 4500 年）、岳石文化（距今约 3900 年），一直到西周初年，大约延续了 6000 年的历史。在漫长的演变发展中，东夷人创造了灿烂的文化。

1. 后李文化

后李文化主要分布在泰沂山系北侧的山前地带，主要遗址有临淄后李、潍坊前埠下、张店彭家庄、章丘小荆山和西河、邹平孙家和西南村、长清月庄等。经碳 14 测定，其年代距今 7500～8500 年，前后延续约 1000 多年的时间。后李文化遗址是迄今为止在中国北方发现的最早的新石器时代的文化遗址之一。

后李文化的遗迹主要有房址、壕沟、灰坑和墓葬等。房址均为半地穴式，平面多圆角、方形或长方形，面积一般为 30～50 平方米。[①] 有的居住面有经过烧烤的痕迹。同时，还发现有灶址和一些陶、石器等生活用具。

墓葬是长方形土坑竖穴，排列比较整齐，个别挖墓室，均未见葬具。死者头向多朝东，也有的向北。葬式多单人仰身直肢葬，多无随葬品，少数放置蚌壳，个别见有陶支脚。墓室一般长 2 米左右，宽度为 0.6～0.8 米。

出土的陶器以红褐陶为主，红、灰褐、黑褐、青灰褐陶次之。制作工艺为泥条盘筑，器表多素面，器形以圜底器为主，仅发现少量平底器和圈足器。器类主要有釜、罐、壶、盂、盆、钵、碗、形器、杯、盘、器盖和支脚等。

2. 北辛文化

环鲁中、南山地周围的兖州、曲阜、泰安、平阴、长清、济南、章丘、邹平、汶上、张店、青州、莒县、临沭、兰陵和滕州等地，都发现了距今七八千年的新石器时代早期遗存。

由于最早被发现的是江苏淮安青莲岗遗址，考古界曾定名为青莲岗文化，后因该文化以滕州市官桥镇北辛遗址最为典型，遂重

---

① 参见贺伟编著:《青少年应该知道的陶器》,泰山出版社 2012 年版,第 39 页。

新定名为北辛文化。主要遗址有山东滕州北辛、兖州王因、泰安大汶口、江苏邳县(今邳州市)大墩子、连云港市二涧村和淮安青莲岗等60多处。碳14测定这种文化的年代在公元前5400年至前4400年,其后发展为大汶口文化。

北辛文化遗址出土的物品有石铲、石斧、石磨盘、石磨棒、鹿角锄、蚌镰和窖藏的谷物,表明当时的农耕生产从耕作、播种到收割、加工已有一套较为完备的工具,原始农业已初具规模;出土的家猪型动物骨架和鸡、狗等动物遗骸,表明当时的家畜驯化已经开始,畜牧养殖业已近雏形;陶网坠、鱼镖说明当时的捕鱼技术已相当高超;骨针、石纺轮表明当时开始用野生纤维和动物绒毛进行纺线或编织,北辛先民由身披兽皮过渡到穿衣的文明阶段;盖鼎、红顶钵、指甲印纹钵、红陶壶表明当时的制陶烧陶技术已比较先进,不仅讲究生活的实用性,而且还讲究审美的艺术性。其中的红顶钵是东方彩陶的渊源。同时,在一件陶器的底部还发现了一对酷似鸟足的刻画符号,被文字学家和历史学家誉为“文字的起源”“文明的曙光”。

3. 大汶口文化

大汶口文化因山东省泰安市大汶口遗址而得名,分布在东至黄海之滨,西至鲁西平原东部,北达渤海北岸,南到江苏淮北一带,基本处于汉族先民首领少昊氏的地区,为龙山文化的源头。该文化类型最早是在1952年发掘滕县(今滕州市)岗上村遗址以及1952、1953年发掘江苏新沂花厅墓地时发现的。据碳14并校正后得出数据,大汶口文化的年代距今约有4500～6500年,延续时间约2000年。根据地层叠压关系和遗物特征,可以分为早、中、晚三个时期。

大汶口陶器早期均为手制砂质陶,火候较低,陶器种类不多,造型简单，仅见觚形器、盆、钵、罐、杯、鼎、豆、大口尊等。中期开始使用轮制技术，有了少量的轮制小件器物；烧制出火候较高的灰白色陶器；器类增多，出现了实足鬶、背壶、篮形器等。晚期已使用快轮生产大件陶器，如大汶口墓中就随葬有轮制的大陶盆；制陶原料有了新的来源，发现了坩子土，用以烧制一种质地坚硬、胎壁薄匀、色泽明丽的白色、黄色、粉红色细砂陶器，统称为白陶，这类细砂陶器有袋足鬶、三足盉、宽肩壶和筒形豆等。这时所烧制的薄胎磨光黑陶高柄杯，代表了当时制陶工艺的最高水平，为以后山东龙山文化蛋壳陶的问世准备了条件。大汶口文化遗址中还发现有仿动物造型的陶制工艺美术品，中期所生产的兽形提梁器堪称工艺美术史上的珍品；晚期的这类发现增多，反映出工艺技术的纯熟和制陶业的兴旺发达。

大汶口的葬式一般为仰身直肢葬，也有俯身葬、屈肢葬和二次葬等，另外还发现部分折头葬、折肢葬等较为特殊的葬式。头主要朝向为东，也有朝向北的。中晚期以后发现有木质葬具，在有的成人墓的随葬品和儿童瓮棺的葬具中还使用了带有各种陶文的大口尊。早期墓葬普遍使用獐牙和獐牙勾形器以及龟甲等随葬。富有的大墓中，不但随葬品多，而且很精致，并用数量较多的象征财富多寡的猪下颌骨和猪头随葬，甚至用整猪、整狗随葬。并且出现了夫妻合葬和夫妻带小孩的合葬。大汶口文化晚期的氏族墓地出现了小片的家族墓地，它标志着母系社会的结束，开始或已经进入了父系氏族社会。

大汶口文化以农业经济为主，同黄河流域其他原始文化一样，主要种植的作物是粟。三里河遗址的一个窖穴中出土了一立方米的朽粟，说明粮食生产已达相当可观的数量。农业生产工具主要是磨制石器。早期除使用一些磨制粗糙、保留打制疤痕的石铲、石斧外，已大量使用磨砺精良的穿孔斧、刀、铲等，收割工具还有骨镰和蚌镰，加工谷物的工具则是石杵和石磨盘、石磨棒。在这一文化的中晚期，出现了有肩石铲、石镐和一些鹿角锄。

大汶口文化时期的家畜饲养比较发达，各遗址出土有猪、狗、牛、鸡等家畜家禽的骨骼，墓地中常发现用狗和猪随葬的。大汶口文化中期以后，用猪随葬的墓占三分之一以上，胶县三里河的一座墓中随葬猪下颚骨多达 32 个[①]，表明各氏族部落在中晚期养猪业已十分兴旺。

渔猎和采集经济在社会经济生活中仍比较重要。一些遗址发现的渔猎工具有尾部带孔的双倒刺或三倒刺的骨、角质鱼镖、鱼钩，有扁平三角式、短梃圆柱式、长梃双翼起脊式等各种骨镞、角镞、牙镞，有石质和角质的匕首，还有石矛、骨矛等大型投刺猎具及较多的网坠。遗址中发现有獐、斑鹿、狸、麋鹿的残骨，这些野生动物应当是狩猎的对象。在兖州王因遗址出土了 20 多个扬子鳄的残骸[②]，与鱼、龟、鳖、蚌等同弃于垃圾坑中，这一现象表明当时的氏族成员已经能集体捕获大的、凶猛的水生动物。

制石、制玉业较发达。早期就已大量生产出磨制精致的石器，较多地使用穿孔技术。中期以后，选用高硬度的蛋白石、流纹岩等为石料；石器的造型更加规整；器类、器型增多，出现了系列工具，在一些墓中随葬有成套的大、中、小型石锛；还出现了精致的玉铲，并有更多的玉、石装饰品，包括以不同形状的单件组成的串饰。制骨工艺十分出色。早期墓中出土有精致的小件骨雕品，如邳县（今

① 参见胡杨：《考古发现全档案》，中国工人出版社 2016 年版，第 61 页。

② 参见马兆锋编著：《中国史前秘档 · 女娲的指纹》，北京工业大学出版社 2014 年版，第 114 页。

邳州市)大墩子遗址有一串10粒的雕花骨珠[①],刘林遗址有刻有猪头纹样的牙质饰物;有的獐牙勾形器的器柄刻有纤细的花纹。至中、晚期,剔地透雕技术和镶嵌技术已趋于成熟。大汶口的透雕十六齿象牙梳、花瓣纹象牙筒和镶嵌绿松石的骨雕筒等,代表着中国新石器时代制骨工艺的最高水平。由已发掘的遗迹可以发现,大汶口文化的社会经济已发展到较高水平。已发现的许多刻画符号被认为是古老的象形文字。社会已产生严重的贫富分化,私有制逐渐形成,整个社会已接近阶级社会的门槛了。

4. 龙山文化

龙山文化存在于公元前2500年至公元前2000年(距今约4000年),因首次发现于山东省济南市历城区龙山镇(今属章丘区)城子崖而得名,分布于北起辽东半岛,南到江淮以北即江苏北部、安徽北部、湖北北部,东起黄海之滨,西至河北、河南、山西、陕西的广大地区。龙山文化源自大汶口文化,是东夷人创造的远古文明。这个文化以许多薄、硬、光、黑的陶器,尤其是蛋壳黑陶(分布在临沂、日照、济南等地)最具特色,所以也叫"黑陶文化"。

这一时期最典型的文化特征是城址的发现。山东日照的尧王城遗址、青岛城阳遗址、茌平教场铺遗址、青岛胶南遗址等表明,这个时期的城市已经进入了发展期。

山东龙山文化的陶器在制法上有了很大的进步,普遍使用轮制技术。因而器型相当规整,器壁厚薄十分均匀,产量和质量都有很大提高。出土陶器以黑陶为主,灰陶不多,还有少量红陶、黄陶和白陶。黑陶的烧成温度达1000℃,红陶为950℃,白陶为800~900℃。黑陶有细泥、泥质、夹砂三种。细泥乌黑发亮,考古学家称

① 参见黎光、赵冬菊主编:《中国传统文化概论》,西南交通大学出版社2015年版,第62页。

其为“蛋壳黑陶”。蛋壳黑陶是山东龙山文化最有代表性的陶器，反映了当时高度发展的制陶业水平。黑陶以素面或磨光的最多，纹饰较少，主要有弦纹、划纹和镂孔等几种；器形较多，主要有碗、盆、罐、瓮、豆、单耳杯、高柄杯、鼎等，还有鬲。

山东龙山文化时期的制玉水平已经有了很大的改进，山东海阳出土的墨玉，琢磨精致、造型优美、晶莹圆润，具有较高的艺术水平。山东五莲丹土遗址所出玉钺，其上部的孔内嵌有绿松石。玉与绿松石的组合工艺，此为仅见。这种工艺方法开夏代和商代玉器镶嵌工艺之先例。

龙山文化遗址中还发现有骨刻文。从2004年到2007年，昌乐县袁家庄等龙山文化遗址出土了100多片带有图案的兽骨及2块玉残片，共有600多个图画文字。这些符号都属于阴线刻，笔画婉转曲折，刻画纤细，多为弧笔和曲笔，呈现出螃蟹状、草虫状和鸟状等形态。这些文字有的刻在骨片的表面上，有的刻在骨腔内，有的刻在骨臼头上。昌乐骨刻文字的布局和结构有规律可循，有些偏旁多次出现，制作上和殷墟甲骨文类似，但比殷墟甲骨文更为原始，明显处于画(符号)与字的过渡状态，说明骨刻文与甲骨文二者应具有某种传承关系，这是解释中国汉字起源的新依据。龙山文化打破了中原文明唯一起源说，揭示了东夷人的文化面貌，标志着山东历史的新篇章。

5.岳石文化

岳石文化遗址因最早发现于山东省平度市大泽山镇东岳石村附近而得名。时间在公元前1900～1500年，是东夷人创造的一种古老文化。

岳石文化的分布范围很广，包括山东全省、江苏和安徽的北部、河南省的东部等，大体与龙山文化相当，但遗址数量不如龙山文化的多,经过发掘的有30余处。

岳石文化遗址中发现了有烧灼痕迹的卜骨和青铜工具铜锥,表明东夷人已经掌握了青铜冶炼技术。桓台史家遗址出土了刻字卜骨两块,其年代相当于夏代晚期,比安阳殷墟出土商代晚期甲骨文提前了300年。

在岳石文化的遗存中发现了由石、骨、角、蚌制作的农具,也出土了少量的青铜锥形器。在梁山青堌堆的岳石文化遗存中,发现了石制的斧、刀、铲、锤等;骨器有镞、凿、锥、针;角器有镞、锥和带倒刺的鱼镖;蚌器有镞与镰。此外,还有一些陶纺轮和网坠。青堌堆遗址还出土了不少淡水厚壳蚌和一些鹿角。从上述生产工具和动物遗骸中可以看出,采集与渔猎经济在氏族经济生活中仍占有一定地位。

岳石文化的陶器为泥质灰胎黑皮陶和夹砂红褐陶。泥质陶的胎壁厚,种类少,不过都采取了先进的轮制方法,火候也比较高。这一时期的陶器主要有尊、子母口罐、三足簋、圈足簋、甗、盂、鼎、盆、杯及大量蘑菇状钮的器盖。一些泥质陶器上还绘有朱色图案,也有用红、白、黄多彩兼施的云纹彩绘陶。夹砂的红褐陶器表面抹光,有敞口的大型罐和盆,这些陶器的颈、腰、裆部常有附加堆纹。由此可见,古朴典雅、厚重实用是岳石文化陶器的主要风格。

(二)琅琊文化遗存

琅琊文化属于东夷文化的范畴,是一种地域文化,是齐鲁海上文化。据《地理志》记载,越王勾践尝治琅琊县,起台馆。琅琊台的东、南、西三面濒临黄海,一面与陆地接壤,海拔183.4米。《括地志》云:“密州诸城县东南百七十里有琅琊台,越王勾践观台也。台西北十里有琅琊故城。”《史记·苏秦列传》称齐有“四塞之国,其东(塞)有琅琊”。秦朝分三十六郡,琅琊郡是其中之一,郡治琅琊县

(今山东省青岛琅琊镇)有当时秦帝国最大的港口。西汉琅琊县自然灾害频发,郡治迁至东武(今山东诸城境内),隶属徐州刺史部(今山东省临沂市郯城县)管辖。东汉改琅琊郡为琅琊国,建都开阳城(今山东省临沂市市区),历经北魏、晋、南北朝、隋、唐、五代、宋,金代改名为沂州。现在,琅琊已成为山东省临沂市的别称。

1. 琅琊故城。春秋时期,琅琊已是齐国大邑和海港及军事重镇。公元前 485 年,吴国从海路攻齐,在琅琊附近海面上发动了中国历史上第一次大规模海战。战国时期,琅琊经济繁荣,以富饶闻名天下。秦始皇统一中国后,置齐地东部为琅琊郡,郡驻地在今琅琊镇,系秦三十六郡中唯一的滨海郡城。距郡城数里,即为当时中国最大最早的琅琊古港。西汉时期,齐地分为七郡三国,琅琊郡为其中之一,仍驻琅琊镇,是东方经济、文化、航海发达地区。琅琊古城于西汉后期因地震等原因中落,失去中心地位,古城渐被湮没。明初,在遗址处建夏河寨所,今已倾圮,仅余部分城墙和护城河遗迹。

2. 琅琊台。琅琊台遗址位于胶南市城区西南 26 千米、琅琊镇驻地夏河城村东南 6.8 千米处的琅琊山上。东、南、北三面濒临黄海,只有西面连通陆地。台阳坡缓,阴坡陡,从东向西逐渐隆起,东西长约 3 千米,南北宽约 1.96 千米。台顶部宽阔平敞,周长 150 余米,台基(含山体)面积为 5.88 平方千米。《山海经》云:“琅琊台在渤海间。盖海畔有山,形如台,故名琅琊台。”

秦始皇兼并六国统一天下后,多次巡幸各地,五次东巡有三次巡视琅琊台。第一次是在公元前 219 年,第二次在公元前 218 年,第三次在公元前 210 年。他初到琅琊时,便下令重筑琅琊台。据《水经注疏》载:“所做台,基三层,层高三丈,上级平敞,方二百余步,高五里。”“台下路有三,阔三四丈,皆人力为之。今仍呼御路,盖瓦级砖，随在多有。”台顶还建有“礼日亭”，以观海拜日。琅琊台最珍贵的文物是秦刻石，据《史记·秦始皇本纪》记载，秦始皇令筑琅琊台后，“立石刻，颂秦德，明德意”，刻石立于琅琊台上，故名“琅琊刻石”。刻石全文496字，其中正文289字，附文207字。两字一韵，四字一句，文笔流畅，言简意赅。正文记述了秦始皇统一宇内的丰功伟绩，附文记录了李斯、王绾等10位随从大臣的名字及议立碑刻的事迹。据传，碑文是李斯的手笔。秦始皇死后，秦二世亦循其父之踪迹巡游天下，在秦始皇碑刻旁加刻文字。因年代久远，到北宋时，琅琊台的秦始皇颂德碑已亡失大半，仅存从臣姓名。二世碑亦已迸裂。清乾隆年间，诸城知县宫懋让为防止石碑迸裂，用铁箍将裂石束住。此时，碑文仅存80余字，后铁箍锈折，二世碑遂迸散无踪。1922年，诸城县教育局督学王培佑受命两次到琅琊台寻找，终将残石找回。残石先藏于诸城教育局，后珍藏于中国历史博物馆。秦代刻石有10余处，现仅存两处，其中泰山顶所藏残碑，仅存10字。琅琊碑保存84字，且字形、笔法均优于泰山刻石，实乃国之瑰宝。

现琅琊台存有秦代修筑的古台基，夯土层清晰可见。近几年又发现了几面完整无缺的秦代瓦当，有卷云纹瓦当，还有带有“千秋万岁”小篆文字的瓦当，字呈正方形，结体平稳端正、笔划挺拔、苍劲，是典型的李斯小篆。秦瓦当早期除在咸阳宫发掘时曾有出土以外，再次发现就是在琅琊台，在全国实属罕见。据推测，这些瓦当是秦始皇在重筑琅琊台时精心设计和烧制的，“千秋万岁”则是当时对秦始皇功德的颂词，故而弥足珍贵。

琅琊台周围还出土了大批文物，有商周时期的石器、陶器、铜器、兵器，还有春秋战国时期的铜器、铁器、古钱币等。其中，铜剑多属春秋战国时期，与越王勾践所用铜剑的形制极为相似，是典型的吴越兵器。另有流散在民间的铜器、瓷器、漆器、竹木牙雕、玉翠玛瑙、古书资料、文房四宝、碑帖拓片、名人书画等各种传世文物。这些遗迹与文物表明琅琊地区的政治、经济与文化繁荣。特别值得一提的是，在琅琊沿海一带，出土了许多汉代釉陶罐，在夏河城周围发现过多个成组的釉陶罐和不少瓷器。经专家鉴定，这些陶瓷器大部分是南方生产的，以景德镇的产品为最多。这表明琅琊海上交通的发达，为南北物资的交流提供了极大方便，同时也是南北方文化互相影响、交融的真实写照。

3. 琅琊港。琅琊港见证了悠久的航海史。据《山东通志・疆域志》记载，齐景公问于晏子曰："吾欲观于转附（芝罘）朝舞（成山），遵海而南，放于琅琊。"可见，在春秋时期琅琊港就是避风泊船的良港。至春秋后期，越王勾践徙都琅琊，亦由海道抵琅琊港。战国时期，此处为齐国军港，历史上著名的齐吴海战，以齐败吴告终，齐国水兵就是由琅琊港出击的。秦始皇三次巡视琅琊，第一次从海上来，"南登琅琊"；第三次是在巡视丹阳、会稽等郡县后，从江乘县登船渡海至琅琊。由此可见，当时琅琊港的规模非同一般。据《史记・秦始皇本纪》记载，齐人徐福入海求仙，东渡日本，两次（公元前219年和公元前210年）奏请秦始皇都是在琅琊台。秦始皇为求长生不老，准许了徐福的奏章，令他率童男女数千人入海求仙。徐福下海东渡时，带了童男女共三千人，各种能工巧匠和弓箭手三千人，还有生产工具、粮草、五谷等大批物资。当时并无大型轮船，都是赶造的木制楼船，估计多达500只。这支庞大的船队是由古琅琊港入海的。琅琊台前的老湾子和潮湾至今还有古代保留下来的码头和两处秦代古造船场遗址。这也从另一个侧面说明了古琅琊经济迅猛发展的一个重要原因就是海上交通的发达。琅琊港为口岸通商创造了得天独厚的条件，再加上当地盛产鱼盐，所以这里在长时期内相当繁华。

琅琊台是历史帝王、达官贵人、文人骚客所向往的地方，他们在这里留下了珍贵的史料和诗文华章。自春秋战国以来，先后有姜尚、齐桓公、齐景公、秦穆公、晋文公、楚庄王、勾践、秦始皇、秦二世、汉武帝、汉宣帝，汉明帝等登临琅琊台。前来琅琊台考察的历史名人、文人骚客众多，史籍有记载的主要有：孔子、李斯、安期生、徐福、司马迁、李白、白居易、李商隐、熊耀、苏轼、颜悦道、程witness、法若真、刘翼明、王无竞、李澄中、丁耀亢、郑板桥、高凤翰等。这大大提高了琅琊台的历史地位和知名度，丰富了琅琊文化的历史底蕴和文化内涵。

4.齐长城胶南段。齐长城胶南段遗址位于胶南境北，全长55千米，长城残垣依稀可见。城址最东端高3米，底宽6～7米，直入大海。古老拙朴的长城与浩瀚壮阔的大海相衬，气势雄壮，动人心魄，今已成为青岛市的著名胜景之一，被誉为“少海连墙”。

参考文献

1.(汉)司马迁:《史记》,中华书局 2000 年版。

2.(汉)司马迁:《史记》,线装书局 2006 年版。

3.(汉)刘安:《淮南子・兵略训》,上海古籍出版社 2016 年版。

4.山东省文物管理处、中国国际旅行社济南分社:《泰山名胜古迹》,山东人民出版社 1959 年版。

5.山东省文物考古研究所:《曲阜鲁国故城》,齐鲁书社 1982 年版。

6.黄松:《齐鲁文化》,辽宁教育出版社 1995 年版。

7.陈桥驿:《中国都城辞典》,江西教育出版社 1999 年版。

8.曲阜市文物管理委员会:《曲阜观览》,山东友谊出版社 1997 年版。

9.建设部城乡规划司、国家文物局编:《中国国家历史文化名城》,中国青年出版社 2002 年版。

10.魏建:《中华名山之首泰山》,山东文艺出版社 2004 年版。

11.张光明:《齐文化的考古发现与研究》,齐鲁书社 2004 年版。

12.解维俊主编:《齐都之最》,百花文艺出版社 2006 年版。

13.逄振镐:《东夷文化研究》,齐鲁书社 2007 年版。

14.张富祥:《东夷文化通考》,上海古籍出版社 2008 年版。

15. 泰安市地方史志编纂委员会编:《泰安历史文化遗迹志》,方志出版社 2011 年版。

16. 仝晰纲、李梅训编著:《齐鲁文化通俗读本》,山东人民出版社 2011 年版。

17. 中共临淄区委、临淄区人民政府编:《齐国故都临淄》(上),齐鲁书社 2011 年版。

18. 贺伟编著:《青少年应该知道的陶器》,泰山出版社 2012 年版。

19. 杨洲、张栋编:《 文明中国书典 · 锦绣中国》,山西教育出版社 2012 年版。

20. 王星魁:《朝圣孔子》,齐鲁书社 2012 年版。

21. 张慧芝编:《文明史迹:中国古代的历史遗迹》,希望出版社 2012 年版。

22. 张华松、王绪和:《齐长城漫话》,济南出版社 2013 年版。

23. 马德坤:《泰山文化通俗读本》,山东人民出版社 2014 年版。

24. 马兆锋编著:《中国史前秘档 · 女娲的指纹》,北京工业大学出版社 2014 年版。

25. 张国硕:《中原先秦城市防御文化研究》,社会科学文献出版社 2014 年。

26. 孔子:《论语全鉴》,北京联合出版公司 2015 年版。

27. 黎光、赵冬菊主编:《中国传统文化概论》,西南交通大学出版社 2015 年版。

28. 段国强主编:《中国文物收藏百科全书 · 青铜器卷》,山东美术出版社 2016 年版。

29. 胡杨:《考古发现全档案》,中国工人出版社 2016 年版。

30. 杨宽:《战国史料编年辑证》上册,上海人民出版社 2016 年版。

31. 张杰、张清俐:《临淄城排水系统与殉马坑的往事》,《中国社会科学报》2018 年 6 月 5 日。

后　记

本书由戚汝庆任主编，负责全书统稿，并撰写第二章之第二节和第三节；王晓文任副主编，负责拟定编写提纲，并撰写第二章之第一节。本书其他编者及具体分工是：姜喜任撰写第一章；王颖撰写第二章之第四节至第七节；张朋撰写第三章之第一节至第四节；刘岳撰写第三章之第五节；李素英撰写第四章之第一节和第二节；赵荣耀撰写第四章之第三节至第五节；吴学丽撰写第五章。

本书在编写过程中参考了大量有关文献，在此，我们表示诚挚的谢意！由于编者水平有限，书中错漏之处在所难免，敬请各位读者提出宝贵意见。

本书编写组

2020年3月